아! 그렇구나

우리 역사

5

신라·가야

* * *

이 책의 내용에 궁금한 점이 있으면 나희라 선생님께 이메일로 문의하세요.

이메일 주소 : mythna@hanmail.net

* * *

아! 그렇구나
우리 역사

⑤ 신라 · 가야

2003년 8월 5일 1판 1쇄 펴냄
2005년 7월 15일 개정판 1쇄 펴냄
2010년 10월 30일 개정판 5쇄 펴냄

글쓴이 · 나희라 | 가야 편 감수 · 김태식
그린이 · 이선희, 지연주
펴낸이 · 조영준

편집 · 용진영 정애경 | 책임 교열 교정 · 최영옥
표지 및 본문 디자인 · 홍수진

펴낸곳 · 여유당출판사 | 출판등록 · 395-2004-00068
주소 · 서울 마포구 서교동 451-48(2층)
전화 · 02-326-2345 | 팩스 · 02-326-2335
이메일 · yybooks@hanmail.net
블로그 · http//blog.naver.com/yeoyoubooks

ISBN 89-955552-5-4 44910
ISBN 89-955552-0-3 (전15권)

아! 그렇구나

우리 역사

⑤

신라 · 가야

글 · 나희라 | 가야 편 감수 · 김태식
그림 · 이선희, 지연주

여유당

아! 그렇구나 우리 역사 개정판을 펴내며

많은 사람들의 관심과 함께 시작한 《아! 그렇구나 우리 역사》는 이 일 저 일 어려운 과정을 거친 끝에 여유당출판사에서 첫 권부터 모두 출간하게 되었습니다. 이 시리즈를 손수 준비하고 책을 펴낸 기획 편집자 입장에서 완간 자체가 만만치 않다는 사실을 몰랐던 바 아니지만, 대대로 이어 온 우리 역사가 수없이 많은 가시밭길을 걸어온 것처럼 한 권 한 권 책을 낼 때마다 극심한 긴장과 고비를 피할 수는 없었습니다. 이 시리즈의 출간 준비에서부터 5권 신라·가야 편이 세상에 나오기까지 4년이 걸렸고, 이후 1년 반이 지나서야 6권, 7권, 8권이 뒤를 이었습니다. 그리고 이제 1~5권까지 고래실에서 여유당출판사로 판권을 옮겨 개정판을 펴내게 되었습니다. 개정판에서는 편집 체제를 부분 부분 바꾸고 부족했던 내용을 보충하면서 읽기에 더욱 편안한 문장으로 다듬었습니다. 독자들과의 약속대로라면 완간해야 할 시점인데, 이제야 절반에 다다랐으니 아직도 그만큼의 어려움이 남은 셈입니다. 먼저 독자들에게 미안한 일이고, 가능한 한 빨리 완간을 하는 게 그나마 미안함을 덜 수 있는 최선이라고 생각합니다.

여유당 출판사에서는 이 시리즈를 처음 계획했던 총 17권을 15권으로 다시 조정했습니다. 11권 조선 시대 이후 근현대사가 다소 많은 비중을 차지한다는 집필진들의 생각에 따라, 12권 개항기와 13권 대한제국기를 한 권으로 줄였고, 마찬가지로 14, 15권 일제 강점기를 한 권으로 모았습니다. 물론 집필진은 이전과 같습니다.

1권 원시 시대를 출간할 때만 해도 어린이·청소년층에 맞는 역사 관련 책을 찾기가 쉽지 않더니 지금은 몇몇 출판사에서 이미 출간했거나 장르별, 연령별로 준비하는 실정입니다. 이런 상황에서 《아! 그렇구나 우리 역사》 시리즈가 독자들뿐만 아니라 다양한 계층의 관계자들에게 소중한 자료로 자리매김했다는 사실에 필자들이나 기획자로서 보람을 느낍니다. 어린이·청소년 출판이 가야 할 길이 아직 멀고 멀지만 번역서나 창작 동화를 앞다투어 쏟아 내던 이전의 풍경에 비하면 아주 반가운 현상이라 하겠습니다.

더불어 2004년은 중국의 동북 공정 문제로 우리 역사를 진지하게 바라볼 수 있는 한 해가 되었습니다. 우리 역사를 어설프게 이해하고 우리 역사에 당당한 자신감을 갖지 못할 때 고구려 역사도 발해 역사도, 그리고 동해 끝 섬 독도까지도 중국과 일본의 틈바구니에서 부대낄 것은 뻔한 사실입니다. 특히 21세기를 이끌어 갈 10대 청소년들의 올바른 역사 인식은 민족의 운명을 가늠하는 발판임이 분명합니다.

학창 시절 대다수에게 그저 사건과 연대, 그리고 해당 시대의 영웅을 잘 외우면 그뿐이었던 잘못된 역사 인식을 꿈 많은 10대들에게 그대로 물려줄 수는 없습니다. 우리 역사는 한낱 조상들이 남긴 흔적이 아니라 개인에게는 자신의 가치관을 여물게 하는 귀중한 텃밭이요, 우리에게는 세계 무대에서 한국인이라는 자신감을 갖고 당당히 어깨를 겨루게 할 핏줄 같은 유산임을 잊지 말아야 합니다.

그런데 아직도 우리에게는 10대 청소년이 읽을 만한 역사책이 빈약합니다. 이제 전문가가 직접 쓴 책도 더러 눈에 띄지만 초·중학생 연령층이 쉽게 접할 수 있는 책은 여전히 많지 않습니다. 그나마 고등학생 나잇대의 청소년이 읽을 만한 역사물도 사실은 성인을 주 대상으로 만들어졌을 뿐입니다. 그만큼 내용과 문장의 난이도가 높거나 압축·생략이 많아 청소년들이 당시 역사의 과정을 제대로 이해하면서 읽어 나가기 어려운 게 현실입니다.

따라서 10대의 눈높이에 맞춰 역사를 서술하고, 역사의 의미를 제대로 이해할 수 있게 관점을 제시하며, 역사 이해의 근거로서 봐야 할 풍부한 유적·유물 자료, 상상력을 도와주는 바람직한 삽화, 게다가 청소년이 읽기에 적절한 활자 크기와 종이 질감 등을 고민한 책이 반드시 필요했습니다. 자신의 세계관과 올바른 역사관을 다질 수 있는 이 시리즈는 '전문 역사학자가 처음으로 쓴 10대 전반의 어린이·청소년을 위한 한국 통사'라는 데 의미가 크다고 하겠습니다. 이 시리즈는 이렇게 만들었습니다.

첫째, 이 책은 전문 역사학자들이 소신 있게 들려 주는 우리 조상들의 삶 이야기입니다.

원시 시대부터 해방 후 1987년 6월 항쟁까지를 15권에 아우르는 《아! 그렇구나 우리 역사》는 한 권 한 권, 해당 시대의 역사를 연구해 온 선생님이 직접 쓰셨습니다. 고구려 역사를 오래 공부한 선생님이 고구려 편을 쓰셨고, 조선의 역사를 연구하는 선생님이 조선 시대 편을 쓰셨습니다.

둘째, 초등학교 고학년과 중학생 연령층의 10대 어린이·청소년을 위해 만들었습니다.

지금까지 초등학교 저학년 어린이를 위한 위인전이나 동화 형식의 역사물은 여럿 있었고, 또 고등학생을 대상으로 펴낸 생활사, 왕조사 책도 눈에 띕니다. 하지만 위인전이나 동화 수준에서는 벗어나고, 고등학생의 독서 수준에는 아직 미치지 못하는 단계에 필요한 징검다리 책은 찾아볼 수 없었습니다. 《아! 그렇구나 우리 역사》는 초등학교 5·6학년과 중학생 연령층의 청소년에게 바로 이러한 징검다리가 될 것입니다.

셋째, 각 시대를 살았던 일반 백성의 생활을 구체적으로 생생하게 묘사했습니다.

그 동안 어린이·청소년을 위한 역사책이 대부분 영웅이나 사건 중심으로 이야기를 풀어 나갔다면, 이 시리즈는 과거 조상들의 생활에 중심을 두고 시대에 따른 정치·경제·사회·문화의 변화를 당시의 국제 정세와 함께 이해할 수 있도록 꾸몄습니다. 이 책을 읽으면서 독자 여러분은 당시 사람들의 생활 세계를 머릿속에 그려 나갈 수 있을 것입니다.

넷째, 최근 연구 성과에 따른 글쓴이의 목소리에도 힘을 주었습니다.

이미 교과서에 결론이 내려진 문제라 할지라도, 글쓴이의 견해에 따라 당시 상황의 발단과 과정에 확대경을 대고 결론을 달리 생각해 보거나 논쟁할 수 있도록 주제를 끌어냈습니다. 이는 곧 암기식 역사 교육의 틀을 깨고, 독자 한 사람 한 사람이 다양한 각도에서 역사의 비밀을 푸는 주인공이 되도록 유도하려 함입니다. 이는 역사적 사실과 인물을 통해 자신의 현재와 미래를 통합적인 시각으로 내다보게 하는 장치이며, 여기에 바로 이 시리즈를 출간하는 의도가 있습니다.

다섯째, 전문적인 내용일수록 이해하기 쉽게 풀어 쓰려고 노력했습니다.

주제마다 독자의 상상력만으로 해결되지 않는 부분은 권마다 200여 장에 이르는 유적·유물 자료 사진과 학계의 고증을 거친 그림을 통해 충분히 이해할 수 있도록 했습니다. 또한 중간중간 독자 여러분이 좀더 깊이 있게 알았으면 하는 주제는 네모 상자 안에 자세히 정리해 정보의 극대화를 꾀했습니다.

이 책을 위해 젊은 역사학자 9명이 힘을 합쳐 독자와 함께 호흡하는 한국사, 재미있는 한국사를 쓰려고 노력했습니다. 그러나 역사란 너무나 많은 것을 품고 있기에, 집필진 모두는 한국 역사를 쉽게 풀어서 새롭게 쓴다는 것 자체가 매우 어려운 일임을 절감했습니다. 더구나 청소년의 정서에 맞추어 우리 역사 전체를 꿰뚫는 책을 쓴다는 것은 박사 학위 논문을 완성하는 것 못지않게 힘든 과정이었습니다. 거기에 한 문장 한 단어마다 꼼꼼한 교열 교정을 거듭했습니다.

이 시리즈는 단순히 10대 어린이·청소년만을 위한 책이 아닙니다. 우리 역사를 소홀히 여겼던 어른이 있다면, 이 책을 함께 읽으면서 새로운 양식을 얻을 수 있으리라 생각합니다. 나아가 이 시리즈는 온 가족이 함께 읽는 데 큰 어려움이 없게 공을 들였습니다.

아직 미흡한 점이 많으나, 이 시리즈를 통해 여러분이 우리 역사를 올바로 이해하고 자신만의 세상을 더불어 열어 나가는 데 도움이 되기를 바랍니다.

2005년 7월
집필진과 편집진

| 차 례 |

福田函

일러두기

1. 연대를 표기할 때는 지금 우리 나라에서 공용으로 쓰는 서력 기원(서기)에 따랐다. 따라서 본문에 '서기전 1500년'이라 쓴 연대는 서력 기원 전 1500년을 의미한다. 흔히 쓰이는 '기원전'이라는 말을 피하고 '서기전'이라 한 것은, 기원전이란 말 자체가 '서력 기원 전'의 준말이기도 하거니와, 단군 기원인지 로마 건국 기원인지 예수 탄생 기원인지 분명하게 드러나지 않는 '기원전'보다 '서기전'이라는 말이 그 본래 의미를 더 잘 전달한다고 보기 때문이다.

2. 외국의 인명과 지명은 기본적으로 외래어 표기법을 따랐다. 다만 중국 지명인 경우, 먼저 중국어 발음에 근거하여 외래어 표기법에 따라 쓴 다음 괄호 ( ) 안에 우리 말 한자 발음과 한자를 같이 적었다. 중국어 발음을 확인하기 어려운 마을 이름은 우리 말 한자 발음으로 적었다.
   그리고 외래어 표기법에서는 중국의 강 이름을 적을 때 중국어 발음 뒤에 '강' 자를 덧붙이도록 했으나(예:황하 → 황허 강, 훈강 → 훈장 강), '강'을 뜻하는 말('허'와 '강', '장'과 '강')이 겹치는 만큼 본래의 강 이름을 아는 데 혼란스러워질 수 있다. 그래서 '황하'는 '황허', '훈강'은 '훈 강'으로 쓴다.

3. 역사학 용어는 기본적으로 국사편찬위원회의 분류에 따르고, 고고학 용어는 국립문화재연구소에서 펴낸 《한국고고학사전》(2002)의 표기에 따랐으나, 어려운 한자어 대신 알기 쉬운 우리 말로 바꿀 수 있는 경우에는 바꿔서 썼다. 국립 박물관에서 펴낸 도록(이를테면 국립 부여 박물관의 《국립부여박물관》)에서도 되도록 쉬운 말로 바꿔 쓰는 추세이고(예:정림사지 → 정림사 터), '횡혈식 석실분' 같은 말을 '굴식 돌방 무덤'으로 바꿔 실은 《한국고고학사전》의 기본 정신도 그러하다고 보기 때문이다.

4. 글쓴이의 견해가 교과서와 다르거나 역사 해석에 논쟁의 여지가 있는 경우, 역사학계의 최신 연구 성과에 근거하여 글쓴이의 관점과 해석에 따라 서술하고, 그와 다른 견해도 있음을 밝혔다.

신라

신라는 어떻게 일어나 성장했을까?

멀리 동쪽에 사로국이 있었네

신라는 어떤 나라일까요?

우리가 수학 여행이나 역사 여행을 갈 때 가장 많이 가는 곳은 어디
인가요? 아마도 경주일 것입니다. 경주에 도착하면 우리는 탁 트인
땅과 멀리 솟아난 산, 그리고 산의 형체를 그대로 안아 버린 하늘을
볼 수 있습니다. 답답한 콘크리트 빌딩에 갇혀 사는 도시인이라면
이 자체로도 경주는 경이롭습니다.

그러나 경주가 더 경이로운 것은 이 땅의 오랜 역사를 거기서 생
생히 느낄 수 있기 때문입니다. 시내 한복판에 불쑥불쑥 솟아 있는
거대한 무덤들, 산모퉁이나 밭 한가운데에 우뚝 서 있는 탑들…….

경주를 천천히 걸어서 돌아다니다 보면 그 옛날의 시간 속에 내가 있는 것인지, 지금의 시간에 그 옛날이 튀어나온 것인지, 잠시 몽롱한 시간 여행을 하게 된답니다. 경주는 이렇듯 우리에게 시간과 역사를 일깨워 줍니다.

경주는 신라 천 년 동안의 서울로서 그 긴 역사를 고스란히 간직한 곳입니다. 경주가 이렇듯 천 년의 역사를 간직할 수 있었던 것은, 백제와 고구려를 물리치고 한반도를 통일했기 때문이기도 합니다. 물론 신라가 아니라 백제나 고구려가 통일을 했다면, 우리는 다른 곳에서 오랜 역사의 흔적을 찾으면서 경이감을 느끼겠지요.

혹시 신라가 한반도 통일을 한 것에 대해 불만을 느끼거나, 고구려가 통일을 했더라면 우리가 지금 이렇게 약소국이 아닐 텐데 하고 아쉬워하는 친구도 있을 것입니다. 그렇다면 다음 질문에 대답해 보세요. 영토가 넓은 것이 강대국의 척도인가요? 왜 강대국이 되고자 하지요? 진정한 강대국이란 무엇인가요? 또 오랜 과거에 영토가 넓고 강대국이었다는 사실에 왜 위안을 받으려고 하지요?

물론 영토가 넓고 인구가 많으면 자연 자원이나 사회 자원을 확보하기가 훨씬 쉽습니다. 그러나 그 자원들을 제대로 관리하고 운영할 수 없다면 오히려 더 큰 혼란만 가져옵니다. 나라의 힘이 강하다는 것, 그것을 바란다는 것은 무엇을 뜻할까요?

먼저 우리는 인간과 행복에 대해서 한번 생각해 볼까요? 인간은 왜 사는가, 어떻게 살아야 하는가는 인류가 존재하는 이상 영원히 존재하는 질문일 것입니다. 하지만 적어도 인간은 사는 동안 행복해지려고 노력했고, 행복한 세상에 대한 이상과 그것을 이루기 위한 노력이 인간의 역사를 이루어 왔습니다. 그러면 인간의 행복이란 무엇인가요? 모든 인간이 최소한의 생존권을 보장받고, 자연적·사회적 환경이 주는 억압과 공포 때문에 떨지 않는 상황에서 느끼는 감정 또는 의식일 것입니다.

그렇다면 진정한 강대국이란 나라에 소속된 사람들에게 이러한 조건을 최대한으로 제공해 주는 나라를 말합니다. 더 많은 구성원들에게 행복을 제공해 줄 수 있는 나라, 이런 나라를 우리는 원하고 그렇기 때문에 그런 나라를 만들기 위해 지금도 노력하고 있습니다. 물론 이런 행복을 위해서는 나라라는 거대한 조직보다 훨씬 작은 소규모 공동체가 필요하다고 생각하는 사람들도 있습니다.

그렇다면 단지 영토가 넓다고 해서, 다른 나라를 침략할 수 있는 무력이 강하다고 해서 강대국이라고 할 수는 없는 거지요. 물론 구성원들의 행복을 지키려면 외부로부터의 침입을 막을 수 있는 힘도 필요합니다. 자기를 지키는 힘, 그것은 단지 힘이 세다고 해서 나오는 것은 아닙니다. 나라를 예로 든다면, 엄청난 무력을 가졌지만 구성원들의 불만이 너무 커서 내부의 분란으로 멸망한 나라들은 인류 역사에 숱하게 많습니다.

과거에 우리가 영토가 넓고 이웃 나라를 침략할 정도로 힘이 세었다는 사실에 커다란 위안을 느끼나요? 과거는 현재의 거울이고 미래의 디딤돌입니다. 단지 위안만을 주는 과거라면 현재와 미래의 우리에게 어떤 교훈과 디딤돌이 될 수 있을까요? 과거는 사실과 그 사실에서 읽을 수 있는 의미 때문에 현재에 교훈을 주고, 그 교훈을 바탕으로 우리는 미래를 위한 설계를 할 수 있는 것입니다.

토함산에서 내려다본 경주 평야

신라가 한반도를 통일한 것은 역사적 사실입니다. 그 통일로 인하여 한반도에는 최초로 통일된 정치 체제가 마련되었습니다. 한반도 통일 이전 고구려, 백제, 신라 사람들 사이에는 서로가 같은 민족이라는 생각이 없었습니다. 그러나 한 나라 안에 모여 살게 되면서 역사와 운명을 함께한다는 것을 경험하기 시작했습니다. 이제 점차 하

신라 천 년의 역사를 고스란히 간직한 경주 남산

나의 민족이 형성되기 시작하는 단초를 마련하게 된 것이지요. 물론 진정한 우리 민족의 형성은 그 뒤로도 오랜 시간이 더 지나야 했습니다. 이렇듯 신라는 우리 역사에서 가장 중요한 경험을 이루어 낸 나라입니다. 따라서 신라의 역사와 문화를 아는 것은 우리 역사와 문화의 배경을 이해하는 것입니다.

신라 역사는 고구려, 백제를 병합한 뒤 300년 가까이 더 지속되었습니다. 이 시기 동안 신라는 멸망한 고구려와 백제 사람들, 그리고 그 문화를 수용했고, 또 당나라뿐 아니라 멀리 서역과도 교류하면서 국제적인 문화를 번성시켰습니다. 그러나 그 번성의 결과는 너무 한 곳에 집중되었습니다. 바로 서울의 왕실과 귀족들이 그 열매를 따 먹었습니다. 그 결과 많은 사람들과 지역이 소외되었지요.

나라는 여러 지역과 여러 계층의 사람들로 이루어집니다. 나라 발전의 결과가 한 지역과 한 계층의 사람들에게만 집중된다면, 거기에 끼지 못한 사람들의 불만은 커질 수밖에 없습니다. 왜냐 하면 그 열매를 따 먹는 사람들에 비해 그렇지 못한 자기들은 불행하다고 느끼니까요. 결국 서울인 경주 이외의 지역 사람들, 그리고 상층 귀족의 억압을 받는 사람들이 불만을 드러냈고, 그 힘이 신라의 멸망과 후삼국 성립이라는 역사를 이끌어 냈습니다.

이렇듯 신라 역사는 우리에게 여러 가지 교훈을 줍니다. 역사는 진보의 발판이 되는 교훈입니다. 여러분이 개인적으로나 사회적으로 신라의 역사와 문화에서 어떠한 교훈을 얻을 것인가는 이제 여러분 손 안에 있습니다.

자, 이제 신라 속으로의 여행을 떠나 볼까요?

사로 6촌과 사로국

신라는 한반도 동남쪽 귀퉁이에서 일어난 작은 나라 사로국에서 출발했습니다. 사로국은 지금의 경상 북도 경주 일대에 있었던 여섯 마을, 곧 사로 6촌(알천 양산촌, 돌산 고허촌, 자산 진지촌, 무산 대수촌, 금산 가리촌, 명활산 고야촌)이 모여 만든 나라이지요.

경주 일대에는 처음부터 고인돌(지석묘)을 만들던 청동기 시대 사람들이 살고 있었는데, 철기를 사용하던 북쪽 사람들이 옮아 와 원래의 주민을 다스리면서 사로 6촌을 형성했습니다. 각 촌에는 우두머리인 촌장이 있어서 제각기 자기 마을을 다스렸지요.

이들 6촌이 모여 사로국으로 발전하는데, 이것은 박혁거세로 대표되는 박씨 집단의 등장에서 비롯됩니다. 우리 나라 고대 역사를 기록한 《삼국사기》와 《삼국유사》에서 신라에 대한 기록을 보면, 6촌의 촌

4세기 중엽의 사로국과 주변 나라
우리 땅 북녘에서는 부여·고구려·옥저·동예가 나라를 세웠고, 남녘에서는 마한·진한·변한이 자리를 잡았다. 사로국은 12개 소국이 연맹을 맺은 진한 가운데 하나였다.

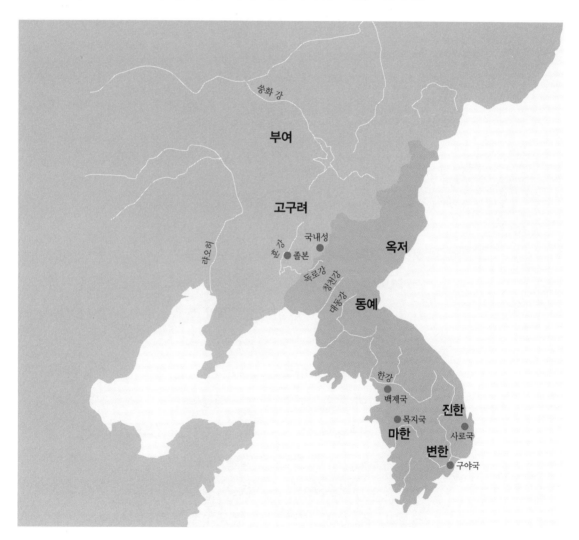

장들이 모여 박혁거세를 왕으로 세우고, 김씨 성을 가진 알영이라는 여자를 왕비 삼아 나라를 세웠다고 합니다. 이것을 통해 우리는 박씨와 김씨 집단이 힘을 모아 나라를 세웠음을 알 수 있습니다.

사로국은 지금의 경상도 일대에 있던 작은 나라들이 연맹하여 이룬 진한 12국 가운데 하나입니다. 진한이란 사로국을 포함해서 당시 힘이 약했던 열두 나라(12국)가 중국을 비롯하여 여러 나라와 교역을 하고 정치 활동을 하기 위해 서로 협력 관계를 가지면서 알려진 이름입니다. 이 가운데 사로국은 철기를 다루는 기술이 뛰어나 주변의 작은 나라들을 차츰 정복하다가 4세기 중엽에 이르러 진한의 우두머리 국가가 됩니다.

나라를 세운 신비한 이야기

신라의 등장을 신비한 내용으로 꾸며 놓은 이야기가 바로 박혁거세 신화입니다. 성은 박이요, 이름이 혁거세란 사람의 출생과 박혁거세가 임금 자리에 오르게 된 까닭, 그리고 그 결말이 보통 사람의 눈으로는 이해하기 힘들게 설명되어 있습니다.

박혁거세 신화에 따르면, 그는 사로국을 대표하는 여섯 촌장이 서로 의논하여 뽑은 신라의 첫 번째 임금입니다. 이것은 신라 초기 왕들이 여러 집단의 합의에 따라 결정되었다는 사실을 말해 줍니다.

박혁거세가 왕이 될 수 있었던 이유는, 그가 보통 사람과 다르게 하늘에서 내려온 알에서 태어났기 때문입니다. 그만큼 출생 자체가 신성한 사람이라는 것이지요. 임금을 보통 사람과는 다른 거룩한 존재로 여긴 고대 사람들의 생각을 알 수 있는 부분입니다. 특히 맨 처음 나라를 세운 시조 왕은 더욱 신성하게 여겼습니다. 그래서 시조 왕의 출생에는 항상 신과 관련된 이야기가 뒤따르고, 행적은 신비하게 꾸며져 있습니다. 여러분이 잘 아는 고구려의 주몽 신화도 마찬가지입니다.

그런데 실제로 박혁거세란 사람이 있었을까요? 그건 잘 모릅니다. 혁거세란 이름 자체를 '빛나는(赫:혁) 존재(居世:거세. 세상에 계시다, 존재하다)'라는 뜻으로 해석할 수도 있어서, 역사적으로 실재했던 어떤 사람의 이름이 아니라, 초기 신라 임금을 가리키는 명칭을 시조 왕 이름 대신 사용한 것으로 보기도 합니다. 고조선의 단군 왕검을 생각해 보면 얼른 이해가 될 겁니다.

박혁거세 신화를 통해 우리는 다음과 같은 점을 생각해 볼 수 있습니다.

첫째, 신화는 우리가 쉽게 이해할 수 없는 신비하고 황당한 이야기이지만, 그 안에 역사적 사실을 어느 정도 반영한다는 점입니다. 여섯 촌장이 어린 아이인 박혁거세를 임금으로 삼았다는 것은, 초기 신라 사회에서 여러 사람이 의논하여 나라의 대표자를 뽑았다는 역사적 사실을 알려 줍니다.

둘째, 신화에는 옛 사람들의 생각이 반영되어 있다는 사실입니다. 박혁거세가 보통 사람과는 다르게 태어나고 신기한 행적을 보였다는 기록은 옛 사람들이 임금을 특별하게 생각했음을 말해 줍니다.

옛날 진한에 6촌이 있었습니다. 알천 양산촌, 돌산 고허촌, 무산 대수촌, 자산 진지촌, 금산 가리촌, 명활산 고야촌이 그것이지요.

3월 초하루에 여섯 촌장들이 제각기 자제들을 데리고 알천 언덕 위에 모여 의논하기를, "우리에게 백성을 다스릴 군주가 없어 백성들이 모두 흩어지니, 덕 있는 사람을 찾아 임금으로 삼아 나라를 세우고 도읍을 정해야겠다"고 했습니다.

그러고는 높은 곳에 올라가 남쪽을 바라보니, 양산 밑에 있는 나정이라는 우물가에 이상한 기운이 번갯불처럼 땅에 비치더니 하얀 말 한 마리가 꿇어 앉아 절하는 모습이 보였습니다. 그래서 그 곳을 찾아가 보니 붉은색 알 한 개가 있고, 하얀 말은 사람들이 다가오는 것을 보고 길게 울고는 하늘로 올라갔지요.

그 알을 깨니 예쁘게 생긴 남자 아이가 나왔습니다. 이상하게 생각한 사람들이 그 아이를 동쪽 개울에서 목욕시키자 몸에서 빛이 나고, 새와 짐승들이 춤추면서 따라오고, 하늘과 땅이 흔들리며 해와 달이 더욱 밝아졌어요. 그리하여 그를 혁거세왕이라고 했습니다. 사람들이 모두 기뻐하며 "이제 하느님의 아들이 내려왔으니 덕 있는 여자를 아내로 삼게 해야 할 것이다"라고 했지요.

이 날 사량리 알영정이라는 우물가에서는 계룡(鷄龍:닭용)이 나타나 왼쪽 갈비에서 여자 아이를 낳았습니다. 이 여자 아이는 얼굴은 유달리 고왔으나 입술이 닭의 부리와 같았어요. 사람들이 월성 북쪽 개울에 데리고 가서 목욕시키니 그 부리가 빠

졌습니다.

　남산 서쪽 기슭에 궁궐을 세우고 신성한 두 아이를 받들어 길렀습니다. 두 아이가 열세 살이 되자, 남자 아이는 왕이 되고 여자 아이는 왕비가 되었지요. 나라 이름을 서라벌, 혹은 사라, 사로라고 했습니다.

　혁거세가 왕이 되어 나라를 다스린 지 62년 만에 하늘로 올라가더니, 그 뒤 7일 만에 몸이 흩어져 땅에 떨어졌고 왕비도 따라서 죽었습니다.

　나라 사람들이 왕과 왕비를 함께 묻으려고 하자 큰 뱀이 쫓아와 방해하므로, 시신이 다섯으로 나뉜 몸을 각기 장사 지낸 뒤 이를 오릉(五陵:다섯 무덤) 또는 사릉(蛇陵: 뱀무덤)이라고 했습니다.

오릉에서 가까운 곳에 알영정 터가 있다. 사진에 보이는 문을 열고 들어 가면 알영정이 나온다.

나정에는 박혁거세가 알에서 태어났다는 전설이 깃들어 있다.

신라의 성장

앞에서 보았듯이, 사로국은 몇 개의 집단이 대표자인 임금을 선출하여 이루어진 나라였습니다. 옛 기록을 보면, 신라는 처음 얼마 동안 박씨와 석씨, 김씨가 번갈아 가며 임금이 되었다고 합니다. 이것은 몇 개의 집단이 모여 사로국을 이루고, 그 가운데 힘이 센 집단의 대표자가 사로국의 임금이 되었다는 사실을 말해 줍니다.

《삼국유사》에는 다음과 같은 이야기가 나옵니다.

두 번째 임금인 남해가 죽었을 때, 그 아들인 유리가 임금 자리를 탈해에게 양보했습니다. 그러자 탈해는, "거룩하고 지혜가 많은 사람은 이가 많다고 하니, 떡을 가지고 시험해 보자"고 했습니다. 두 사람이 떡을 베어 물자 떡에 잇자국이 선명하게 남았습니다. 잇자국으로 보아 이의 수가 더 많은 것은 유리였습니다. 이리하여 신라의 제3대 임금 자리는 남해 임금의 아들인 유리가 차지하게 되었다고 합니다.

유리는 박씨일 테고, 탈해는 석씨의 시조로 기록에 나옵니다. 그렇다면 유리와 탈해가 떡을 베어 물어 잇자국을 가린 일은, 박씨와 석씨 집단의 대표자 중 누구를 임금으로 세울지를 결정하는 시험이었겠지요. 몇 개의 집단이 공동으로 사로국을 이루어 이끌어 가던 신라 초기의 상황을 설명해 주는 내용입니다.

처음 신라 임금에게는 거서간, 차차웅, 이사금이라는 호칭이 붙었습니다. 《삼국사기》나 《삼국유사》에 혁거세 거서간, 남해 차차웅, 유리 이사금이라고 하여 이 호칭들이 특정 임금에게만 붙었던 것처럼 나오기도 합니다. 그러나 《삼국유사》의 한 기록에서는 남해 차차웅을 남해 거서간이라고도 한 사실을 볼 때, 신라 초기 단계에서 거서간·차차웅이 특정인에게만 붙었던 고유한 호칭은 아니군요. 거서간과 차차웅·이사금은 신라 사회에서 특별한 지위에 있는 사람의 호칭으로, 초기 신라의 임금들은 거서간이면서 차차웅이기도 했고, 이사금 또한 차차웅과 같은 존경을 받는 존재이기도 했던 것이지요.

거서간이란 말 뜻은 분명하지 않으나, 어떤 집단의 대표자를 가리키는 것으로 보입니다. 곧 한 집단의 대표자이자 전체 사로국의 대표자인 임금을 뜻하는 말이었겠지요.

차차웅은 무당을 가리키는 말이라고 합니다. 무당은 무엇을 말하나요? 무당은 인간과 신 사이에서 신의 뜻을 인간에게 전해 주는 특별한 사람입니다. 그런데 왜 임금을 무당을 뜻하는 차차웅이라고 불렀을까요?

고대 사람들은 아직 자연에 대한 지식이 많지 않아서 지금처럼 세상 일을 과학적으로 풀이하지 못했습니다. 그래서 농사에 영향을 미치는 기후의 이상, 전혀 예기치 못했던 외적의 침입, 병들어 죽는 것 같은, 인간의 힘으로는 어떻게 할 도리가 없는 여러 가지 일들이 모두 신의 뜻에 달렸다고 생각했어요. 따라서 인간이 행복해지려면 신의 뜻과 힘을 아는 것이 중요했는데, 그것이 바로 무당의 일이었지요. 그래서 고대 사회에서 무당은 무척 중요한 존재였습니다. 신라에서는 임금을 무당이라고 부를 정도였으니 더 말할 게 없겠지요?

그러면 사로국의 임금들은 과연 무당이었을까요? 지금 우리가 아는 무당의 모습과 '임금님' 하면 떠오르는 인상을 생각하면 전혀 이해할 수 없을 것입니다. 그러나 지금의 무당과 고대의 무당은 여러 면에서 달라서 꼭 그렇게 생각할 일은 아니랍니다. 그렇다고 사로국의 임금이 꼭 무당이었다기보다는, 무당처럼 중요한 일을 하는 사람이기 때문에 존경스러운 사람이라는 뜻으로 차차웅이라고 불렀을 것입니다.

임금 자리를 차지하기 위한 유리와 탈해의 시합에서도 알 수 있듯이, 이사금은 이(치아)가 많은 사람, 곧 나이가 많은 사람을 가리키는 말입니다. 임금을 선출할 때 이왕이면 나이가 많아서 경험이 많고 지혜가 풍부한 사람을 뽑았기 때문에 그런 이름이 붙은 것이지요. 게다가 고대 사람들은 무당처럼 신의 뜻을 알 수 있는 특별한 사람은 보통 사람보다 이가 많다고 믿기도 했답니다. 그러니 이사금 역시 사람들의 존경을 받을 만한 특별한 사람이라는 뜻을 가진 말이지요.

그래서인지 거서간, 차차웅, 이사금으로 불린 신라 초기의 임금들은 보통 사람이 할 수 없는 신기한 행동을 많이 했다고 전합니다. 예를 들어 유리의 뒤를 이어 임금이 된 탈해는 스스로를 대장장이의 후손이라고 불렀는데, 어떤 민족은 대장장이가 샤먼과 같은 조상에서 나왔다고 생각한답니다.

탈해에 관해서는 이런 신비한 일도 전합니다. 한번은 탈해가 토함산에 갔다가 목이 말라 하인에게 물을 떠 오라고 했습니다. 그런데 하인이 오는 도중에 자신도 목이 말랐는지 먼저 입을 대자, 입술이 그릇에 붙어서 떨어지지 않았습니다. 이것을 보고 탈해가 꾸짖자 하

샤먼 shaman
샤머니즘에서, 영혼과 대화를 할 수 있다는 무당이나 박수를 말한다.

30 신라

탈해와 월성에 관한 이야기는 《삼국유사》에 다음과 같이 전합니다.

탈해가 신라에 와서 살 만한 곳을 찾다가 초승달같이 생긴 곳이 있어 살펴보고는 오래 살 만한 곳이라고 생각했다. 하지만 그 곳은 호공이라는 사람의 집이었다. 탈해는 피를 내어 몰래 숫돌과 숯을 그 집 곁에 묻고는, 집 주인을 찾아가서 이 곳이 자기 조상의 집이라고 주장했다. 호공과 탈해는 서로 자기 집이라고 다투다가 결국 관가까지 갔다. 관가에서는 탈해에게 "어떤 근거로 그 곳이 너의 집이라고 하는가" 물었다. 탈해는 "나는 본래 대장장이였는데 잠시 어디 다녀온 동안 다른 사람이 빼앗은 것이니 그 땅을 파 보면 내 말이 맞음을 알 수 있을 것입니다"고 했다. 탈해의 말대로 과연 그 땅에서 숫돌과 숯이 나왔다. 그래서 탈해는 그 집을 차지하게 되었고, 당시 남해 임금이 탈해의 슬기를 알고 사위로 삼았다고 한다.

또 《삼국사기》에 따르면 탈해 다음에 임금이 된 파사가 호공의 집터 둘레에 월성을 쌓았습니다. 이 때부터 자연의 언덕 위에 반달 모양으로 흙과 돌을 섞어 쌓은 이 성에서 신라의 왕이 대대로 거처했다고 합니다.

반월성 오늘날 경주에 있는 월성은 위에서 내려다본 모양이 초승달 모양이라 반월성이라고도 한다.

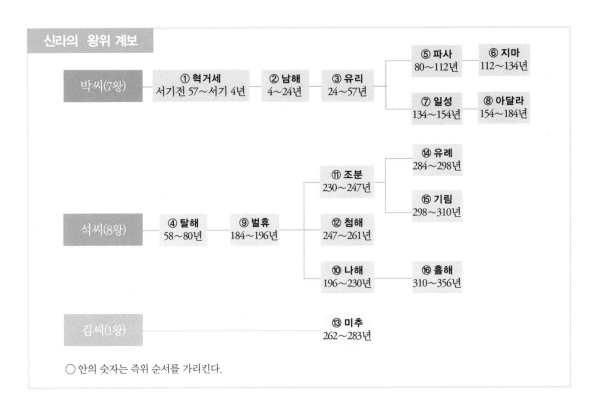

신라의 왕위 계보

| 박씨(7왕) | ① 혁거세 서기전 57~서기 4년 | ② 남해 4~24년 | ③ 유리 24~57년 | ⑤ 파사 80~112년 | ⑥ 지마 112~134년 |
| | | | | ⑦ 일성 134~154년 | ⑧ 아달라 154~184년 |

석씨(8왕)	④ 탈해 58~80년	⑨ 벌휴 184~196년	⑪ 조분 230~247년	⑭ 유례 284~298년
				⑮ 기림 298~310년
			⑫ 첨해 247~261년	
			⑩ 나해 196~230년	⑯ 흘해 310~356년

| 김씨(1왕) | | | | ⑬ 미추 262~283년 |

○ 안의 숫자는 즉위 순서를 가리킨다.

인이 다시는 그러지 않겠다고 맹세했더니 그제야 입술이 떨어졌다고 합니다. 또 탈해의 후손인 벌휴 이사금이나 나해 이사금은 날씨를 조절할 줄 알아, 풍년이 들지 안 들지도 미리 알았다고 합니다.

이렇게 임금을 이사금이라고 하던 시기에, 사로국은 점차 힘을 키워서 주변의 여러 작은 나라들을 끌어들여 지금의 영남 지방 일대에서 가장 큰 세력으로 성장했습니다. 그러나 이 때까지 사로국은 영남 지방 일대에서 가장 대표적인 나라였을 뿐, 주변의 여러 나라를 하나의 국가 체제로 만들기까지는 좀 더 시간이 필요했습니다. 사로국 자체의 여러 집단이 대표자인 임금 자리를 번갈아 차지하던 이사금 시기에는 더 강력한 국가를 만들기가 벅찼던 것이지요.

이 때 서서히 김씨 집단이 등장합니다. 미추 이사금(서기 261~284년)이 김씨 일족 중에서 처음 사로국의 임금이 된 뒤, 김씨 집단은 차츰 힘을 발휘하게 됩니다.

김씨가 임금 자리를 독차지하다

김씨 집단이 두각을 드러내기 시작한 4세기 중엽, 한반도에서는 고구려와 백제가 서로 치열하게 전투를 벌였습니다. 이들의 싸움에는 바다 건너 왜도 참여했지요. 4세기 중엽 백제와 왜는 서로 문물을 교류하고 군사적인 일에 협조하는 우호 관계를 맺고 있었기 때문에, 왜는 백제의 동맹군으로 이 싸움에 개입했지요. 그런데 왜는 이들의 싸움에만 개입한 것이 아니라 신라도 자주 침략했습니다. 왜의 침략으로 고통받던 신라는 이전부터 우호 관계에 있던 고구려에게 도움을 청했습니다(399년, 내물 마립간 44년). 이에 고구려의 광개토왕은 5만 명의 대규모 군대를 보내 신라에 침입한 왜병을 물리쳤습니다(400년, 광개토왕 10년).

이를 계기로 고구려는 신라를 자기네 속국으로 취급하고, 신라의 나라 살림에도 간섭을 했습니다. 내물 마립간에 이은 실성 마립간과 눌지 마립간은 고구려의 지원과 승인 아래 왕위에 오를 수 있었지요. 뿐만 아니라 신라 땅 곳곳에 고구려 군대가 주둔했지요. 신라는 이러한 상황이 그리 마음에 들지 않았습니다.

한편 백제도 고구려와의 싸움에서 왜의 군대에 더 이상 의존할 필요를 못 느꼈습니다. 더군다나 왜는 백제를 도와 준다는 명분으로 지나치게 거만하게 굴었거든요. 그러자 백제는 신라로 눈을 돌렸습니다. 더욱이 고구려는 427년, 수도를 평양으로 옮겼습니다. 한반도 남쪽에 더 힘을 기울이겠다는 뜻이었지요. 이에 백제의 비유왕이 바로 그 해에 신라에 사신을 보냈습니다. 고구려의 간섭과 지배에서 벗어나고자 하던 신라는 망설일 필요가 없었습니다. 눌지 마립간은 고구려의 지원 아래 왕이 되었지만, 반대로 고구려의 개입으로 언제든 왕위를 잃을 수 있는 처지였습니다. 그리하여 백제와 신라는 손을 잡고 고구려에 대항하기로 했습니다(434년).

그 뒤 신라는 점차 고구려의 간섭에서 벗어나게 되었고, 백제뿐 아니라 가야와도 손을 잡으면서 주변 나라들과 세력 균형을 유지하면서 독자적인 나라로 자리를 잡아 갑니다.

이러한 시기에 임금 자리는 김씨 집단이 독점했습니다. 고구려나 백제 등 커다란 주변 국가와의 경쟁 혹은 협력 관계가 시작되면서 나라의 힘을 한군데로 집중할 필요가 커졌고, 김씨 집단이 박씨, 석씨와 다른 집단을 누르고 임금 자리를 독차지하게 된 것이지요.

이 때의 신라(이 때 나라 이름을 서라벌 또는 사로국이라고도 하고 신라라고도 했습니다) 임금을 '마립간'이라 했습니다. '마립간(麻立干)'이란 간(干:우두머리) 중의 간, 곧 가장 큰 우두머리란 뜻으로, 여러 집단의 합의에 따라 임금 자리에 오른 이사금보다 정치적으로 더 강한 임금이란 뜻이 숨어 있습니다.

탈해 이사금 때의 일이라고 한다. 어느 날 밤 호공이 길을 가다가 계림이라는 숲 속에 큰 빛이 비치는 것을 보았다. 빛이 비치는 곳에 가 보니 자줏빛 구름이 하늘에서 땅까지 뻗친 가운데 찬란한 빛을 내뿜는 황금 궤짝 하나가 나뭇가지에 놓여 있었다. 그리고 그 나무 밑에서 흰 닭 한 마리가 울고 있었다.

금궤짝에서 나와서
'김알지'

이 사실을 임금께 아뢰었더니, 임금이 직접 숲에 가서 궤짝을 열게 했다. 궤짝 속에는 한 어린 아이가 있었다. 이 아이를 안고 대궐로 돌아오니 새와 짐승들이 서로 따르며 기뻐했다. 아이가 금(金) 궤짝에서 나왔으므로 성을 김씨(金氏)라 하고, 이름은 어린 아이를 뜻하는 알지라 붙였다고 한다.

알지는 왕위에 오르지 않았지만, 몇 백 년 뒤 그의 후손들이 신라 왕실을 독차지한다.

6부 체제의 성립과 운영

마립간 지위를 세습하게 된 김씨 왕실은 나라를 다스리는 힘을 중앙으로 모으는 일에 온 힘을 기울였습니다. 그러한 일들 중 하나가 주변의 다른 세력을 통제하는 것이었지요. 이 과정에서 김씨 왕실은 주변 세력의 대표자들을 왕경(王京: 왕궁이 있는 도읍)인 지금의 경주 땅으로 이주하게 하고, 왕경의 지배자 집단에 소속시켰습니다.

이 지배자 집단은 원래의 사로국 지배자와, 사로국에 편입되어 새로 이주해 온 각 지역의 지배자들로 구성되었습니다.

사로국 당시 경상도 각 지역에는 사로국과 비슷한 나라들이 많이 있었다. 예를 들면 지금의 영천 지방에는 골벌국, 안강 지방에는 음즙벌국, 경산 지방에는 압독국, 청도 지방에는 이서국, 김천 지방에는 감문국들이다. 이들은 점차 사로국에 멸망하여 그에 흡수되었다. 《삼국사기》에는 "골벌국의 왕 아음부가 무리를 거느리고 와서 항복했다. 신라의 왕은 골벌국 왕에게 집과 땅을 주어 살게 하고 골벌국을 신라의 영토로 삼았다"는 기록이 있다.

사로 6촌과 왕경 6부

《삼국사기》와 《삼국유사》에서는 신라에 6부가 성립되기 전에 6촌이 있었다고 합니다. 그리고 유리 이사금 9년에 6촌이 6부로 이름을 바꾸었다고 합니다. 그러나 6촌이 기록 그대로 6부로 바뀌었는지에 대해서는 학자들 사이에 의견이 분분합니다.

어떤 학자들은 그 기록을 그대로 믿어 6촌이 6부가 되었다고 하고, 또 어떤 학자들은 6촌에서 6부가 된 것은 맞지만 유리 이사금(재위 24~57년) 때가 아니라 더 늦은 시기라고 합니다. 어떤 학자들은 6부가 있었던 것은 확실하지만, 그 전에 있었다는 6촌은 사실이 아니라 후대에 지어 낸 것이라고도 합니다.

이 문제를 해결할 사람은 이 책을 읽는 여러분 중에서 나올지도 모릅니다. 여러분, 용기를 내어 이 역사의 미로에 한번 서 볼 생각은 없나요?

이들 지배자 집단은 양부·사량부·모량부·본피부·한기부·습비부라는 6부의 주민이 되었습니다. 이 6부가 나라를 다스리는 데 중요한 구실을 했기 때문에, 이 시기 신라의 국가 체제를 6부 체제라고 합니다. 6부 중에서 가장 핵심이 되는 것은 양부와 사량부였습니다. 이 곳에는 주로 왕족이 거주했고, 왕은 양부에 속했지요. 6부 체제에서 왕이 어느 한 부에 소속되었다는 것은, 왕권이 아직 6부의 세력을 뛰어넘을 만한 지위에는 이르지 못했음을 말해 줍니다.

이 시기에는 왕경 6부의 지배자들이 회의를 통해 나라를 다스리는 중요한 일을 결정했습니다. 왕은 지방을 통치하는 일에도 직접 관여할 수 없었습니다. 사로국이 정복한 지역의 지배자들이 왕경 6부의 구성원이 되었지만, 원래 자기네가 지배하던 지역에 대한 지배권까지 잃지는 않았다는 말이 되겠지요.

그러나 이러한 6부 지배 체제는 중앙 집권적인 지배 체제로 바뀌면서 점차 달라집니다.

영일 냉수리비(국보 264호)
경상 북도 포항의 냉수리에 있는 이 비는 지증 마립간 4년(503년)에 세운 것이다. 비문에 6부 중 4부의 이름이 나오는 것으로 보아 이 비를 세우기 전에 이미 6부 체제가 성립되었다고 할 수 있다. 여기에서 각 부의 대표자들이 모두 스스로를 왕이라 칭했는데, 이는 당시 신라의 마립간이 6부 세력을 완전히 제압하지 못한 상태였음을 말해 준다.

호우총의 호우

경주시 노서리에는 신라 시대의 무덤이 많이 있다. 그 중 한 무덤에서 '호우'라는 그릇이 발견되어 학자들이 이 무덤에 '호우총'이라는 이름을 붙였다. 이 그릇의 밑바닥에 광개토왕의 이름이 있어, 이 그릇이 고구려에서 만들어져 신라에 전해졌음을 알 수 있다. 당시 신라가 고구려의 영향권에 있었음을 보여 주는 유물이다. 글자는 다음과 같다. 乙卯年國罡上廣開土地好太王壺杅十 (을묘년국강상광개토지태왕호우십))

중원고구려비(위)
충청 북도 충주시 가금면 용전리에 있는 이 비석의 비문에는, 고구려가 신라의 임금을 신하처럼 여기고 옷을 하사했다는 기록이 있다.

광개토왕릉비(오른쪽)
중국 지린 성(吉林省:길림성) 지안현(集安縣:집안현) 퉁거우(通溝:통구)에 있는 이 비석의 비문에는, 고구려의 광개토왕이 신라의 요청을 받고 병사 5만 명을 보내 백제와 왜(일본)를 격파했다는 구절이 있다. 이로써 당시 신라는 고구려와 밀접한 관계를 맺었으며, 외부에서 침입해 올 때 고구려의 도움을 받았음을 알 수 있다.

영원한 신라인 박제상

402년 내물 마립간이 세상을 떠났다. 그런데 태자인 눌지가 너무 어려, 귀족들은 고구려에 가 있다가 온 왕족 실성을 임금으로 추대했다.

당시 신라는 고구려와 친선을 다지기 위해 고구려에 왕족을 보내 머물게 하곤 했는데, 그렇게 보내진 왕족은 이를테면 신라가 고구려에 저항하지 못하도록 하는 볼모였다. 실성 마립간은 내물의 아들 보해를 고구려에 볼모로 보냈다.

이 무렵 바다 건너 왜는 백제와 손을 잡고 신라를 자주 침공했다. 실성 마립간은 보해의 형인 미해를 왜에 보내 관계를 개선하려고 했다. 그러나 왜는 미해를 잡아 두고 보내지 않았다.

417년 실성이 죽고 눌지가 왕위에 올랐다. 두 동생 미해와 보해가 돌아오길 간절히 원한 눌지 마립간은 박제상이라는 신하에게 동생들을 구해 오도록 명했다.

박제상은 먼저 보해가 있는 고구려로 갔다. 그러나 고구려에서는 인질인 보해를 신라로 보내 주려 하지 않았다. 그래서 박제상과 보해는 꾀를 내어, 병을 핑계 대고 꼼짝하지 않다가 밤을 틈타 도망쳤다. 고구려 병사들이 뒤쫓아 왔으나, 그들은 그 동안 잘 대해 준 보해에게 보답하기 위해 화살촉을 뺀 채 화살을 쏘았다. 그래서 박제상과 보해는 간신히 살아 돌아올 수 있었다.

다음에 박제상은 미해를 데리러 일본에 갔다. 일본에 가서 "신라 왕이 내 아버지와 형을 아무 죄도 없이 죽였으므로 도망해 왔습니다" 하고 거짓말을 해 일본 왕의 믿음을 샀다. 박제상은 미해와 함께 바닷가로 놀러 나가서는 늘 물고기와 새를 잡아다가 일본 왕에게 바쳤고, 이에 일본 왕은 기뻐하며 의심하지 않았다.

드디어 어느 날 새벽, 안개가 자욱한 틈을 타 박제상은 미해를 도망치게 했다. 미해는 같이 가자고 했으나, 박제상은 둘이 함께 가면 추격해 오는 일본군에게 곧 잡힐 터이니 혼자 가라고 미해를 떠밀었다. 그리고 자기는 미해의 방에서 이튿날 아침까지 꼼짝하지 않았다.

의심하는 일본인들에게 박제상은 미해가 병이 났다고 했다. 그러나 결국은 사실이 밝혀지고 박제상은 추궁을 받게 되었다. 일본 왕은 박제상에게 자기 신하가 되면 용서하겠다고 했다. 그러나 박제상은 차라리 신라의 개와 돼지가 될지언정 일본의 신하는 되지 않겠다고 단호히 말했다. 결국 박제상은 참혹한 형을 받고 죽었다.

박제상이 일본으로 떠날 때 그의 부인은 세 딸을 데리고 치술령이라는 고개에 올라갔다고 한다. 그리고 일본 쪽을 바라보며 통곡하다가 죽어서 치술령의 여신이 되었는데, 고려 시대까지도 이 곳에는 여신에게 제사 지내는 사당이 있었다고 한다.

이 때 세계는

신라가 한창 주변 국가들을 정복하면서 발전하던 시기에 중국은 남북조 시대였습니다. 한나라가 멸망하고(220년), 위·촉·오 세나라가 겨루다가, 위를 이은 진나라에 의해 중국은 잠시 통일되는 듯했습니다. 그러나 곧 북방 이민족의 침입을 받아 진이 멸망하고, 남쪽으로 내려간 사람들이 동진을 일으킵니다. 북방에서는 많은 북방족들이 여러 나라를 일으키며 흥망성쇠를 거듭하다가 북위가 이들을 통일했고요(439년). 남쪽에서는 동진 이후 송·제·양·진 네 왕조가 교체되었는데, 589년에 수나라가 마지막 진나라를 멸망시킵니다. 북쪽에서는 북위가 동위와 서위로 분열되어 동위는 북제로, 서위는 북주로 교체되었다가 북주가 북제를 멸망시키고 한때 화베이(華北 : 화북)지역을 통일합니다. 그러나 곧 수나라가 이를 이어 남조 최후의 왕조인 진을 멸망시키고 중국 천하를 통일합니다(589년).

중국 북방에는 여러 유목 민족들이 거주했는데, 그 가운데 흉노족이 최초로 국가를 이루었습니다(기원전 209년). 흉노가 후한의 공격으로 붕괴하고 2세기 중엽 무렵에는 선비족이 국가를 이루었지요. 3세기 중엽 선비족은 몇 개의 부족으로 분열하여, 그 가운데 어떤 것은 중국으로 이주하여 북위 왕조를 열기도 했습니다. 몽골 고원에서는 유연(402~552년), 돌궐(552~744년)의 유목·기마 민족 국가가 연달아 일어났다가 멸망합니다.

5세기 즈음 일본은 왜(倭)라고 불렸으며, 이 때 왜왕(倭王)들은 당시 중국의 남조인 동진과 동진을 이은 송(宋)에 사신을 보내기도 했다고 합니다.

인도에서는 320년 찬드라 굽타 1세가 갠지스 강 유역의 패권을 장악하여 굽타 왕조를 세웠습니다. 굽타 시대는 인도의 고전 문화가 성숙하여 다채롭게 전개된 시기이지요. 산스크리트 문학이 매우 성행했고, 힌두 교와 불교의 교의가 체계화되었으며, 조각·회화·미술 등의 영역에서 세련된 기법의 아름다운 걸작들이 만들어졌습니다. 《마누법전》 같은 법전들도 이 무렵 편찬되었지요.

서아시아에서는 사산조 페르시아가 흥성했습니다. 조로아스터 교를 국교로 하여 현재의 아베스타 경전이 완성되었지요. 수공업이 발달하여 훌륭한 공예품들을 많이 남겼고요. 무역이 번창하여 여러 나라와 교류했는데, 북위 시대의 중국에 여러 차례 사절을 파견하기도 했습니다. 이들은 페르시아의 전통과 헬레니즘의 영향을 계승하여 독특한 미술을 형성했는데, 비잔틴 제국과 유럽 각지, 인도와 중앙 아시아, 중국과 한국, 일본 등의 동아시아 등에까지 영향을 끼쳤습니다. 651년 아랍의 침략을 받자 당나라에 원조를 청하기도 했으나, 결국 그들에게 정복당합니다.

유럽에서는 4세기 후반부터 게르만 족의 대이동이 시작됩니다. 로마는 395년 동로마와 서로마로 분리되었다가, 476년 게르만의 장군 오도아케르가 서로마 황제를 폐위시킴으로써 서로마가 멸망합니다.

2

나라가 발전하면서
중앙 집권적 국가 체제 정비

나라의 힘을 한데 모아라

사로국은 지금의 영천 지방에 있었던 골벌국, 안강의 음즙벌국, 경산의 압독국, 청도의 이서국, 김천의 감문국과 같은 주변의 작은 나라들을 차츰 정복했습니다. 그리고 전보다 넓어진 땅과 많아진 백성들을 다스리기 위해 여러 제도를 정비했습니다. 그것은 중앙 집권적인 국가 체제를 갖추기 위한 서막이었습니다.

중앙 집권적인 국가 체제란, 국가를 다스리는 데 필요한 힘(권력)을 중앙 정부로 집중시킨 체제를 말합니다. 곧 중앙 정부 외의 지방에는 어떠한 결정권도 주지 않는 것이지요. 예를 들자면, 강원도

신라장군 이사부가
우산국을 정복하다

《삼국사기》에는 지증왕 13년(512년)에 우산국(지금의 울릉도)을 정복한 재미있는 이야기가 나온다. 신라의 장군 이사부가 울릉도를 정복하러 갔는데, 지세와 사람들이 하도 험해서 쉽지 않았다. 그래서 꾀를 내어 나무로 만든 사자들을 배에 싣고 가서 항복하지 않으면 이 맹수들을 풀어서 모두 죽이게 하겠다고 하니, 우산국 사람들이 두려워서 항복했다고 한다.

춘천시의 쓰레기 문제를 어떻게 해결할 것인지에 대해서 춘천 시민이 결정하는 게 아니라, 서울의 중앙 정부 기관에서 결정하는 식이지요.

소지 마립간 9년(487년)에는 우편 역마 제도를 마련하고, 3년 뒤(소지 마립간 12년)에는 수도인 경주에 시장을 세웠습니다. 우편 역마 제도란 여러 지역과의 교통을 원활히 하기 위해 나라 곳곳에 '역'을 세워 말을 기르게 하고, 나라에서 지방에 관리를 파견하거나 명령서를 내려 보낼 때 역의 말(역마)을 이용하도록 한 제도입니다. 이것은 사로국이 정복한 여러 지역과의 왕래를 전보다 쉽게 하여, 결과적으로 왕경의 지배 집단이 먼 지방까지 완전히 지배할 수 있게 해 주었지요.

이렇게 여러 지역과의 왕래가 쉬워지면서 갖가지 물건들도 왕경에 많이 모였습니다. 거래할 물건들이 많아짐에 따라 시장을 설치하여 보다 많은 물건을 한 곳에서 사고팔 수 있게 되었지요. 이제 경주는 원래 사로국의 출발지로서, 임금과 관리들이 사는 정치 중심지일

뿐만 아니라 경제 중심지로도 자리 잡습니다.

지증왕 5년(504년)에는 '서라벌, 사로, 사라, 신라'라고 달리 부르던 나라 이름을 하나로 정했는데, 한자를 빌려 종래의 '사로'와 발음이 비슷한 '신라(新羅)'라고 했습니다. 그리고 임금의 호칭도 신라 고유의 것에서 중국식인 '왕'으로 바꾸었습니다. 지증 마립간이 이 때부터 지증왕으로 된 것이지요. 이는 신라 왕국이 나라의 체제를 정비하는 과정에서 당시 선진국이었던 중국의 정치 조직이나 문물, 제도 따위를 받아들이면서 취한 조치였지요. 또한 그만큼 나라가 커진 것에 대한 자신감의 표현이기도 했습니다.

임금을 가리켜 '왕'이라 하게 된 6세기 이후, 신라의 권력은 점차 왕 한 사람에게 집중됩니다.

중앙 통치 조직을 정비하다

왕을 중심으로 나라가 원활히 굴러가려면 오늘날의 법 제도와 같은 것이 필요합니다. 이미 오래 전에 법 체계를 완성한 중국의 율령 제도를 받아들여, 신라는 법흥왕 7년(520년)에 율령을 반포합니다. 율령에는 왕 아래 여러 관리의 서열을 명백히 하기 위한 공복(公服:관리들의 복장) 제도도 있었습니다. 곧 관리들은 직급에 따라 공복을 서로 달리 입었습니다.

그리고 법흥왕 18년(531년)에는 귀족 회의의 의장으로서 상대등(上大等)을 두었습니다. 이전의 왕은 국가의 최고 대표자이면서도 귀족 회의의 한 구성원일 뿐이었지요? 귀족 회의 의장을 따로 둠으로써

어떻게 달리 입었을까?
가장 두드러진 것은 옷 색깔. 관리들의 옷 색깔을 자주색, 붉은색, 푸른색, 노란색으로 나누어 등급을 표시했다. 이는 다른 나라에서도 마찬가지였다.

율령이란?

율(律)이란 고대 동양 사회에서의 형법을 말하고, 영(令)이란 행정법을 말한다. 형법은 어떤 행동이 죄가 되는지, 죄를 저지른 사람을 어떻게 처벌할지 등을 정한 법이다. 행정법은 국가 사회를 다스리는 데 일반적으로 필요한 법률, 예컨대 정부 조직이나 공무원에 관한 법, 세금에 관한 법, 억울한 일을 당한 사람을 도와 주는 법 같은 것이다.

나라를 다스린다는 것은 백성을 어떤 질서 체제 안에 묶는다는 것을 의미하기도 한다. 그래서 관료 제도, 관청 제도뿐 아니라 실생활을 규제하는 여러 법이 필요했다. 고대 중국에서는 일찍부터 그 필요성을 느껴 그러한 법률 제도를 정하고, 이러한 법률 제도를 통틀어 율령 제도라고 했다. 결국 율령 제도는 왕을 중심으로 하는 중앙 집권적인 국가 지배 체제를 받쳐 주는 것이었다.

왕은 이제 귀족 회의 위에 있는 존재가 되었습니다. 그만큼 왕의 권력이 강해진 것이지요.

6세기 이후 신라는 율령을 반포하고, 전보다 강해진 왕권을 중심으로 중앙에 정치 권력을 모으는 국가 체제를 갖추기 위해 여러 통치 제도를 마련했습니다. 지금의 공무원이나 국회 의원처럼 나라를 위해 일하는 사람, 곧 벼슬아치(관리)와 지금의 국방부나 경제 기획

원 같은 관청이 생겨났습니다. 법흥왕 3년(516년)에는 지금의 국방부와 같은 병부(兵部)를 설치했습니다. 국가를 유지하려면 외적의 침입이나 내부의 반란을 막아 낼 힘이 필요하니까요. 전에는 왕이나 6부의 대표자들이 각기 군사를 거느리고 필요할 때 이들을 동원하곤 했는데, 이제 왕 밑에 공식적인 관청을 두어 군사와 관련된 일을 도맡게 한 것입니다.

한편 법흥왕은 율령을 반포할 때, 왕 아래 관리에게 체계적으로 직급을 주는 17관등제를 두었습니다. 지금으로 말하면 공무원의 등급과 같은 것이지요. 17관등은 최고위 관등인 이벌찬에서 제일 낮은 관등인 조위까지 17단계로 구분되었습니다. 그리고 진평왕 3년(581년)에는 관리 임명에 관련된 일을 담당하는 위화부(位和府)를, 진평왕 6년(584년)에는 세금을 담당하는 조부(調府)를, 진평왕 8년(586년)에는 의례와 교육을 담당하는 예부(禮部)를 각각 설치했습니다.

모든 결정은 만장 일치로 – 화백 회의

이렇게 왕을 중심으로 관리와 관청 제도가 정비되었다 해도, 아직까지는 왕이 모든 것을 결정하고 명령을 내릴 수는 없었습니다. '화백 회의'라고 알려진 귀족 회의를 보면 그 까닭을 알 수 있지요.

귀족 회의는 부여와 고구려, 백제에도 있었는데, 씨족 사회와 같은 공동체 사회에서 사회 구성원이나 대표자들이 모여 중요한 일을 의논하고 결정하던 전통이 이어진 것입니다. 국가 체제가 정비되면서 이러한 회의는 지배자 집단을 대표하는 귀족들이 모여 국가의 정책을 의논하고 결정하는 자리가 되었습니다.

왕이나 귀족은 서로 같은 지배자라고 생각하여, 상대의 권력이 자기를 누를 정도로 강해지는 것을 싫어했습니다. 그래서 왕이 국가의 힘을 자기 중심으로 모으려고 하면, 귀족들은 회의를 통해 왕의 행동에 제약을 가했지요. 신라의 화백 회의는 한 사람이라도 반대하면 결정하지 않는 만장 일치 제도입니다. 그러니 신라의 귀족들이 아주 효과적으로 왕권에 제동을 걸 수 있는 장치였던 셈이지요.

화백 회의는 다른 나라와 전쟁을 벌이거나 불교를 받아들이는 문제, 세금을 얼마나 거둘 것인가 하는 문제뿐 아니라, 왕에게 다음 왕위를 이을 자식이 없을 때 새로운 임금을 누구로 세울지 의논하고 결정하기도 했습니다. 자식이 없었던 진덕여왕이 죽은 뒤 김춘추가 새로운 임금으로 결정된 것도 이 화백 회의에서였습니다.

그러나 왕권이 강해지고 행정 조직이 정비될수록 귀족 회의의 힘은 약해질 수밖에 없습니다. 신라가 고구려, 백제를 무너뜨린 뒤 왕권이 아주 강해졌을 때 귀족 회의의 기능이 유명무실해진 이유를 알 수 있겠지요?

지방 제도와 군사 제도

진한 12국 가운데 하나였던 사로국은 주변의 작은 나라들을 차례로 정복하여, 4세기 무렵에는 마침내 진한 지역을 모두 차지하게 됩니다. 처음에 신라는 어떤 지역을 정복하면 그 지역 우두머리들이 그곳을 계속 다스리게 하고, 필요할 때 중앙 정부(신라)에 물건이나 사람을 바치게 하는 정도로 정복 지역을 관리했습니다. 그러나 점차 직접 지배하는 방식을 쓰게 됩니다.

지방을 직접 지배하는 방식을 제도화한 것이 505년(지증왕 6년)에 마련한 주군제(州郡制)입니다. 주군제란 여러 지방을 중요도에 따라 주와 군으로 나누고, 각 주와 군에 중앙에서 임명한 관리를 파견해 직접 다스리게 하는 제도를 말합니다. 주와 군 아래에는 촌(村)을 두

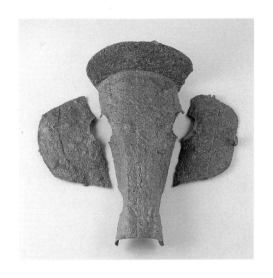

말 투구(경주 사라리 65호 무덤)

정강이 가리개(경주 황남대총 출토, 5~6세기)
오른쪽 가리개의 길이 34.4센티미터.

신라의 갑옷(경주 구정동 출토, 4세기)
어깨 너비 44센티미터.

금동 말재갈과 재갈 멈추개(경주 월성로 출토)
지름 8.5센티미터.

당시 신라 군대는 걸어다니는 보병과 말을 타는 기병으로 편성되었다. 신라의 옛 무덤인 경주 황남동 109호 무덤과 경주 사라리 65호 무덤에서 말을 위한 쇠 갑옷이 출토된 것으로 보아 기병 부대가 있었음을 알 수 있다.

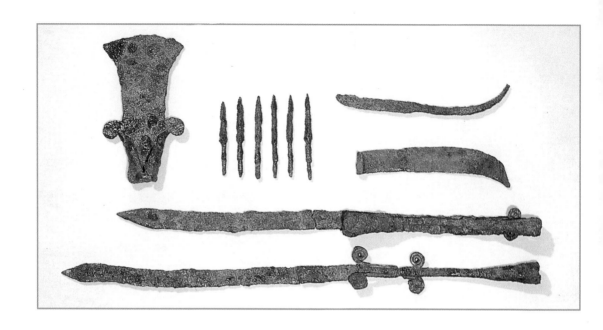

어 중앙에서 임명한 관리를 파견하여 다스렸는데, 촌 중에서도 성곽
이 있는 곳은 특별히 성(城)이라 했습니다.

촌에는 이전부터 그 지역을 다스리던 유력자를 촌주(村主)로 임명
하여, 중앙에서 파견한 지방관을 도와 세금을 걷는다든지 성을 쌓는
다든지 하는 중요한 실제 업무를 관리하도록 했습니다.

6세기 이후 신라의 군대 동원은 이전의 6부병 중심에서 전국 차원
의 대규모 동원 형태로 변해 갑니다. 왕을 중심으로 군사를 집중하
는 제도가 마련되었기에 가능한 일이었지요. 또 삼국 간의 전쟁이
치열해지면서 군사 조직의 규모도 확대되고, 중앙과 지방에 많은 군
부대가 들어섭니다. 당시 이러한 군 부대의 명칭을 당(幢)과 정(停)이
라고 합니다. 군대는 보병과 기병으로 편성되었는데, 이 시기 무덤
에서 나온 사람용과 군마(軍馬)용 갑옷들이 이를 잘 말해 줍니다.

나라 발전의 밑거름, 경제 발전

농사 기술이 발전하다

삼국 시대 신라의 가장 중요한 경제 기반은 농업이었습니다. 농업은 신라 사람들의 기본적인 생산 활동이었고, 상업과 수공업 등 다른 경제 활동의 기초였습니다. 따라서 농업에서의 생산 증대는 곧 사회 발전의 중요한 밑거름이었지요.

초기에 신라 사람들은 철제 농기구를 많이 만들지 못해 나무나 돌로 만든 농기구를 주로 사용했습니다. 그러다가 4세기 이후 철기 제작 기술이 좋아지면서 쇠 농기구를 많이 만들 수 있게 되었지요. 농기구의 재료만 쇠로 바뀐 게 아니라 종류도 다양해져 농기구의 성능은 더욱 나아졌습니다.

특히 추수할 때 낫을 많이 사용하기 시작한 것은 아주 중요한 변

왼쪽:쇠살포, 낫, 말굽쇠형 따비(상주 신흥리 출토) 맨 왼쪽 쇠살포 길이 20.3 센티미터.

오른쪽:쇠스랑, 말굽쇠형 따비, 쇠살포(경산 조영동) 쇠살포 길이 23.1센티미터.

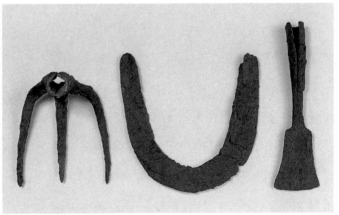

화였습니다. 전에 많이 쓰던 반달 모양 칼은 곡식의 이삭 하나하나를 자르는 것이지만, 낫은 한꺼번에 여러 포기를 줄기째 베는 연장이기 때문에 수확기에 많은 일손을 덜어 주었습니다.

반달 모양 돌칼을 사용해 곡식을 거둘 때는, 이삭을 따고 나서 이삭에 있는 낟알을 손이나 칼로 훑어 낸 뒤, 낟알을 갈돌로 문질러 껍질을 벗겼습니다. 그러다가 낫을 사용하면서 줄기째 베어 널찍한 돌에 메어쳐 낟알을 떨어 낸 뒤, 이 낟알을 한 바가지씩 절구질해서 껍질을 벗길 줄 알게 되었습니다. 그리고 낟알을 떨어 내고 남은 짚으로는 지붕도 덮고, 짚신을 삼기도 했지요.

지증 마립간 3년(502년)에는 나라에서 우경(牛耕:소를 이용한 땅갈이)을 적극 권했습니다. 소에 쟁기를 매어 논이나 밭을 갈면 사람이 괭이나 따비로 갈 때보다 훨씬 더

살포
삼국 시대에 살포라는 것이 등장했다. 우리 나라에서만 볼 수 있는 살포는 논의 물꼬를 트거나 김을 매는 도구이다. 경남 합천 옥전과 김해 예안리에서 출토된 살포. 오른쪽 살포의 길이 129.2센티미터.

편하고 빠르게 넓은 면적을 갈 수 있었습니다. 그리고 힘 좋은 소는 밭을 깊이 갈아서 잡초와 병충해를 제거하는 데도 효과가 좋았습니다. 그래서 전에는 마을 전체, 아니면 몇 집이 힘을 합해 농사를 지어야 겨우 먹고살 곡식을 장만할 수 있었지만, 사람 손이 훨씬 덜 가

는 우경을 시작하면서는 한 가족의 노동력만으로도 먹고살 만한 농사를 짓게 되었습니다.

창원 반계동의 논 유적에서 발견된 소 발자국

쟁기에 달린 보습은 날이 비스듬히 기울어져, 흙을 밀어 내는 구실을 한다.

신석기 시대

줄기마다 알곡이 주렁주렁 매달린다고 해서 일이 다 된 게 아니다. 그 알곡이 밥상까지 와야 하는데, 그 과정도 간단한 일이 아니다. 너른 들판을 메운 곡식의 낟알 하나하나는 갓난아이 손톱보다 작은 크기. 저걸 언제 다 딸까? 딴다고 바로 먹을 수 있는 것도 아니다. 거칠거칠한 껍질을 벗겨야 하기 때문이다.

고조선 · 부여 · 삼한

신석기 시대 후반에 들어서서 사람들은 반달 모양 돌칼을 만들어 냈다. 그리고 청동기 시대에는 반달 돌칼로 이삭을 하나씩 따기도 하고, 낫을 발명해 곡식을 한 움큼씩 줄기째 자르기도 했다. 낫으로 뭉텅이씩 베니 곡식을 거두는 속도가 빨라졌다.

고조선 시대 후반, 철기 시대에 들어서면서 쇠낫을 사용하기 시작했다. 요즘 농촌에서는 거의 기계를 이용해 벼를 베지만 20~30년 전만 해도 곡식을 거둘 때는 쇠낫을 사용했다.

갈돌과 갈판이 발전해 절구가 되었다. 처음에는 작은 절구를 사용했지만, 나중에는 두 사람이 번갈아 공이를 찧을 만큼 큰 절구를 만들어 냈다.

갈판에 알곡을 얹고 갈돌로 문질러 껍질을 벗겼다.

돌절구와 공이

서기전 6000년 무렵, 우리 땅에 살던 사람들은 처음 농사를 짓기 시작했습니다. 봄에 씨앗을 뿌려 가을에 곡식을 거둔다는 것은 놀라운 혁명이었습니다. "뿌리면 거둔다!" 그런데 어떻게 거둘까요? 너른 들판을 메운 알곡이 밥상까지 올라오려면 어떤 과정을 거쳐야 할까요?

삼국 시대부터 조선 시대까지

탯돌이나 개상에 볏단을 메어쳐 낟알을 떨어 내는 방법도 여전히 사용했지만, 그 밖에 다른 방법도 개발했다.

근대

요즘 농촌에서는 콤바인이란 기계를 이용해 논에서 벼를 베고, 동시에 낟알을 떨어 낸다. 1970년대까지만 해도 발로 밟아 돌리는 탈곡기가 있었다.

원통형 탈곡기

개상

널찍한 돌(탯돌)이나 개상에 낫으로 베어 낸 곡식 단을 메어쳐 낟알을 떨어 낸다.

홀태

홀태는 마치 빗처럼 생겼다. 머리를 빗듯이 곡식 단을 훑어서 낟알을 떨어 낸다.

도리깨

멍석에 곡식을 넣어 놓고 도리깨로 두드려 쳐서 낟알을 떨어 낸다.

발로 디디며 곡식을 찧는다 해서 디딜방아라고 한다.

영천 청제와 청제비

8~9세기에 세워진 청제비에는 신라 때 만들어진 청제를 수리하고 보수한 기록이 새겨져 있는데, 이 기록에 오늘날의 수문에 해당하는 '상배굴리(上排掘里)'가 나온다. 전에는 저수지의 물을 논으로 흘려 보내려면 둑을 아예 허물었다가, 물을 그만 보내려면 다시 둑을 쌓아야 했다. 그런데 수문을 달면 문만 열었다 닫았다 하는 것으로 모든 과정이 해결되니 획기적인 발전이라 할 수 있다.

4세기 이후에는 쇠로 만든 토목 공구와 농기구가 널리 쓰이면서 홍수나 가뭄의 피해에 대비하기 위해 둑을 쌓는 일도 많아졌습니다. 경상 북도 영천의 청제가 이 때 만들어진 둑입니다. 둑을 쌓아 저수지를 만들면 비가 올 때 물을 모아 둘 수 있어서, 물이 많이 필요한 벼농사 짓기가 더 쉬워졌습니다. 이렇게 벼농사가 발전해서 6세기 이후에는 쌀이 우리의 주된 먹을거리가 되었습니다. 보리 또한 많이 재배하게 되어 쌀과 함께 주식으로 떠올랐습니다.

수공업과 상업도 발전하다

철기는 청동기에 비해 원료를 쉽게 구할 수 있고 대량으로 생산하기 때문에, 무기뿐만 아니라 토목 공구나 농기구로도 사용했습니다. 다

철광석에서 철 성분을 뽑기 위해 만들었던 용해로 (경주 황성동)

만 철광석에서 쇠 성분을 뽑고 벼려서 철기를 만드는 것은 아무나할 수 있는 일이 아니어서, 특별한 기술을 연마한 사람들이 따로 있었습니다.

철기 시대 초기에는 이러한 기술이 있는 사람이 특별한 존재로 여겨져 큰 권력을 행사하기도 했습니다. 신라의 임금 석탈해가 자신이대장장이의 후손이라고 주장한 것도 다 이유가 있었던 것이지요. 그러나 점차 대장장이들은 나라의 관리를 받는 존재가 되었습니다. 이들은 나라에서 지정한 곳에 모여 살면서 대량으로 철기를 만들었습니다.

또 고대 일본 사람들이 "신라는 금은의 나라"라고 했듯이, 신라는일찍부터 금·은·구리를 가공하는 기술이 발달했습니다. 이런 금속은 매우 희귀해서 나라에서는 그것이 나는 장소와 금·은·구리를 다

경주 월성로에서 출토된 5~6세기 치레거리

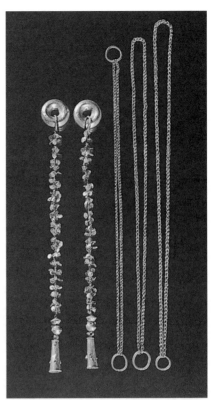

왼쪽 : 목걸이와 귀고리
귀고리의 길이 5.5센티미터.

**오른쪽 : 관에 매달아 늘어
뜨리는 관드리개**
가장 긴 관드리개의 길이
26.4센티미터.

아래 : 갖가지 장신구
윗줄 맨 왼쪽 귀고리의 길이
11.5센티미터.

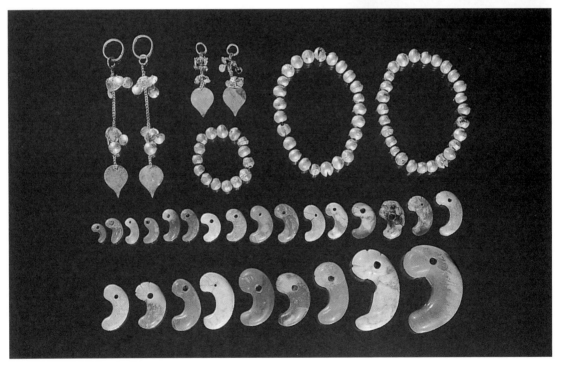

루는 장인 집단을 특별히 관리했습니다. '특별한 관리'란 장인들 마음대로 물건을 만들지 못하고, 나라의 명령을 받아 물건을 만들어 나라에 바쳤다는 뜻입니다. 신라의 중심지였던 경주 일대에서는 금이나 은으로 만든 귀고리, 목걸이, 팔찌, 머리에 쓰는 관, 허리띠 들이 많이 나오지만, 경주 이외의 지방에서는 화려한 금은 세공품이 드물게 출토되는 것은 이러한 이유 때문입니다.

이 밖에 비단 짜기나 염색, 칠그릇, 목공품, 가죽 제품, 모직물 들을 제작하는 수공업도 발달했습니다.

이렇게 농업과 수공업이 발달하니 남아도는 물건을 서로 교환하는 상업도 발전했습니다. 소지 마립간 12년(490년)에 신라가 처음으로 시장을 개설한 것은 이 사실을 뒷받침해 줍니다.

그 전에는 주로 나라와 나라 사이에 물품 교환이 이루어졌고, 교환 수단은 대개 쇳덩이였습니다. 일반 백성들은 모두 자급 자족했기 때문에 나라 안에서 교환은 거의 없었지요.

그러다가 6세기 이후 농업과 수공업이 발달하면서 교환할 물건이 많이 생기고, 또 나라 안 사람들 사이에 빈부와 신분의 높낮이에 많은 차이가 생기면서 물건을 사고파는 일이 활발해졌습니다. 그래서 나라에서는 시장을 두어 사람들이 물건을 교환하는 데 편의를 제공하고, 한편으로 그것을 감시하고 관리했습니다. 지증왕 10년(509년)에 설치한 시전(市典)은 이런 일을 하는 관청이었습니다.

이 때 시장에서 교환의 수단은 옷감이었습니다. 옷감이 교환 수단이었다는 것은, 일반 백성들도 자기들이 생산한 옷감을 가지고 직접 교환 행위에 참여할 수 있게 되었음을 말합니다.

베 짜는 여자, 세오녀

길쌈은 여성이 주로 하는 생산 활동이었다. 신라 시대에 가배라는 풍습이 있었다. 왕경의 여자들을 두 편으로 나누고 왕실의 여자 두 사람이 각각 한 편씩을 거느리게 하여, 음력 7월 16일부터 큰 마을의 광장에 모여 베 짜기 내기를 한다. 이러한 베 짜기는 한 달 간 계속되어 8월 15일에 그 결과를 겨루었다. 이 때 진 편이 술과 음식을 마련하여 이긴 편에게 대접하면서, 노래와 춤을 추며 놀았다고 한다. 이 '가배'라는 말에서 '가위', '한가위(추석)'가 나왔다. 지금 추석에 차례를 지내듯이, 당시 가배는 단순한 놀이가 아니라 일종의 종교적 행위였다.

고대 사회에서 여성들의 옷감 짜기는 신성한 행위로 여겨졌다. 일본 황실의 조상인 아마테라스 오오가가미라는 여신도 옷감을 짰고, 그리스 신화에서 여신 아테나는 옷감 짜는 기술로 신을 모욕한 아라크네를 벌주었다. 《삼국유사》에는 신라 시대에 해와 달이 갑자기 사라져, 여성이 짠 천을 걸고 하늘에 제사 지냈더니 해와 달의 광채가 다시 살아났다는 이야기도 있다. 바로 연오랑 세오녀 설화이다.

신라 제8대 아달라 이사금 4년(157년)에 신라 땅 동쪽 일월동 바닷가에서 연오랑과 세오녀 부부가 살고 있었다. 어느 날 연오랑이 바닷가의 한 바위에 올라 미역을 따는데, 갑자기 바위가 움직이기 시작하여 동쪽으로 흘러가더니 일본의 한 섬나라에 이르렀다. 그 곳 사람들은 연오랑을 임금으로 모셨다. 연오랑이 돌아오지 않자 세오녀는 남편을 찾아 나섰다. 바닷가 바위에 연오랑의 신발이 놓인 것을 발견하고 그 위에 오르니, 이 바위가 또 움직여 연오랑이 있는 섬나라에 데려다 주었다.

두 사람이 신라를 떠나자 신라에서는 갑자기 해와 달이 빛을 잃고 천지가 어두워졌다. 이에 놀란 임금이 급히 점을 치게 하니, 연오랑과 세오녀 부부가 바다를 건너가 버렸기 때문에 신라 땅의 해와 달이 빛을 잃었다는 것이었다. 왕은 곧 사자를 보내 두 사람을 다시 데려오도록 했으나, 두 사람은 하늘의 뜻이므로 다시 갈 수 없다고 했다. 대신 세오녀가 손수 짠 비단 한 필을 내주었다.

신라에서 세오녀가 짠 비단을 가지고 하늘에 제사를 지내니, 기이하게도 빛을 잃었던 해와 달이 다시 빛을 찾았다. 이 때 제사를 지낸 곳이 바로 경상북도 포항시 남구에 있는 일월지라고 한다.

연오랑 세오녀를 모신 일월사당(경상 북도 포항시)
연오랑 세오녀 설화를 바탕으로 해서 해마다 10월에 이곳에서 일월신제(日月神祭)를 올리고 있다.

세금은 백성의 의무

국가는 일정한 지역에 사는 사람들이 함께 살아가는 데서 생기는 여러 가지 문제를 조정하고, 외적의 침입을 막기 위해 만들어진 조직입니다. 국가를 유지하기 위해 필요한 조직에는 관료 조직과 군대 조직이 있습니다. 이들 조직을 운영하기 위해서는 많은 자금이 필요하지요. 그래서 국가에서는 자금을 마련하기 위해 사람들에게서 세금을 거두어들입니다.

지금은 세금을 돈으로 내지만, 옛날에는 곡식이나 옷감 같은 물건으로 세금을 냈습니다. 또 성이나 둑을 쌓는 일 등 많은 사람의 힘이

명활산성 북벽
경주 동쪽에서 신라 왕경을 지키던 명활산성은 흙으로 쌓은 토성과 돌로 쌓은 석성으로 이루어졌다. 신라 석성의 특징은 성벽이 비스듬히 기울어지도록 쌓은 것이다. 자비 마립간 18년(475년)부터 소지 마립간 10년(488년)까지 명활산성은 왕궁 노릇을 하기도 했다.

남산신성비
진평왕 13년(591년) 경주 남산의 북쪽 산허리를 감싸는 남산신성을 쌓을 때, 성 쌓는 일을 관리하던 사람들은 자신이 쌓은 부분이 3년 안에 무너지면 처벌을 받겠다는 서약을 비석에 새기고 책임량을 밝혀 두었다.

필요할 때, 나라에서는 사람들을 불러 모아 일을 시켰습니다. 말하자면 '노동력'으로 내는 세금도 있었던 셈입니다.

또 외적으로부터 나라를 지키는 일도 신라의 백성으로서 마땅히 해야 할 일이었습니다. 그래서 평소에 농사를 짓던 장정들은 나라의

부름을 받으면 너나없이 군대에 나가야 했지요. 설씨녀와 가실의 아름다운 이야기는 이런 현실에서 생겨난 것으로, 당시 군역의 의무를 잘 보여 줍니다.

신라의 군역 설씨녀와 가실

신라 진평왕(재위 579~632년) 때 경주의 한 마을에 성이 설씨인 한 가난한 여자가 있었는데, 마음과 행실이 매우 고왔다. 그런데 어느 날 이 여자의 아버지가 나라에서 정한 대로 군대를 가게 되었다. 그러나 그녀의 아버지는 늙고 병들어 가기가 힘들었다.

이 때 평소 이 여자를 좋아하던 가실이라는 남자가 그녀의 아버지 대신 군대에 가겠다고 자청했다. 여자는 가실이 군대를 다녀오면 결혼하기로 약속하고, 거울을 쪼개어 반씩 나누어 가지고 정표로 삼았다.

그런데 당시 나라에 전쟁이 많아 군대에 간 가실은 6년이 지나도 돌아오지 못했다. 여자의 아버지는 점점 나이가 들어 가는 딸이 안쓰러워 다른 사람에게 시집 보내려고 했다. 여자는 가실을 생각하며 울었다.

이 때 여자 앞에 비쩍 마르고 초라한 남자가 나타나 반으로 쪼개진 거울을 보였다. 바로 가실이었다. 6년 만에 군대에서 겨우 돌아올 수 있었던 가실은 설씨 여자와 결혼하여 행복하게 살았다고 한다.

신라 토기

흙을 빚어 그릇을 굽는 기술은 아주 오래 전부터 발전을 거듭해 왔습니다. 신석기 시대에는 토기를 섭씨 600~800° 정도에서 구워 냈지만, 삼국 시대에는 밀폐된 가마를 이용하여 섭씨 1000°가 넘는 온도에서 구웠습니다. 그렇게 높은 온도에 이르면 토기의 원료인 흙 속의 광물이 용해되어 그릇 벽이 반질반질해지고 더 단단해지지요.

서기 300년 무렵 신라와 가야에서 만든 토기 가운데 독특한 것은 목이 긴 항아리와 굽다리접시입니다. 신라, 가야의 굽다리접시는 긴 다리에 층층이 긴네모꼴, 세모꼴 구멍이 뚫렸습니다.

처음에는 신라와 가야의 토기 사이에 분명한 차이점이 없었으나, 점차 낙동강을 경계로 서쪽은 가야 토기, 동쪽은 신라 토기로 구별이 생겼습니다. 뚜렷이 다른 점은, 가야의 굽다리접시는 굽구멍(투창:透窓)이 위아래 한 줄로 나란히 뚫린 경우가 많은 데 비해, 신라의 굽구멍은 위아래가 엇

왼쪽:토우 붙은 굽다리접시
경주 월성로, 5~6세기, 높이 24센티미터.

가운데:그릇받침
5세기, 출토지 모름, 높이 56.4센티미터.

아래 왼쪽:굽항아리
5세기, 출토지 모름, 높이 45.2센티미터.

아래 오른쪽:굽항아리
5세기, 출토지 모름, 높이 35.6센티미터.

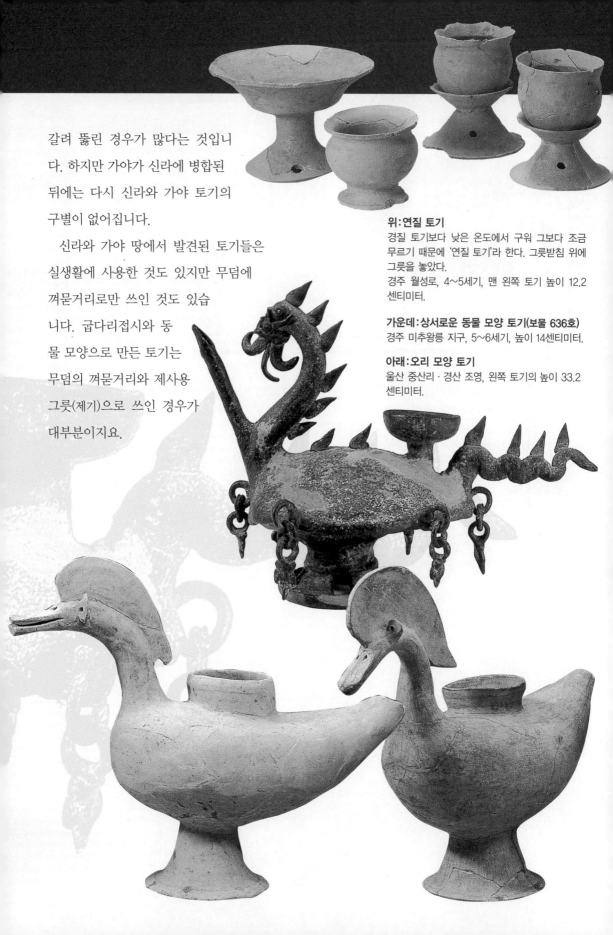

갈려 뚫린 경우가 많다는 것입니다. 하지만 가야가 신라에 병합된 뒤에는 다시 신라와 가야 토기의 구별이 없어집니다.

신라와 가야 땅에서 발견된 토기들은 실생활에 사용한 것도 있지만 무덤에 껴묻거리로만 쓰인 것도 있습니다. 굽다리접시와 동물 모양으로 만든 토기는 무덤의 껴묻거리와 제사용 그릇(제기)으로 쓰인 경우가 대부분이지요.

위:연질 토기
경질 토기보다 낮은 온도에서 구워 그보다 조금 무르기 때문에 '연질 토기'라 한다. 그릇받침 위에 그릇을 놓았다.
경주 월성로, 4~5세기, 맨 왼쪽 토기 높이 12.2 센티미터.

가운데:상서로운 동물 모양 토기(보물 636호)
경주 미추왕릉 지구, 5~6세기, 높이 14센티미터.

아래:오리 모양 토기
울산 중산리 · 경산 조영, 왼쪽 토기의 높이 33.2 센티미터.

❶ 누에나방의 새끼인 애누에는 뽕잎을 먹고 자란다.

❷ 23일쯤 지나, 약 7센티미터 길이로 자란 누에는 올라가려는 본능에 따라 섶으로 기어 올라가 자신의 몸을 감싸는 고치를 짓기 시작한다. 약 이틀 반 동안 머리카락보다 더 가느다란 섬유를 토해 내어 짓는 고치의 무게는 약 2.5그램. 그러나 이 고치 하나에서 섬유 1200~1500미터를 뽑아 낼 수 있다.

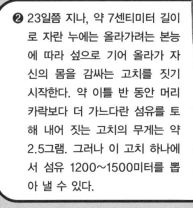

❸ 고치를 더운 물에 삶으면 세리신(Sericine)이란 끈적끈적한 성분이 빠져 나간다. 고치 안에 있던 누에는 번데기가 된다. 고치를 찌지 않았다면, 약 70시간 뒤 고치를 뚫고 밖으로 나와 누에나방이 될 텐데.

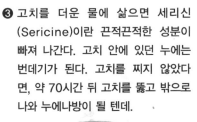

❹ 삶은 고치 겉면의 보푸라기(겉솜)를 솔로 떼어 내고, 고치 15~30개에서 한 가닥씩 뽑아 낸 섬유를 실감이틀로 꼬아 실 한 올을 만든다. 이 한 올이 1200~1500미터까지 이어져 두툼한 실타래를 만들어 낸다.

❺ 비단 짜는 틀에서 날실과 씨실을 교차해 옷감을 짠다.

3

신라 사람들은 어떻게 살았을까?
신라 사람의 정신 세계와 삶의 질서

골품 제도, 사람의 일생을 결정한 신분

신라 사회는 신분제 사회입니다. 신분제 사회에서 한 사람의 일생은
어떤 신분에 있는 부모에게서 태어나느냐(혈통)에 따라 결정됩니다.

신라의 신분제는 골품제라고 하는데, 신라 사람의 신분을 크게
'골'과 여섯 '두품'으로 구분합니다. 골품 등급에 따라 정치적 출세는
물론, 결혼 대상과 방식, 사는 집의 크기, 옷 색깔, 탈것의 장식에 이
르기까지 사회 생활 전반에 걸쳐 여러 가지 특권과 제약을 규정하는
제도이지요.

왕족만이 가질 수 있었던 신분인 '골'에는 성골과 진골이 있는데,

그들이 어떻게 다른지에 대해서는 아직 확실히 알려져 있지 않습니다. 어떤 학자들은 성골은 부모가 모두 왕족인 경우, 진골은 부모의 어느 한 쪽만 왕족인 경우라고 이야기하기도 합니다. 왕의 아주 가까운 친족만을 성골이라 했다는 주장도 있습니다. 성골은 신라 28대 임금인 진덕여왕을 끝으로 없어지고, 654년 재위에 오른 태종무열왕부터 진골이 왕의 자리를 차지합니다.

'품'은 6두품에서 1두품까지 나뉘었는데, 나중에는 1두품에서 3두품까지의 구분은 없어지고, 6·5·4두품의 구분만 남습니다.

앞에서 사로국에서 출발한 신라가 주변의 여러 나라를 정복하고 통합하면서 그 지배층을 왕경에 불러 모았다고 했지요? 골품 제도는 이들을 지배 집단에 포용하면서 지배 집단 안의 등급과 서열을 정하기 위해 만든 것입니다. 두품 신분 중 가장 높은 6두품은 사로국을 만든 6촌의 지배자, 사로국에 병합된 비교적 규모가 큰 소국의 지배자들 중심으로 형성되었고, 그보다 격이 떨어지는 사람들이 5·4두품에 속했을 것입니다.

골품 제도는 특히 일정한 관직에 오를 수 있는 자격을 규정한 관등(관리들의 등급. 오늘날 공무원이 9급에서 1급까지 있는 것과 같습니다)을 결정하는 정치적 기능이 있었습니다. 신분에 따라 승진할 수 있는 관등을 규정한 것이지요. 진골은 제일 높은 관등인 이벌찬까지 오를 수 있지만, 6두품은 여섯 번째 관등인 아찬까지, 5두품은 열 번째 관등인 대나마까지, 4두품은 열두 번째 관등인 대사까지 승진의 한계가 정해졌습니다.

신분에 따른 관등 승진의 제한은 관직을 얻는 데 절대적인 영향을

골품 제도의 사회적 규정 가운데서 무엇보다도 중요한 것은 혼인에 대한 제약이었다. 즉 원칙적으로 같은 신분 안에서만 혼인이 허용되었다.

왕실 직계의 순수한 혈통을 강조함으로써 왕실과 다른 귀족들과의 차별성을 내세우고 그 권위를 상승시키고자 했던 중고기(《삼국유사》에서는 법흥왕 때부터 선덕여왕 때까지를 중고기라고 한다) 왕실에서는 이를 더욱 엄격히 하였던 것 같다. 따라서 이러한 입장이 지속되면서 왕실 직계의 혈통을 지닌 후계자가 줄어들었고, 진덕여왕을 끝으로 더 이상 진정한 후계자를 찾지 못한 것 같다.

골품 제도와 관등 관직(17관등표)

등급	관등	골품				옷색깔	중앙 관직					지방 관직				신라인의 집 크기
		진골	6두품	5두품	4두품		중시	시랑	대사	사지	사	도독	사신	군태수	현령	
1	이벌찬															
2	이 찬					자										24척
3	잡 찬															
4	파진찬					색										
5	대아찬															
6	아 찬					비										21척
7	일길찬															
8	사 찬					색										
9	급벌찬															
10	대나마					청										18척
11	나 마					색										
12	대 사															
13	사 지					황										
14	길 사															15척
15	대 오					색										
16	소 오															
17	조 위															

미쳤습니다. 각 관직은 그 관직을 맡을 수 있는 일정한 관등의 범위가 정해져 있었으니까요. 예를 들어 집사부의 장관 직인 중시(나중에는 시중으로 바뀝니다)나, 병부와 같은 행정 부서의 장관 자리는 대아찬 이상의 관등에 있는 사람만이 맡을 수 있었지요. 결국 고위 관직은 진골 귀족만이 차지할 수 있었던 셈입니다.

이처럼 골품 제도는 신분에 따라 관등과 관직을 정해 놓아, 진골이 아니면 아무리 능력이 뛰어나도 지금의 장관과 같은 고위 관직에는 오를 수 없었습니다. 그러니 실력과 야망을 갖춘 6두품들은 골품제에 불만을 가지기도 했습니다.

혼인도 마차도 골품 따라

일상 생활에서도 골품 신분에 따른 여러 가지 제약이 있었습니다. 특히 다른 신분끼리 결혼하는 것은 용납되지 않았습니다. 같은 진골이라 해도 출신 지역에 따라 차별하기도 했습니다.

금관가야의 왕손으로 신라의 진골 귀족에 편입된 김유신의 집안은 경주의 왕족과 결혼했는데, 그 과정이 순탄치 못했습니다. 김유신의 아버지인 김서현이 진흥왕(재위 540~576년)의 동생 숙흘종의 딸인 만명 부인과 서로 사랑하여 결국 혼인에 이르렀지만, 처음에는 숙흘종의 반대로 어려운 과정을 겪어야 했습니다. 또 김유신의 누이동생은 진지왕(재위 576~579년)의 손자인 김춘추와 사랑했는데, 김춘추가 경주 귀족들의 따돌림을 받아 하마터면 두 사람은 결혼하지 못할 뻔했다고 합니다.

집사부

신라의 최고 행정 관부. 651년(진덕여왕 5년)에 설치했는데, 왕의 명령을 받들어 그 명령이 시행될 수 있도록 여러 관청을 지휘했다.

통일신라 시대인 흥덕왕 9년(834년)에는 집의 크기, 우마차의 장식 및 여러 가지 일상 생활 용기까지 골품에 따라 그 허용 범위를 각기 다르게 정했습니다. 이를테면 진골일지라도 방 길이와 너비가 24척을 넘지 못하며, 6두품은 21척, 5두품은 18척, 4두품과 평민은 15척을 각각 넘지 못하게 했습니다.

그나마 골품 제도는 왕경에 사는 사람들에게만 해당되었습니다. 왕경이 아닌 지방에 있는 사람들이나 노비는 아예 골품조차 없었습니다. 골품 사이에 차별이 있긴 해도, 골품 신분에 속한 사람들은 기본적으로 지배 계층 출신으로서 관리가 될 수 있는 자격을 가진 사람들이었습니다. 이에 비해 골품 신분을 받지 못한 사람들은 아예 관리가 될 기회조차 없었지요.

24척은 어느 정도?

한국 고대의 도량형(길이, 무게, 부피를 측정하는 도구나 그 행위)에 대해서는 정확한 유물이나 기록이 전혀 없어서 잘 알 수 없다. 다만 당시 유물이나 유적을 측량해서 어떤 도량형을 썼는지 짐작할 뿐이다. 길이를 재는 단위인 '척'은 고대 중국과 한국에 여러 종류가 있었는데, 지금의 미터법으로 환산하면 23센티미터에서 35센티미터에 이르렀다. 통일신라 시대 건축에서 어떤 척이 사용되었는지는 알 수 없으나, 현재 통용되는 1척=30센티미터를 계산해 보면, 진골의 방은 7미터 20센티미터를 넘지 못하도록 한 것이다.

진평왕 때에 6두품 출신인 설계두란 사람은 신라에서는 사람을 쓰는 데 먼저 골품을 따지므로, 아무리 재주가 높고 공을 많이 세워도 크게 될 수 없다고 한탄하며 당나라로 건너갔다. 645년 당나라가 고구려를 공격할 때 그는 안시성 부근의 전투에 참가하여 고구려 군대와 용감히 싸우다 전사했다. 당 태종은 그가 신라 사람이라는 이야기를 듣고는, 당나라 사람들도 죽는 것이 두려워 도망하는데 외국인으로서 우리를 위해 이렇게 죽으니 무엇으로 그 공을 갚을 수 있느냐고 크게 슬퍼하면서 자신의 옷을 벗어 시신을 덮어 주고, 대장군 관직을 내려주었다고 한다. 설계두의 이야기는 당시 신라의 골품 제도가 6두품 이하 하급 귀족들에게는 커다란 불만이었음을 단적으로 말해 준다.

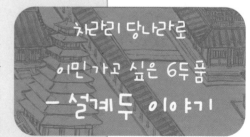

차라리 당나라로 이민 가고 싶은 6두품 – 설계두 이야기

종교는 삶의 등불

이전부터 믿었던 토착 신앙

신라 사람들도 대부분 고대 사람들처럼 많은 신을 믿었습니다. 사람들은 이 세상을 살면서 자식을 낳는 일, 농사의 길흉, 병, 외적의 침입, 그리고 죽을 수밖에 없는 인간의 한계와 죽음 뒤의 세상에 대한 의문 들에 부딪힐 때마다 신의 힘을 빌려 설명하고 바라는 것을 이루고자 했습니다.

고대 사람들은 이 세상 모든 일이 신의 뜻대로 움직인다고 생각했습니다. 그래서 사람이 행복하게 살기 위해서는 신의 뜻을 아는 것이 중요하다고 생각했지요. 다만 신의 뜻을 누구나 알 수 있는 것은 아니었습니다. 무당과 같은 특별한 능력을 가진 사람들만이 신의 뜻을 알아서 그것을 사람들에게 전해 준다고 생각했습니다. 그래서 인간 세상의 일이 바람직하게 돌아가려면 무당처럼 신의 뜻을 잘 알 수 있는 사람들이 중요하다고 여겼습니다. 임금을 가리켜 무당을 뜻하는 '차차웅'이라고 하기도 했다는 이야기, 생각나지요? 이렇게 인간 세상이 신과 밀접하게 관련되어 있고, 신의 뜻을 알기 위해 무당과 같은 특별한 능력을 가진 사람이 중요하다고 생각하는 믿음을 샤머니즘이라고 합니다.

샤머니즘을 믿는 사람들은 여러 신을 모셨습니다. 하늘 신, 산 신, 바다 신, 강 신, 바람 신, 비 신, 바위 신, 조상 신……. 사람들은 많은 신을 생각해 냈습니다. 이들 신은 각기 자신이 맡은 임무를 가지고 인간의 삶에 큰 영향을 주는 존재라고 생각했습니다.

고대 사람들이 그렇게 많은 신 중에서도 가장 위대하다고 생각한 신은 무엇일까요? 지금도 우리는 끝없이 파란 하늘, 별이 무수히 반짝이는 까만 하늘, 구름이 잔뜩 끼어 검게 변한 하늘, 눈이나 비를 마구 쏟아 내는 하늘을 가만히 쳐다보노라면, 경이롭거나 두려운 마음이 되곤 합니다. 요즘은 왜 하늘에 그런 현상이 생기는지 과학의 힘으로 설명할 수 있지만, 과학이 발달하지 않았던 고대의 사람들은 그런 하늘을 보면서 위대한 신을 생각했고, 그런 하늘 신을 신 중의 신으로 생각했습니다.

이러한 생각은 정치에도 이용되었습니다. 나라의 최고 지배자인 임금과 그 가족은 자신들이 백성을 지배할 수 있는 힘이 하늘 신에게서 나왔다고 주장했습니다. 여러분은 고조선의 단군 신화나 고구려의 주몽 신화, 신라의 박혁거세 신화를 읽어 보았지요? 이들 신화를 보면 나라를 일으킨 시조가 태어난 배경에 모두 하늘과 하늘 신이 있습니다. 여기에는 사람들이 가장 위대하다고 생각하는 하늘 신을 섬기듯이, 나라 안에서 가장 위대한 왕과 그 가족을 섬기라는 정치적 의도가 들어 있다고 볼 수 있습니다.

여러 신을 섬기는 데 가장 중요한 것은 제사였습니다. 신라 사람들은 소원을 이루기 위해 신이 좋아할 만한 제물을 바치면서 제사를 올렸습니다. 그리고 신을 기쁘게 하기 위해 동물을 바치거나 춤을 추고 노래를 불렀습니다.

그런데 집단마다 믿는 신이나 제사를 올리는 방식이 조금씩 달랐습니다. 같은 하늘 신을 모신다 해도 그 하늘 신을 어떻게 생각하고 어떻게 제사하느냐에 따라 차이가 있었습니다. 경주를 중심으로 하는 사로국의 지배자들은 박혁거세라는 시조 왕을 위해 제사 지내면서 시조 왕에게 깃든 하느님을 모셨다면, 다른 작은 나라들은 또 각자 자기네 시조 왕을 모시면서 하느님을 모시는 식이었지요. 이런 차이는 오늘날 기독교 신자들과 이슬람 교 신자들이 자기네가 믿는 하느님을 서로 다르게 생각하는 것과 마찬가지입니다.

그리고 집단마다 자기들이 믿고 제사하는 신은 자신들만의 신이라고 생각했습니다. 자신들의 신은 이 세상 모든 인간에게 공평한 신이 아니라 자기들만을 보호해 주는 신이라고 생각했던 것이지요.

이렇게 집단마다 믿는 신과 그 신을 받드는 제사가 다르면, 이들을 하나로 묶어서 중앙 집권적인 국가 체제를 만들려고 할 때 걸림돌이 될 수밖에 없었겠지요. 신라는 이 걸림돌을 어떻게 해결했을까요?

불교를 받아들이다

신라에 불교가 언제 들어왔는지 정확히 알려지지는 않았지만, 늦어도 눌지 마립간(재위 417~458년) 때에는 전해졌다고 봅니다. 그러나 불교가 처음부터 신라 사람들의 환영을 받은 것은 아니었어요.

불교는 인도에서 생겨나 중국을 거쳐 들어온 종교였기 때문에 당시 신라 사람들이 이해할 수 없는 부분이 많았습니다. 승려들이 어린아이처럼 머리를 깎고 기다란 천을 몸에 휘감은 것도 그렇고, 예배할 때 향을 피우는 것도 이해하기 힘들었습니다. 특히 전통을 중요시하고 그 전통 위에서 권세를 누리던 귀족들은 이 새로운 종교가 자신들에게 어떠한 영향을 끼칠지 몰라 불편했지요.

서기전 6세기 무렵 인도에서 생겨난 불교는 '부처[佛]의 가르침[敎]'이라는 뜻이며, 부처는 깨달음을 얻은 사람을 말합니다. 역사 속의 실존 인물로서 그 깨달음을 얻은 사람은 바로 석가모니였습니다. 석가모니는 사람이 살아가면서 어쩔 수 없이 겪어야 하는 고통을 어떻게 받아들일 것인가를 이야기했습니다.

인간으로 태어나서 늙고 병들어 결국에는 죽어야 하는 숙명이야말로 인간의 삶을 고통스럽게 하는 것인데, 이를 고통으로만 여긴다면 인간의 삶은 고통 그 자체일 뿐입니다. 그래서 석가모니는 이 인간의 고통을 어떻게 이해해야 할지 오래 고민한 끝에, 인간을 포함한 이 세계가 어떻게 돌아가는지를 알 필요가 있다고 생각했습니다.

결국 석가모니는, 이 세계는 어느 한시도 정지하지 않고 움직이며 변한다는 생각을 하게 되었습니다. 그리고 세상에서 일어나는 모든 일은 다 이러한 변화 속에서 일어나며, 그 일들이 서로서로 영향을 주어서 생겨났다가 없어진다고 생각했습니다. 그렇다면 인간이 느끼는 고통 역시 변하는 것 가운데 하나일 뿐이며, 이러한 고통이 생기는 것은 어떠한 원인이 있기 때문이고, 어떠한 행위의 결과는 다른 일의 원인이 된다고 보았습니다.

그런데 이러한 인간의 삶은 누구에게나 마찬가지이기 때문에, 불교에서는 모든 인간이 평등하다고 이야기합니다. 태어나자마자 신분이 결정되어 그 신분에 따라 먹고사는 것이 평생 보장되었던 귀족에게 이러한 이야기는 위협적으로 들렸겠지요. 처음 들어온 불교가 경주의 귀족들에게 경계심을 불러일으켰다면, 능력과 상관 없이 차별을 받던 하급 관리나 지방 사람들에게는 많은 환영을 받았습니다.

한편 귀족 세력을 누르고 국가의 모든 백성과 영토를 왕의 힘 안으로 끌어들이고자 했던 왕실은 불교에 큰 관심을 가지게 됩니다. 불교가 신라에 들어오고 시간이 꽤 흐른 법흥왕 때, 왕이 불교를 국가에서 공식적으로 인정하는 종교로 선포하려고 하자, 귀족들은 불교가 신라의 전통 종교가 아니라는 빌미로 반대했습니다.

하지만 하급 관리였던 이차돈은 법흥왕 편에 서서 불교를 인정해야 한다고 주장했습니다. 법흥왕은 이차돈의 주장에 속으로는 기뻤지만, 귀족의 거센 반발에 밀려 오히려 이차돈을 사형에 처해야 했습니다. 이차돈은 불교를 믿는 자신이 죽으면 이상한 일이 일어날 것이라고 했습니다. 결국 이차돈의 목을 베자 빨간 피가 아닌 흰 우윳빛 액체가 뿜어져 나왔고, 이를 본 사람들은 두려워 말을 잇지 못했다는 이야기가 전합니다. 어찌 됐거나 법흥왕은 이차돈의 순교에 힘을 얻어 불교를 나라에서 인정하는 종교로 선포했습니다(527년).

우여곡절 끝에 공식적으로 인정받은 불교는 이후 크게 번창합니다. 국가의 모든 백성과 영토를 하나로 묶어서 왕을 중심으로 하는 지배 체제를 마련하고자 하던 왕실에서는 불교를 적극 이용했고, 많은 사찰과 불상과 탑을 지었습니다.

불교는 부처님이라는 위대한 존재의 가르침을 따르는 종교입니다. 또 불교라는 이름 아래 부처님에게 올리는 예배와 제사 형식은 모두 같습니다. 그래서 더 많은 사람들이 불교를 믿을수록, 집단마다 각기 다른 신을 받들고 각기 다른 제사를 올리던 이전보다 하나로 통일된 국가를 꾸려 나가는 데 훨씬 효과적이었습니다. 그리고

'부처 아래 평등한 인간'이라는 이념은 '왕 아래 평등한 백성'이라는 생각을 갖게 했습니다. 또 중국에서 들어왔기에 불교는 신라가 중국의 선진 문화를 수용하는 데도 큰 도움을 주었습니다.

한편 왕실에서는 불교를 이용해 자신들의 지위를 한층 더 높이고자 했습니다. 법흥왕 뒤를 이은 진흥왕은 두 아들의 이름을 금륜(金輪, 진지왕), 동륜(銅輪)이라 붙였는데, 이 이름은 불교의 전륜성왕 설화에 나오는 왕의 이름입니다. 진흥왕이 두 아들의 이름을 전륜성왕 설화에서 따온 것은, 신라 왕실이 전륜성왕처럼 전 세계를 통일하여 통치하고자 함을 드러내기 위해서였습니다. 실제로 진흥왕은 영토를 적극적으로 넓혀 나갔습니다. 또 진평왕은 자신의 이름을 석가의 아버지 이름을 따라 백정(白淨)이라 하고, 왕비도 석가의 어머니 이름을 따라 마야 부인(摩耶夫人)이라고 했습니다. 이 모두가 신라 왕실이 가장 높은 신분과 지위를 가졌다고 내세우기 위함이었지요.

하지만 불교가 평등한 인간관을 내세운다고 해서, 당시의 불교가 신분 차별을 부정한 것은 아닙니다. 불교는 인간의 삶이 신에 의해서가 아니라 인간 자신의 결정에 의해 이루어진다고 말합니다. 그래서 이전처럼 신을 잘 섬기면 복을 받는 것이 아니라 착한 행위를 많이 하면 복을 받는다고 했습니다. 처음에 불교를 반대했던 귀족들도 차츰 시간이 흐르면서, 자신들의 신분적 특권이 언젠가 실천했을 착한 행위 때문에 당연히 주어지는 것이라고 생각하여 불교를

전륜성왕(轉輪聖王)
모든 세계를 통일하고 불법으로 통치하는 왕.

이차돈의 순교를 기념해 세운 비석
818년 통일신라 시대에 만들어졌다. 6각의 한 면에, 머리가 땅에 떨어지는 순간 흰 피가 치솟고 하늘에서 꽃비가 내리는 장면이 조각되어 있다. 경주 백률사, 높이 1.06미터.

눌지 마립간 때의 승려 묵호자는 고구려에서 일선군(一善郡 : 지금의 경상 북도 선산군)으로 들어와서, 모례(毛禮)라는 사람의 집 굴방(땅 속에 굴을 파서 만든 방)에 숨어 살면서 때를 기다렸다.

이 때 중국의 양나라에서는 사자 원표를 시켜 신라에 옷과 향을 보내 왔는데, 왕과 신하들이 모두 향의 이름과 쓰는 법을 몰랐다. 왕은 사람을 시켜 향을 가지고 널리 나라 안으로 다니면서, 이것이 무엇인지, 어떻게 쓰는 물건인지 묻게 했다.

묵호자가 이를 보고 나서 그 이름은 향이고, 불을 붙이면 향기를 뿜으며 타 들어가고, 신에게 정성이 통하는 물건임을 일러 주었다. 그리고 신 중에서 가장 거룩한 것이 곧 삼보(三寶 : 불교에서 말하는 세 가지 보배로운 존재. 부처님, 부처의 가르침, 부처의 제자를 말함)이며, 이 삼보 앞에 향을 사르고 소원을 빌면 반드시 영험이 있을 것이라고 했다.

이 때 왕녀가 큰 병을 앓아 왕이 묵호자를 불러서 향을 피우고 기도를 하게 하니 왕녀의 병이 곧 나았다. 왕이 매우 기뻐서 예물을 주었다. 그 뒤 묵호자가 어디로 갔는지 아는 사람이 없다고 한다.

소지 마립간 때에 모습이 묵호자와 비슷한, 아도라는 승려가 역시 모례의 집에 머물렀다는 이야기도 있다. 아도는 모례의 집에서 몇 년을 살다가 죽었다.

아도나 묵호자는 그 외모를 따라 붙인 이름이다. 아도는 아두(兒頭), 곧 어린아이의 머리와 같이 깎은 머리 때문에 붙은 이름이고, 묵호자(墨胡子)는 얼굴이 까만 서역 승려의 외모를 암시한다. 아도와 묵호자를 같은 사람으로 보는 학설도 있다. 불교가 공인되기 전 마립간 시대에 불교를 전하기 위해 고구려를 통해 신라로 들어온 승려들이 있었고, 그들에 관한 이야기가 이와 같은 기록으로 남은 듯하다.

맹렬히 신봉합니다. 당시는 강한 신분제 사회였기 때문에 이러한 사회적 특성이 하루 아침에 바뀔 수가 없었던 것입니다.

신라가 남긴 유산

신라 미술을 대표하는 불교 미술

신라에 전래된 불교는 단순한 종교의 범주를 넘어서서 학문과 음악, 공예와 건축 미술, 그리고 의학과 같은 선진 문화를 전달해 주었습니다. 불교는 인도와 중앙아시아를 거쳐 중국을 통해 들어왔기 때문에, 불교와 함께 이들 지역의 여러 문화가 따라 들어와서 신라 문화가 더욱 폭넓고 깊이 있게 발전하는 데 도움을 줍니다.

우선 부처님에게 예배하고 부처님의 말씀을 공부하기 위한 사찰이 활발하게 지어졌습니다. 그 중에서도 진흥왕 때 세운 황룡사는 신라 최대의 사찰이었지요. 그러나 아쉽게도 황룡사는 고려 시대에 몽골의 침입을 받아 불타 버리고, 현재 국립 경주 박물관 부근 너른 터에 주춧돌만 남아 있습니다.

이 황룡사에는 유명한 승려인 자장이 중국에서 신의 계시를 받고 외적을 물리치려는 기원을 담아 세웠다는 9층 탑이 있었다고 합니다. 높이가 무려 80미터가 넘었다니, 현대식 건물로 치면 30층이 넘는 대단한 탑이었겠지요. 당시 절집은 문, 탑, 금당(불상을 모신 건

황룡사 터에서 나온 망새(치미)
망새는 지붕의 용마루 양 끝에 얹는 것.
이 망새의 높이는 자그마치 1미터 82센
티미터. 지붕 위에 얹은 망새(치미)의 높
이가 그 정도라면 이 망새를 받친 건물
은 얼마나 컸을까?

황룡사 터
황룡사는 진흥왕 14년(553년)에 창건되어 고려 고종 25년(1238년)에 몽골의 침
입으로 불타 없어진 사찰로, 면적이 2만 4700평에 달하는 신라 최고의 절집이
었다. 황룡사에는 나라의 안녕을 빌면서 세운 80미터가 넘는 규모의 9층 목탑,
4.8미터에 달하는 불상, 성덕대왕 진종보다 4배 더 큰 종이 있었다고 한다. 신라
사람들은 황룡사에 옛날에 부처님이 신라 땅에서 설법을 한 흔적이 있다고 믿었
는데, 이는 불교를 신봉하던 신라인들이 신라는 부처님의 땅이고 위대하다는 자
부심을 가지고 있었기 때문에 나온 이야기이다. 황룡사 건립 이후 왕들은 황룡
사에서 국가의 중요한 의식을 거행하기도 했다.

물), 강당 들로 이루어졌는데, 탑을 무척 중요하게 여겼기 때문에 거대한 탑을 중심으로 건물들이 배치되었습니다.

불교에서 가장 중요한 예배 대상은 부처님입니다. 그래서 부처님의 상, 곧 불상을 많이 만들었지요. 지금은 볼 수 없지만, 황룡사의 불상은 인도의 아소카 왕이 만들려다 실패하고 신라에 와서 완성했다는 유명한 전설이 있습니다(아소카 왕이 서기전 3세기의 사람이고 진흥왕 때는 서기 6세기이니, 물론 이 전설은 사실이 아닙니다).

불교에서는 부처님 말고도 보살이나 여러 수호신을 모셨습니다. 보살은 부처가 될 수 있는 충분한 자격을 갖추었으면서도 중생(깨달음에 이르지 못한 많은 생물들)을 깨우치기 위해 부처가 되는 때를 미룬 존재입니다. 그렇기 때문에 보살은 인간과 더 가까운 존재로 여겨져 부처님 다음으로 예배의 대상이었습니다.

삼국 시대에는 특히 미륵 보살에 대한 신앙이 널리 퍼졌습니다. 미륵 보살은 천상의 도솔천이라는 곳에 계시면서, 먼 훗날 인간 세상에 내려와 부처가 되어 인간을 구제한다는 보살입니다. 신라에서는 특히 화랑이 이 세상에 나타난 미륵 보살이라는 믿음이 유행했습니다. 신라의 것인지는 분명하지 않지만 틀림없이 삼국 시대의 유물인 금동 미륵 보살 반가 사유상은, 우리 조상들의 뛰어난 조각 솜씨를 보여 주는 작품으로 유명합니다.

불교가 처음 일어났을 때는 불상

금동 보살상 얼굴
7세기, 높이 8.2센티미터. 경주 황룡사 터에서 출토되었다고 전한다. 오른쪽 턱 밑에 손가락을 괸 흔적이 남아 있어 반가상의 머리로 추정한다.

**금동 미륵 보살 반가 사유
상(국보 83호)**
'금동'은 구리에 도금한 것,
'반가'는 걸터앉은 것, '사유
상'은 생각하는 모습을 조각
한 상을 뜻한다. '반가 사유
상'이라 하면 걸터앉아 오른
쪽 다리를 왼쪽 다리 위에
포개고, 가볍게 숙인 얼굴을
오른손 끝으로 살짝 괸 채
명상하는 자세를 조각한 불
상을 말한다. 머리에 산을 세
개 이은 듯한 관을 써서 '금
동 삼산관 반가 사유상'이라
고도 한다. 경주에서 발견되
었다고 하지만 근거가 없으
며, 삼국 시대 말기에 제작된
것으로 보인다.

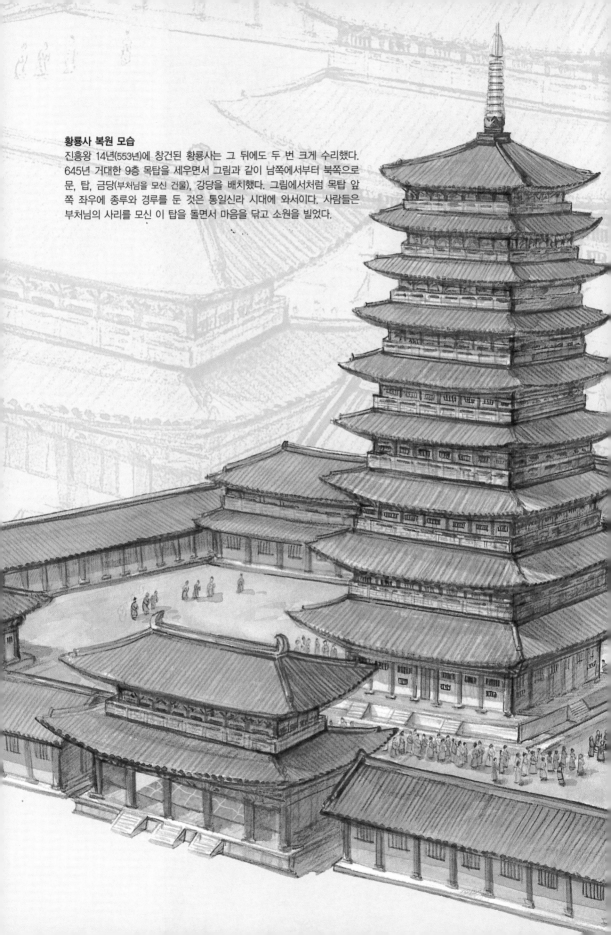

황룡사 복원 모습
진흥왕 14년(553년)에 창건된 황룡사는 그 뒤에도 두 번 크게 수리했다. 645년 거대한 9층 목탑을 세우면서 그림과 같이 남쪽에서부터 북쪽으로 문, 탑, 금당(부처님을 모신 건물), 강당을 배치했다. 그림에서처럼 목탑 앞쪽 좌우에 종루와 경루를 둔 것은 통일신라 시대에 와서이다. 사람들은 부처님의 사리를 모신 이 탑을 돌면서 마음을 닦고 소원을 빌었다.

을 만들지 않았습니다. 부처님과 같은 뛰어난 존재를 인간의 손으로
표현하는 것이 불가능하다고 생각했기 때문이지요. 그래서 부처님
에 대한 예배를 부처님의 유골을 담은 탑(사리탑)에다 했습니다. 이
러한 전통은 불상을 만들게 된 뒤에도 오랫동안 지속되어, 중국을
거쳐 고구려, 백제, 신라에서도 아주 중요하게 생각했습니다. 그래서
신라에서도 불교를 처음 받아들였을 때는 절의 중심에 매우 큰 탑을
세웠습니다. 황룡사 9층 목탑이 그 예입니다.

분황사 모전 석탑
(국보 제30호)
돌을 벽돌 모양으로 다듬어 쌓은 모전석탑(模塼石塔)으로서, 634년(선덕여왕 3) 분황사 창건과 동시에 건립되었다고 생각되나 뒤에 몇 차례 보수되어 어느 정도까지 원형이 남아 있는지는 알 수 없다. 1915년 해체하여 수리할 때 사리장엄구가 발견되었다. 경주시 구황동, 높이 9.3미터.

이 무렵 탑은 나무로 만든 목탑이었는데, 목탑은 불에 타 버리기 쉬워서 점차 불에 강한 돌로 탑을 만들게 되었지요. 선덕여왕(재위 632∼647년) 때 만들어진 분황사 모전석탑은, 당시 중국에서 유행하던 벽돌로 만든 탑(전탑)을 흉내 내어 돌을 벽돌처럼 깎아서 쌓아올린 탑입니다. 그래서 이름에 모방할 모(模), 벽돌 전(塼) 자가 들어갔지요. 그리고 후대로 갈수록 탑보다 불상을 더 중요하게 생각해, 탑의 크기는 부처님을 모신 건물(금당)보다 작고 낮아졌습니다.

과학 기술

고대 사람들은 우주의 모든 것과 그 움직임에는 반드시 어떤 의미가 있다고 생각했습니다. 더욱이 하늘의 움직임은 하늘 그 자체만큼이나 의미 있게 생각했습니다.

그래서 고대의 우리 조상들도 일찍부터 해와 달, 별의 움직임을 관찰했고, 거기서 시간이나 계절, 날씨 등 인간 생활에 필요한 정보를 얻었습니다. 또 고대 사람들은 하늘의 움직임에 따라 인간 세상의 일들을 미리 알 수 있다고 믿어 천체 관찰을 더욱 중요시했습니다.

첨성대는 신라 사람들이 남긴 천체 관측 도구 중에서 가장 유명합니다. 선덕여왕 때 만들었다는 첨성대는 볼 첨 (瞻), 별 성(星), 자리 대(臺) 자를 쓴 이름 그대로 별을 관찰하는 곳입니다. 그러나 첨성대는 별을 관찰하기에는 좁고 불편하기 때문에, 실제 별을 관측하던 건물이 아니라 별자리를 관측하던 장소를 기념해 세운 상징물이라고 보는 학자들도 있습니다.

인간에게 시간은 무한한 연속선이 아닙니다. 지구와 달의 움직임에 의해 낮과 밤, 그리고 계절이 바뀝니다. 계절의 변화에 따라 곡식이 성장하고 생명을 다하며, 수많은 계절이 바뀌고 나면 한 인간이 흙으로 돌아갑니다. 시간은 공간과 함께 인간의 삶을 결정하는 중요한 조건입니다.

첨성대(경주시 인왕동)
높이 9.17미터, 밑지름 4.93미터, 윗지름 2.85미터.
  중간쯤에 보이는 네모꼴 창문은 한 변의 길이가 1미터이다. 이 창문 외에 다른 문은 없다. 이 창문 아래쪽 내부에는 막돌이 차 있고, 그 위로는 뻥 뚫렸다. 바깥쪽에 사다리를 놓고 창을 통해 안으로 들어간 뒤, 안쪽에 있는 다른 사다리를 이용해 꼭대기까지 올라간 것으로 보인다.
  높이 30센티미터짜리 돌을 27단 쌓아 만들었는데, 27번째 단의 내부에는 길이 1.56미터, 너비 60센티미터, 두께 24센티미터쯤 되는 널돌이 걸려 있다.

해시계(복원도)
예부터 북쪽을 자(子)라 하고 남쪽을 오(午)라 했기에, 하늘의 북과 남을 죽 잇는 선을 '자오선'이라 한다.

사람들은 처음에 자연의 낮과 밤, 계절의 변화를 그대로 시간의 흐름으로 생각했지만, 문명이 발달하면서 점차 시간을 쪼개고 몇 가지 단위로 묶어서 생각하고자 했습니다. 그러면서 시간을 측정하는 도구, 곧 시계를 만들기 시작했지요. 인간이 처음 만든 시계는 바로 하늘의 해가 만들어 내는 그림자를 이용한 해시계와, 똑똑 떨어지는 물방울의 원리를 이용한 물시계였습니다. 지금 국립 경주 박물관에는 7세기 무렵에 만들어진 것으로 보이는 원반형 해시계의 파편이 남아 있습니다.

신라의 옛 무덤에서는 유리 구슬과 유리 그릇이 많이 나왔습니다. 유리 그릇 중에는 옛날 이란이나 시리아 같은 서방에서 만들었던 것

신라의 무덤에서 나온 각종 유리 그릇
5세기 때의 신라 무덤에서는 페르시아나 로마 계통의 유리 제품들이 출토되었다.

과 비슷한 것들이 있어서, 이들 유리 그릇은 서방에서 전래되었을 가능성이 큽니다. 그렇다고 해서 모든 유리 제품을 외국에서 가져온 것은 아니었습니다. 서방의 기술과 다른 방법으로 만든 유리 그릇과 유리 구슬들이 발견되어, 신라에도 독자적인 제조 기술이 있었던 것으로 보입니다.

말과 글 생활

인간은 언어로 의사 소통을 할 수 있는 동물입니다. 지구에 사는 종족이 많은 만큼 언어도 무척 다양한데, 우리말은 알타이 어 계통에 속한다고 합니다. 고대 한국어는 다시 북쪽 지방에서 쓰던 말과 남쪽 지방에서 쓰던 말로 나누어 볼 수 있는데, 신라 말은 물론 남쪽 지방에서 쓰던 언어의 하나였지요.

중국의 옛 역사책인 《양서(梁書)》에서 신라 사람들은 문자가 없어서 나무에 금을 그어 숫자를 표시한다고 한 걸 보면, 신라 언어를 글로 표시하는 고유한 문자는 없었던 것 같습니다. 고구려와 백제도 고유 문자는 없었지만, 일찍부터 중국과 교류하면서 신라보다 먼저 중국의 한자를 빌려 문자 생활을 시작했습니다. 신라는 5세기 무렵에야 한자를 쓰기 시작했답니다.

그런데 한자는 중국 말을 표기하는 문자입니다. 중국 말은 우리말과 많이 다릅니다. 중국 말은 영어처럼 동사 뒤에 목적어가 나오지만, 우리말은 동사 앞에 목적어가 나오는 것만 보아도 알 수 있습니다. 그래서 한자를 쓰되 우리말식으로 표기하는 방법인 이두가 등

함안 성산산성 목간
경상 남도 함안 성산산성의
저수지에서 발견된 목간이다.
국내에서 발견된 목간 가운
데 가장 오래 된 것으로 560
년의 것으로 추정한다. 목간
이란 글을 적은 나뭇조각을
말하는데, 종이가 없던 시절
에 널리 쓰였다. 오른쪽 끝의
목간 길이 23.6센티미터.

장합니다. 이두는 삼국 시대에 고구려, 백제, 신라에서 쓰기 시작했
는데, 나중에 통일신라의 학자 설총이 이두 쓰는 방법과 기술을 정
리하여 이것이 19세기까지 계속 쓰이게 됩니다.

이제 글을 쓰고 읽을 줄 알게 된 신라 사람들은 자신들의 생각과
행동을 기록으로 남깁니다. 진흥왕(재위 540~576년) 때에는 거칠부
라는 사람이 왕의 명령을 받아 신라의 역사를 정리한 《국사》라는 책
을 편찬했습니다.

여러분도 무언가 새로운 일을 시작하거나 시작하려고 결심할 적
에, 일기를 쓰면서 과거의 자신을 돌아보고 반성하면서 새로운 결심
을 다지곤 하지요? 역사책도 그런 목적으로 쓰는 경우가 많습니다.
신라의 진흥왕 때면 중앙 집권 체제를 만들어 나가면서 영토를 활발
히 넓히던 시기입니다. 이 시기 신라의 지배층은 과거 역사를 정리
하면서 새로운 국가 건설의 꿈을 펼치고자 했던 것입니다.

신라 사람들의 죽음에 대한 생각

사람은 누구나 죽습니다. 사람들은 죽음이 무엇인지, 죽은 다음에는 어떻게 되는지 몰라 두려워한 나머지, 그 두려움을 이겨 내거나 잊기 위한 방법을 찾으려고 무던히 노력했습니다. 신화나 종교도 죽음을 설명하려는 여러 노력 가운데 하나였습니다. 죽음에 대한 인간의 태도와 노력은 죽은 이를 처리하는 방식에서도 엿볼 수 있습니다.

미추왕릉

하늘에서 내려다본 대릉원
경주시 황남동의 신라 무덤이 모여 있는 곳을
대릉원이라 한다.

예를 들어 이집트에서는 죽은 뒤에도 삶이 계속 이어진다고 믿어 미라를 만들었습니다. 인도에서는 영혼의 윤회를 믿어, 다음 세상에서 좋은 인연으로 다시 태어나기를 바라는 뜻에서 육신을 불로 태우고 남은 가루를 강에 뿌립니다.

신라 사람들이 죽은 이를 위해 만든 무덤은 시기에 따라 변화합니다. 청동기 시대에는 고인돌과 돌널 무덤, 독 무덤을 만들었습니다. 그 뒤에는 돌덧널 무덤, 움을 파서 시신을 묻는 움 무덤, 나무덧널 무덤이 새로이 등장하여 무덤의 종류는 더욱 다양해집니다.

신라의 무덤

신라 무덤의 특징을 가장 잘 보여 주는 것은, 5세기 때 신라 최고 지배층의 무덤으로 만들어진 돌무지 덧널 무덤입니다. 다른 곳에서는 볼 수 없는, 이 시기 신라의 독특한 무덤 양식이지요.

이 무덤이 어디에서 시작되었는지는 아직 명확히 밝혀지지 않았습니다. 어떤 학자는 고구려와 백제의 돌무지 무덤에서 왔다고 하고, 다른 학자는 낙랑의 덧널 무덤에서 왔다고 추측하기도 합니다. 또 흑해 연안이나 북방 시베리아의 돌무지 덧널 무덤과 그 구조가 비슷하고, 덧널 안에서 말을 탈 때 쓰는 도구나 금 치레거리가 많이 나오는 점 등을 들어, 신라 돌무지 덧널 무덤의 기원을 그 곳에서 찾는 학자도 있습니다.

경주에 이러한 돌무지 덧널 무덤이 나타나기 시작한 시기는, 신라 임금의 호칭이 이사금에서 마립간으로 바뀌는 시기와 거의 일치합니다. 앞에서 마립간이라는 호칭은 신라 임금의 힘이 더욱 강해졌음을 보여 주는 예라고 말한 것 생각나지요? 권력이 세어진 임금은 많은 노동력을 동원하여 규모가 엄청난 무덤을 만들어 자신의 힘을 자랑하고자 했습니다. 이렇게 큰 무덤의 주인공들은 저승에서도 호화로운 생활을 누리고 싶었던지, 금으로 만든 관, 신발, 팔찌, 귀고리, 목걸이, 허리띠 같은 것들을 잔뜩 가지고서 묻혔답니다.

6세기에 오면 무덤의 형태가 크게 바뀝니다. 커다란 돌무지 덧널 무덤은 차츰 자취를 감추고, 작은 무덤이 많이 만들어지며, 무덤에 함께 넣는 물건의 양도 줄어듭니다. 이 시기 무덤 구조는 돌방 무덤인데, 말 그대로 돌로 방을 만들고 그 안에 시신과 껴묻거리를 넣은 다음, 돌방 위로 흙을 쌓아 봉분을 만드는 무덤입니다. 이후 신라 지배층, 특히 왕은 계속 이러한 무덤에 묻힙니다.

천마총
발굴할 때 그 안에서 '천마도'가 나와서 천마총이라는 이름이 붙었다. 발굴 당시의 모습을 복원해 놓아 전시관으로 활용하고 있다.

탑 모양 뼈항아리
통일신라, 7세기, 높이 28.3 센티미터.

그런데 불교를 깊이 믿게 되면서 불교의 장례 방법인 화장이 널리 유행하게 됩니다. 문무왕(재위 661~681년)이 세상을 떠난 뒤 화장되어 동해 바다에 뿌려졌다는 이야기는 아주 유명합니다. 8세기 이후에는 화장하고 남은 뼛가루를 뼈항아리에 담아 땅 속에 묻는 일이 많았습니다. 이 뼈항아리 유물은 국립 경주 박물관에 가면 볼 수 있습니다. 그러나 왕들은 일부를 제외하고는 계속해서 돌방 무덤을 만들어 시신이나 화장한 뼛가루를 그 속에 안치했습니다.

신라의 중앙 세력이 힘을 잃는 9세기 이후에는 지방에서 새로이 널 무덤이 유행하기 시작하는데, 이 무덤 양식이 오늘날까지 계속 이어지고 있습니다.

**파지리크 얼음 공주 묘에서
나온 말굴레 장식**
서기전 500~서기전 200년,
길이 10센티미터.

파지리크의 얼음 공주 묘
서 시베리아 남부의 알타이 지방은 크게 동부의 평지 알타이와 서부의 산지 알타이로 나눌 수 있다. 남쪽에 알타이 산맥을 끼고 있는 산지 알타이 사람들은 서기전 6세기~서기전 2세기에 '파지리크 문화'라는 초기 철기 문화를 일구었다.
1993년 산맥 북부의 우코크 고원에서 한 여사제의 무덤이 발견되었다. 돌무더기 사이로 구석구석 스며든 물이 꽁꽁 얼어붙어 무덤 전체가 천연 냉동고가 된 무덤 속에는 한 여성의 시신이 손톱과 발톱, 머리칼까지 완벽하게 보존되어 있었다.
그 무덤의 구조를 보면 네모꼴 구덩이 바닥에 통나무 덧널, 그 안에 나무 널이 있다. 구덩이를 돌멩이로 가득 채우고, 그 위로 돌무더기를 이룬다. 돌무더기를 빙 둘러 둘레돌을 쌓고, 둘레돌 바깥까지 완전히 덮이도록 다시 돌을 쌓는다. 무덤의 내부 구조가 경주의 돌무지 덧널 무덤과 비슷해서 파지리크와 경주, 두 문화 사이의 연관성을 찾으려는 학자들도 있다.

지금까지 이야기한 무덤 양식은 모두 지배 세력의 것입니다. 당시 일반 서민들은 간단한 움 무덤을 많이 만들었겠지요. 가난한 사람들은 그것도 못해서, 남의 눈에 잘 띄지 않는 곳에 그냥 시신을 버려 두기도 했을 테고요.

신라 왕과 귀족의 무덤은
어떻게 만들었을까?

| 돌무지 덧널 무덤 |

지하나 지상에 나무로 곽을 만들고, 그 안에 시신을 담은 널과 껴묻거리를 넣는다. 이 곽을 가리켜 널 위의 널이라는 뜻으로 덧널이라 한다. 둥글둥글한 냇돌을 쌓아 덧널을 덮고, 그 위에 다시 흙을 산처럼 쌓아 봉분을 만든다. 덧널 위에 돌무지를 쌓았다 해서 돌무지 덧널 무덤이다. 한 봉분 안에 덧널을 여러 개 넣은 경우도 있고, 봉분을 두 개 나란히 잇대어 겉에서 보면 표주박 모양으로 만든 것도 있다.

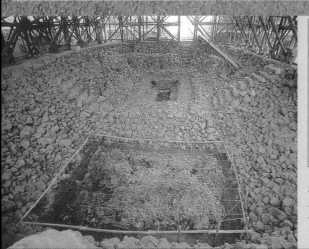

황남대총 발굴 장면
황남대총은 봉분이 두 개 나란히 있는 쌍둥이 돌무지 덧널 무덤이다. 옆 사진은 황남대총의 남쪽 봉분을 발굴하는 장면이다.

| 돌방 무덤 |

땅을 그리 깊지 않게 판 뒤, 모난 깬돌로 네 벽을 쌓고 그 위에 돌을 얹어 커다란 방을 만든 다음, 앞쪽에 출입문을 낸다. 이 돌방은 지면 바로 아래쪽에, 아니면 땅 위로 반쯤 솟도록 만든다. 그 둘레돌(호석)에 둥글게 흙을 쌓아 봉분을 만들고, 흙이 흘러내리지 않도록 봉분 아래쪽에 다시 돌을 빙 둘러 놓는다. 나중에는 이들 돌에 무덤을 지켜 주는 12지신상을 새기기도 했다. 돌방 무덤을 발굴하다 보면, 봉분 바깥쪽에서 돌방에 이르는 길(널길)이 마치 굴처럼 나 있는 것을 볼 수 있다.

돌무지 덧널 무덤은 한번 봉분을 만들면 다시 무덤을 열 수 없지만, 돌방 무덤은 널길을 막은 돌문만 치우면 다시 무덤을 열 수 있다. 그래서 남편이 먼저 묻힌 곳에 그 아내를 같이 묻을 수도 있다.

돌방 무덤인 황성동 고분 발굴 장면

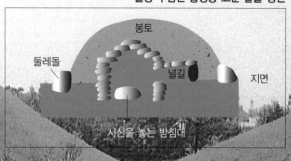

봉토

둘레돌

널길

지면

시신을 놓는 받침대

김유신 묘는 12지신상을 새긴 호석으로 무덤 둘레를 둘렀다. 오른쪽은 이 호석에 새겨진 12지신상 중 양이다.

신라의 돌무지 덧널 무덤은 왜 도굴당하지 않았을까?

옛날 사람들은 무덤이 죽은 자를 위한 안식처이자 다른 좋은 세상으로 가기 위해 준비하는 곳이라고 생각해서, 무덤 안에 죽은 사람이 생활하는 데 필요한 물건을 많이 넣어 주었다. 일반 백성이야 가진 것도 많지 않았을 테니 무덤의 껴묻거리도 소박했지만, 왕을 비롯한 최고 지배층의 무덤에는 온갖 금은보화를 넣었다. 그래서 진귀한 물건을 훔치려는 도둑들은 옛 무덤을 수없이 파헤쳤다.

그런데 고구려나 백제의 돌방 무덤들이 대부분 도굴당한 상태에서 발견된 반면, 신라의 돌무지 덧널 무덤은 발굴 당시 전혀 도굴당하지 않은 채 화려한 껴묻거리들이 고스란히 발견되어 세상을 깜짝 놀라게 했다.

왜 신라의 돌무지 덧널 무덤은 도굴을 당하지 않았을까?

그것은 돌무지 덧널 무덤이 도굴하기 어려운 구조로 만들어졌기 때문이다. 돌무지 덧널 무덤은 큰 나무 곽(덧널)을 만들어 그 속에 시신이 든 널을 넣은 뒤, 장신구와 토기를 비롯한 여러 가지 껴묻거리를 함께 넣고 곽 뚜껑을 덮은 다음, 위에 냇돌(냇가의 둥글둥글한 돌)을 쌓아올리고, 그 바깥쪽은 진흙으로 단단히 다진 뒤 흙을 올려 커다란 무덤을 만들었다. 이렇게 만들어진 무덤은 시간이 지나 덧널이 썩게 되면 돌무지가 흙과 함께 무너져 내려, 도저히 무덤 안으로 들어갈 수 없게 된다. 이리하여 신라의 무덤은 옛날 신라 사람들의 화려한 솜씨를 우리에게 고스란히 보여 줄 수 있게 되었다.

껴묻거리 – 금관

죽음에 대해 고민하던 고대 사람들은 죽음이 삶의 끝이 아니라 또 다른 시작이라고 생각하며 위안을 받았습니다. 또 죽은 뒤에도 살았을 때의 생활이 계속된다고 생각하여 무덤에 많은 물건을 넣어 주었습니다.

신라의 돌무지 덧널 무덤에서는 화려한 껴묻거리가 아주 많이 발견되었습니다. 그 중에서도 가장 유명한 것이 뛰어난 솜씨로 제작된 금관입니다. 금관은 지금까지 여섯 점 출토되었는데, 왕과 왕비 등 왕의 가족이 죽었을 경우에만 만들어서 넣었던 것으로 보입니다. 금관은 관테 위에 나뭇가지 모양 세움 장식을 세 개, 사슴뿔 장식을 두 개 세웠습니다.

금관에 나무와 사슴 모양을 장식한 것에는 어떤 의미가 숨어 있을까요? 고대 한국인들은 나무와 사슴이 신과 인간을 이어 주는 사다리와 같은 존재라고 믿었습니다. 신은 나무를 통해 인간 세상에 내려오고, 또 인간은 사슴을 통해 자신들의 뜻을 신의 세계로 보낼 수 있다고 생각한 것입니다.

죽음 이후의 세계는 인간 세상 너머, 곧 신의 세계에 속합니다. 따라서 나무와 사슴을 표현한 관을 머리에 씌워 죽음 이후의 세계에 편안히 갈 수 있도록 기원했을 거라고 생각됩니다.

경주 서봉총 출토 금관의 봉황 장식
1926년 경주 시내의 한 신라 무덤을 발굴했다. 이 때 스웨덴의 구스타프 왕자가 발굴 광경을 참관했다. 여기서 나온 금관은 특이하게도 양쪽 나뭇가지 장식의 끄트머리가 새 모양이었다. 이에 스웨덴을 한자식으로 표기한 이름인 서전(瑞典)의 '서'와 금관 끝에 봉황이 달렸다 해서 '봉'자를 이어 무덤 이름을 '서봉총'이라 했다.

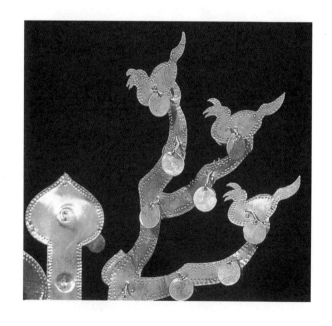

그런데 신라의 임금은 살았을 때도 금관을 썼을까요?

신라의 금관은 반달 모양으로 굽은 옥과 둥근 달개를 수십 개씩 매달아 화려하게 장식했는데, 화려한 외모와는 달리 매우 약하게 만들어졌습니다. 그리고 무게도 거의 1킬로그램에 달해 머리에 쓰고 걷기에는 너무 무겁습니다. 따라서 실제로 머리에 쓰고 활동하기 위해 만든 것이 아니었던 듯합니다. 아마 이 금관은 평상시에 사용했

금관 출토 당시의 모습

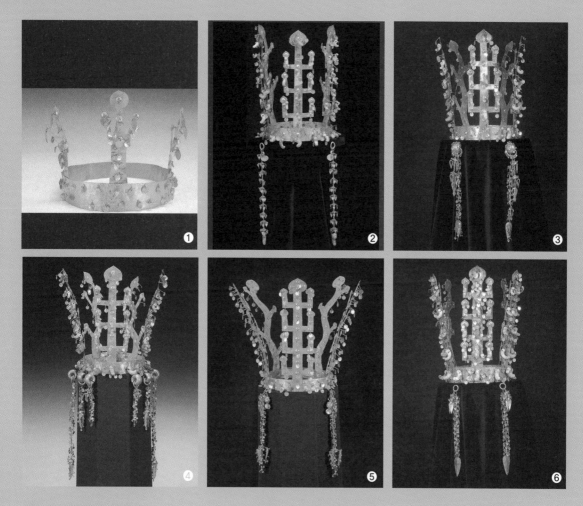

❶ 경주 교동 출토 금관
5세기 초반, 높이 12.8센티미터.
❷ 경주 금관총 출토 금관(국보 87호)
5세기 후반, 높이 27.5센티미터.
❸ 경주 서봉총 출토 금관(국보 339호)
5세기 후반, 높이 30.7센티미터.

❹ 경주 황남대총 북분 출토 금관(보물 191호)
5세기 후반, 높이 27.5센티미터, 관테 지름 17센티미터.
❺ 경주 금령총 출토 금관(보물 338호)
6세기 초반, 높이 27센티미터.
❻ 천마총 출토 금관(국보 188호)
6세기 초반, 높이 32.5센티미터.

금관의 구조

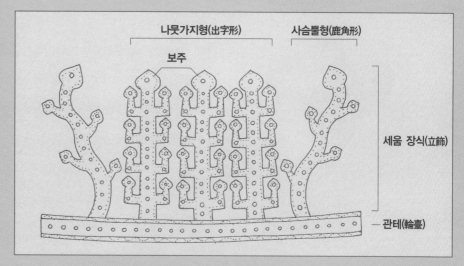

던 것이 아니라, 왕이나 그 가족이 죽었을 때 만들어서 무덤에 함께 묻거나 시신의 머리에 씌웠던 것으로 여겨집니다.

그리고 금관이 발견된 위치를 보면, 금관을 머리 위에 얹지 않고 머리 전체에 덮어씌워 턱 근처까지 금관이 내려오도록 했습니다. 왜 이렇게 했을까요? 분명한 답은 아직 모르지만, 틀림없이 이유가 있었겠지요. 여러분이 한번 그 이유를 추리해 보실래요?

껴묻거리 – 다양한 치레거리

껴묻거리 중에 금관과 함께 눈에 띄는 것은 금으로 만든 허리띠입니다. 허리띠에는 굽은 옥과 물고기, 손칼, 숫돌, 약통, 집게 모양으로 만든 장식을 매달았습니다. 원래 허리춤에 여러 가지 물건을 매다는 것은 늘 이동을 하며 살아가는 북방 유목 민족의 풍습인데, 신라에서는 이를 죽은 사람에게 채워 주었지요. 돌무지 덧널 무덤에서는 이 밖에 화려한 귀고리와 목걸이, 팔찌, 반지, 금동으로 만든 신발 들이 많이 출토되었습니다.

금동 신발
의성 탑리, 5세기,
길이 33.8센티미터.

금반지
출토지 모름, 6세기,
지름 2.1센티미터.

그런데 불교가 유행하면서 이러한 장례 풍습과 거창한 무덤 양식은 차츰 사라집니다. 불교에서는 살아서의 삶이 죽어서도 계속 이어진다고 믿지 않았기 때문입니다. 오히려 죽음을 자연스럽게 받아들이라고 가르쳤습니다.

금관 만드는 방법

❶ 얇은 금판에 끌이나 송곳 같은 뾰족한 도구로 밑그림을 그린다.

❷ 금판에서 세움 장식과 관테를 각각 떼어 낸다. 끌과 망치로 두드리면 떨어진다.

❸ 관테와 세움 장식에 각각 뾰족한 도구로 점을 찍어 무늬를 새긴다.

❹ 둥글게 오린 달개를 금실로 엮어 관테와 세움 장식의 겉면에 매단다.

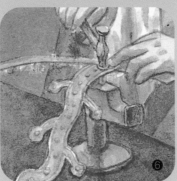

❺ 관테와 세움 장식에 굽은 옥을 매단다.

❻ 따로 만든 관테와 세움 장식을 못으로 연결하고, 관테를 둥글게 세워 양 끝부분을 못으로 연결한다.

❼ 이제 만들어진 금관의 양 옆에 금드리개를 매달면 완성!

❽ 완성된 금관의 모습

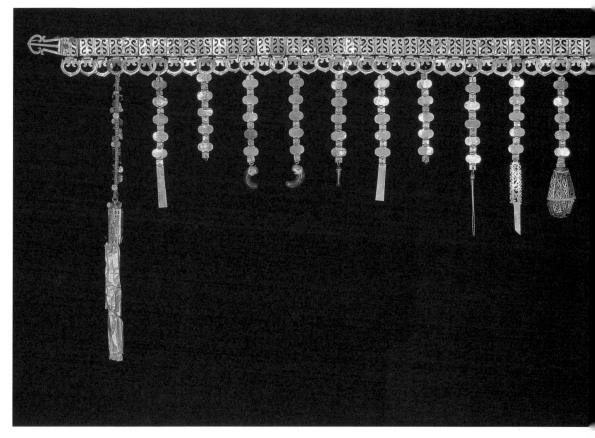

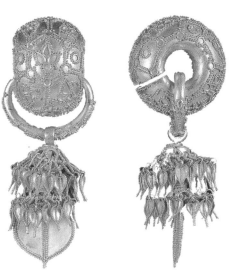

또 죽음을 맞더라도 죽음 뒤의 존재는 살았을 때의 삶에 따라 달라진다고 말했습니다. 곧 살았을 때 좋은 일을 많이 한 사람은 복을 받아 좋은 세상에 다시 태어날 것이며, 악한 일을 많이 한 사람은 그에 걸맞은 벌을 받을 것이라고 말입니다.

금귀고리(국보 90호)
경주 보문동 부부총, 6세기, 길이 각 8.7센티미터.

금으로 만든 허리띠(왼쪽, 국보 190호) 천마총 출토, 6세기, 허리띠 길이 125센티미터.
금팔찌(위) 금관총, 5세기, 지름 7.9센티미터.
금목걸이(아래, 보물 456호) 경주 노서동 215번지 고분, 6세기, 전체 길이 30.3센티미터,
굽은 옥 길이 3.3센티미터.

불교의 가르침을 믿게 된 사람들은 이제 무
덤 안에 그렇게 호화로운 물건들을 넣어 줄
필요가 없다고 생각했습니다. 대신 살았을
때 어떤 좋은 일을 할지 고민해야 했지요.
뿐만 아니라 사회가 발전하고 의식이 성숙하
면서, 사람들은 죽은 자의 무덤에 그렇게 많
은 힘과 돈을 들일 필요가 있을까 하고 회의
를 품게 되었답니다.

신라의 금관은 다 같이 금테에 사슴뿔 모양, 나뭇가지 모양 장식이 있어 언뜻 보면 모두 똑같습니다. 그러나 자세히 들여다보면 무늬와 장식이 조금씩 서로 다른 것을 알 수 있어요. 그리고 시대가 흐름에 따라 기법이 달라지기도 했지요. 5세기에 만든 황남대총 북분의 금관과 6세기의 천마총 금관을 견주어 봅시다.

황남대총 북분 금관(5세기)

연속 점 무늬
뒷면에서 끝이 뾰족한 도구로 금판을 찍어 내 만든 연속 점 무늬는 신라 금관의 특징이다. 5세기 것은 장식의 테두리를 따라 한 줄로 연속 점을 찍었지만 6세기 것은 두 줄로 되었다.

5세기 것인 황남대총 북분 금관의 세움 장식 꼭대기 부분.

고정못
5세기에는 세움 장식을 관테에 고정할 때 못을 세모꼴로 세 개 박았으나, 6세기에는 못 두 개를 나란히 한 줄로 박았다.

5세기 것인 황남대총 북분 금관의 세움 장식과 관테 연결 부분.

천마총 금관(6세기)

달개의 수

황남대총 북분 금관의 달개는 89개인데, 시간이 흐르면서 그 수가 차츰 늘었다. 천마총 금관은 달개가 382개에 이른다.

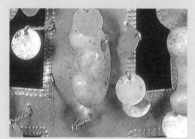

6세기 것인 천마총 금관의 연속 점 무늬와 달개.

나뭇가지 모양

5세기의 나뭇가지 모양 세움 장식은 양쪽으로 뻗은 가지의 수가 각각 세 개이고, 6세기 것은 각각 네 개씩이다.

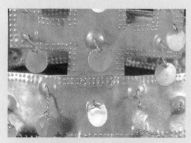

6세기 것인 금령총 금관의 세움 장식과 관테 연결 부분.

신라 토우

5~6세기에 만들어진 신라의 큰 무덤에서는 특이하게도 흙으로 빚어 만든 작은 인형, 그리고 집이나 배, 동물 모양으로 만든 토기가 많이 나옵니다. 이들을 흔히 신라 토우라고 합니다.

경주 금령총에서 나온 기마 인물형 토기(말을 탄 사람 모양의 토기)는 매우 정교하지만, 다른 토우는 대부분 투박한 솜씨로 대상의 움직임이나 특징만을 포착했습니다. 악기를 연주하는 사람, 활로 사냥을 하는 사람, 등짐을 지고 일하는 사람, 우는 사람을 표현한 다양한 인물상은 신라 사람들의 실생활을 보여 주는 것 같군요. 한편 뱀과 개구리, 게, 거북, 원숭이 같은 동물상도 많이 있습니다.

토우 붙은 항아리(국보 195호)
5~6세기, 경주 미추왕릉 지구, 높이 34센티미터.

발굴 당시의 기마 인물형 토기(위)와 그 복원품(아래, 국보 91호)
경주 금령총, 왼쪽 높이 21.3센티미터.

동물 모양 토우들
오른쪽 위 새의 높이 5.8센티미터.

사람 모양 토우들
왼쪽 위 토우의 높이 7.9센티미터.

개미핥기처럼 생긴 토우
신라 사람들은 왜 남아메리카에 사는 개미핥기 같은 동물 모양을 만들었을까? 역사의 수수께끼이다.

또 여자와 남자의 벗은 몸을 표현한 것과 가슴이나 성기를 유난히 크게 만든 인물상도 많습니다. 신라 사람들은 왜 이런 것을 만들었을까요?

그런데 이것들은 모두 무덤 속에 꺼묻거리로 묻힌 것이습니다. 이 꺼묻거이 역시 죽은 자를 위한 것이겠지요. 실마리는 여기에 있습니다.

토우 중 남자와 여자의 성기를 과장해 표현한 것이나 뱀과 개구리가 유난히 많은 것은 이들이 풍요로운 생산과 생식을 상징하기 때문입니다. 아기가 탄생하는 과정을 통해 고대 사람들은 인간의 성기가 중요한 생식 기관이라는 것을 알게 되었습니다. 그리고 죽은 듯이 깊이 겨울잠을 자고 봄이 되면 다시 살아나 활동을 하는 뱀과 개구리를 보면서, 이러한 동물이 다른 것들의 부활도 도와주리라 믿었고요. 그래서 신라 사람들은 이들의 모양을 빚어 장식한 토기를 무덤에 넣으면서, 죽은 사람이 다음 세상에서 살아나 행복하게 살아가기를 빌었을 것입니다.

선덕여왕과 우리 역사 속 여왕의 의미

우리 나라 역사에서 여왕이 있었던 시기는 신라 시대가 유일하다. 신라에는 27대 선덕여왕(재위 632~646년), 28대 진덕여왕(재위 647~653년), 51대 진성여왕(재위 887~896년) 등 세 명의 여왕이 있었다. 왜 신라에만 여왕이 있었을까?

《삼국유사》에서는 선덕여왕이 왕위에 오를 수 있었던 이유를 '성골 신분의 남자가 없었기 때문'이라고 하였다. 당시 신라 왕실은 매우 제한된 가족 구성원만으로 왕위를 계승하고 있었다. 그것은 당시 왕실 계보도와 왕위 계승자를 보아도 충분히 알 수 있다. 아마도 진지왕이 귀족들에 의해 폐위된 뒤 왕실은 위기 의식을 가졌고, 이에 왕실을 유지하기 위해 폐쇄적인 왕위 계승 법칙을 마련했을지도 모른다.

이 과정에서 폐위된 진지왕의 아들인 용춘은 왕위 계승 서열에서 밀려났다. 당시 선덕여왕이 즉위한 이유를 '성골 신분의 남자가 없어서'라고 한 걸로 보아, 선덕여왕이 즉위할 때까지도 살아 있었던 여왕의 6촌인 용춘은 이미 성골이 아니었다고 볼 수 있다. 이는 동륜 계보에 속하는 왕실 가족이 성골로 여겨졌다는 것을 말한다. 이렇게 하여 동륜의 손녀인 선덕여왕이 왕위에 올랐고, 그 이후 또 성골 남자가 없어서인지 그 사촌인 진덕여왕이 왕위를 계승했다.

그런데 성골 남자가 없어서 여자가 왕위에 오를 정도의 상황에서 왜 선덕여왕은 결혼도 하지 않았을까? 그것은 진덕여왕이나 진성여왕도 마찬가지이다. 이는 선덕여왕과 혼인할 만한 성골 남자가 없었기 때문일 수도 있다. 그러나 또 다른 이유도 있을 것 같다.

선덕여왕에게는 다음과 같은 일화가 전한다. 선덕여왕은 앞으로 일어날 일을 미리 알아보는 능력이 있었다고 하며, 다음과 같은 세 가지 이야기가 전해 온다.

첫째는, 당나라 황제가 신라의 왕에게 꽃 그림과 그 꽃씨를 보내 왔다. 선덕여왕은 그 그림을 보고 이 꽃은 향기가 없을 것이라고 하였는데, 씨를 심어 피어난 꽃에는 과연 향기가 없었다. 여왕은 꽃에 나비가 없는 것을 보고 알았다고 하였다.

둘째는, 경주의 영묘사란 절에서 겨울에 많은 개구리가 모여 며칠 동안 우니,

왕이 갑자기 신하들을 시켜 군대를 이끌고 경주 서쪽의 여근곡을 찾아보면 거기에 적군이 있을 것이니 쳐부수라고 하였다. 왕의 명령대로 하니 과연 경주 서쪽 부산 아래에 여근곡이 있었고, 백제 병사 500명이 숨어 있어서 모두 잡아 죽였다.

셋째는, 왕이 죽기 전에 미리 신하들에게 이르기를, 내가 어느 날 어느 때에 죽을 터이니 나를 도리천 가운데에 묻으라고 하였다. 신하들이 그 곳이 어디인지를 물으니 낭산 남쪽이라고 하였다. 왕이 말한 날에 과연 왕이 돌아가시자 신하들은 왕이 가르쳐 준 그 곳에 묻었다. 그 뒤 문무왕이 사천왕사를 왕릉 아래에 세웠다. 불교의 경전에서 사천왕천 위에 도리천이 있다고 하였으니, 비로소 대왕의 신비롭고 성스러운 뜻을 알았다.

이 이야기들은 선덕여왕 당대의 실제 일이라기보다는 후세에 꾸며진 이야기일 것이다. 그렇다 하더라도 선덕여왕, 혹은 여왕이라는 존재 자체에 대한 일반적인 인식이 있었기 때문에 이러한 수식이 가능했던 것이 아닐까.

중국에서도 여왕의 존재는 찾아볼 수 없다. 단지 당나라의 측천무후가 왕후로서 권력을 잡아 주(周)라는 새로운 나라를 세우고 스스로 황제 자리에 올랐던 예가 있을 뿐이다. 그러니까 중국에서는 정상적인 왕위 계승을 통해 여왕이 된 사람은 없었다.

그러나 일본에는 신라보다도 훨씬 많은 여왕이 있었다. 3세기 야마토 정권에 히미코라는 유명한 여왕이 있었고, 7세기 초반의 쓰이코 천황을 시작으로 해서 18세기까지 10명의 여왕이 있었다. 일본에 여왕이 많았던 것은 천황이라는 특정한 신분은 특정한 혈통을 통해서만 이어진다는 믿음, 그리고 여성이 특별한 종교적 능력을 가지고 있다는 믿음 들이 영향을 미쳤을 거라고 본다.

여러 사회에서 여성이 남성보다 종교적 능력이 더 우월하다고 믿었다. 고대 사회에서 정치 권력은 종교에 대한 권위와 관련이 있는 경우가 많았다. 일본처럼 신라 사람들도 여왕이 특별한 종교적 능력이 있다고 믿었던 것이 아닐까? 그리고 특별한 종교적 능력을 가진 사람은 결혼을 하지 않는 관습이 많은 사회에서 지켜졌는데, 신라에서도 마찬가지였던 게 아닐까.

4

나와 나라가 사는 길

삼국 통일

너희가 신라를 아느냐

백제, 만남과 이별

고구려의 간섭에서 벗어난 신라는 백제와 손을 잡고 고구려의 남진 정책에 맞서게 되었지요. 백제 개로왕(재위 455~475년) 때에는 고구려가 백제를 침입하자 신라는 구원병을 보내기도 했습니다. 그러나 백제는 문주왕 1년(475년)에 고구려의 힘에 밀려 결국 한성(지금의 서울)을 버리고 남쪽의 웅진(지금의 공주)으로 수도를 옮겼고, 고구려는 한강 일대를 차지했습니다.

소지 마립간 때 신라와 백제 사이에 혼인 관계가 맺어지면서 두 나라의 관계는 더욱 단단해졌습니다. 백제 동성왕(재위 479~501년)이 신라에 청혼하여 왕족인 이벌찬 비지의 딸을 왕비로 맞이한 것입니다. 백제와 신라의 우호 관계는 진흥왕 때까지 계속됩니다. 백제와 동맹 관계를 맺음으로써 신라는 고구려의 공격을 일단 막아 낼 수 있었고, 내부적으로 여유가 생겨 국가 제도를 정비하는 데 더욱 힘을 쏟을 수 있었습니다.

신라는 지증왕, 법흥왕 때에 정돈된 국가 체제를 기반으로 대대적인 영토 확장에 나섭니다. 법흥왕 19년(532년)에는 김해의 금관가야가 신라에 복속했는데, 금관가야의 마지막 왕인 김구해의 증손자가 바로 김유신입니다.

이 시기 고구려는 왕위 계승 문제로 집안 싸움이 잦아 상당히 불안했습니다. 백제는 538년에 성왕이 수도를 사비(지금의 부여)로 옮기고 나라의 정치를 바로 잡아 힘을 기르고 있었습니다. 이 틈을 타 신라와 백제는 진흥왕 12년(551년)에 한강 유역을 공격합니다. 그리하여 백제는 고구려에게 빼앗겼던 한강 유역을 되찾고, 신라는 한강 상류 지역의 고구려 영토를 차지했지요.

진흥왕 때 진출했다가 다시 잃은 영토

진흥왕 이후의 신라 영토

진흥왕 이전의 신라 영토

달라진 삼국 지도

그러고 나서 2년 뒤 신라는 동맹국인 백제를 공격하여 한강 유역의 땅을 모조리 차지합니다. 배신당한 백제는 큰 충격을 받았지만, 신라에게는 아주 획기적인 사건이었지요. 한강 유역의 비옥한 토지를 점령함으로써 많은 자원을 얻을 수 있었고, 서해안을 통해 중국과 직접 교류할 수 있는 교통로를 확보했으며, 고구려와 백제의 국경을 따로 떼어 내어 삼국 통일의 발판을 마련하게 되었으니까요.

이어서 진흥왕은 대가야(지금의 고령)를 비롯해 가야 연맹의 여러 나라를 모두 정복하여 낙동강 유역을 장악하고, 동해안을 따라 영흥만 일대까지 진출하여 동예의 옛 땅을 차지했습니다. 이 무렵 새로이 개척한 영토를 기념하기 위해 세운 것이 단양 적성비와 북한산, 황초령, 마운령, 창녕의 진흥왕 순수비입니다.

신라의 선택, 죽느냐 사느냐!

신라가 한강 하류의 땅을 차지하면서 신라와 백제의 동맹 관계는 깨지고, 두 나라는 돌이킬 수 없는 원수 사이가 됩니다. 백제 성왕은 한강 하류의 땅을 빼앗긴 다음 해인 554년에 군사를 이끌고 신라를 전면적으로 공격하다가 전사하고 맙니다. 백제는 원수를 갚으려다 더 큰 원한을 품게 되었지요. 결국 두 나라는 백제가 멸망할 때까지 끊임없이 싸우게 됩니다.

복수의 칼을 갈던 백제는 642년 신라 서쪽의 30여 성을 함락합니다. 이 중에는 신라의 주요 거점인 대야성(지금의 합천)도 포함되었는데, 이 때 이 곳을 지키던 김춘추의 사위와 딸이 죽습니다. 이 사건이 계기가 되어 김춘추는 백제를 정벌하기 위해 갖은 노력을 다하지요.

나중에 태종 무열왕이 되는 김춘추는 진지왕(재위 576~579년)의 손자로, 진평왕의 딸인 천명 부인과 이찬 용춘 사이에서 태어났습니다. 김춘추는 먼저 고구려에 가서 함께 백제를 공격하자고 요청했다가 거절당하고 겨우 목숨을 건져 돌아옵니다. 전에 신라에게 한강 상류의 땅을 빼앗긴 고구려 입장에서는 신라의 요청을 받아들일 수가 없었겠지요. 더구나 고구려와 백제는 관계가 급속히 가까워져, 이제 신라는 도리어 고구려와 백제에 둘러싸여 양쪽에서 공격을 받는 위기에 부닥쳤습니다.

애초에 삼국 간의 문제를 삼국 안에서 해결하려고 했던 김춘추는 고구려에게 거절당하고는 바다 건너 왜국으로 갔습니다. 그러나 왜국도 백제와 긴밀한 관계에 있으니 도와 줄 리가 없었지요. 결국 남은 것은 당나라뿐. 신라는 당나라에 도움을 청할 수밖에 없었습니다.

삼국을 통일하다

당나라와 손에 손 잡고

581년, 수나라는 남북으로 갈라져 분열을 거듭하던 중국을 통일합니다. 그리고 5세기 이래 동북아시아의 강자로 떠오른 고구려를 위험 세력으로 여기고 네 차례에 걸쳐 대대적인 정벌에 나섭니다. 하지만 막강한 군사력을 가진 고구려에 번번이 참패하고, 마침내 그 후유증으로 멸망하고 맙니다.

수나라에 이어 중국 대륙을 다시 통일한 당나라 역시 동쪽으로 진출하는 데 가장 걸림돌이 되는 고구려를 침략했습니다. 그러나 이번

고구려에 간 김춘추

이미 사이가 틀어진 고구려에 도움을 요청하러 가는 것은 목숨을 거는 일이었다. 당시 고구려에서 왕보다 더 권세가 강했던 연개소문은 김춘추에게, 신라가 차지한 고구려의 옛 땅을 돌려주면 요청을 들어 주겠다고 했다. 김춘추가 자기 마음대로 결정할 수 없는 일이라 하여 거절하자, 고구려에서는 김춘추를 죽이려 했다.

김춘추에게 뇌물을 받은 한 고구려 신하가 그에게 토끼와 거북이 이야기를 해 주었다. 용궁에 잡혀간 토끼가 거북에게 자신의 간을 놓고 왔다고 거짓말을 하고 탈출한 이야기다. 이 이야기를 듣고 깨달은 김춘추는 신라에 가서 왕의 허락을 받아 땅을 돌려 주겠다고 속여, 간신히 고구려에서 도망쳐 나왔다고 한다. 《삼국사기》에 실린 이야기이다.

에도 고구려는 당나라의 대규모 침략을 잘 막아 냈습니다. 결국 당나라는 더 이상 무모하게 고구려 정벌에 나설 수 없어 기회만 엿보는 장기전에 들어갑니다.

바로 이 무렵(648년), 신라가 당나라에 구원을 요청한 것입니다. 고구려를 침략할 기회만 엿보던 당나라였으니 이 좋은 기회를 마다할 이유가 없었지요. 고구려 남쪽에 있는 신라와 손을 잡는다면 고구려를 정벌하기가 훨씬 쉬울 테니까요. 게다가 신라는 당나라가 도움을 주면 이후 당나라 제도와 복식 등을 모두 따르겠노라 약속했습니다. 당나라를 대국(大國)으로 섬기겠다는 뜻이었지요. 신라가 삼국을 통일하면 고구려처럼 중국에 대항하지 않을 거라고 안심한 당나라는, 백제와 고구려를 멸망시킨 다음 평양 이남과 백제 땅을 신라에게 주기로 약속했습니다. 이렇게 하여 신라는 당나라와 군사 동맹을 맺습니다.

백제의 멸망과 부흥 운동

신라와 당나라의 연합군은 먼저 백제를 공격했습니다. 660년, 소정방이 이끄는 당나라 군사 13만 대군과 김유신이 이끄는 5만 명의 신라 군사가 백제 정벌에 나섰습니다. '백강을 지켜 당군이 상륙하지 못하게 하고, 탄현을 막아 신라군이 넘지 못하게 하라'는 흥수의 충고를 무시한 채 백제의 의자왕과 군신들이 대책을 세우지 못하고 우왕좌왕하는 사이, 이미 당나라 군은 백강에 상륙하고 신라군은 탄현을 넘어 황산으로 진격해 오고 있었습니다. 백제는 뒤늦게야 위기를 느끼고 계백이 이끄는 결사대 5000명을 황산벌 전투에 투입합니다. 황산벌에 이른 신라 군사는 계백의 완강한 저항에 밀려 네 차례의 전투에서 모두 패했으나, 목숨을 바쳐 싸운 반굴, 관창과 같은 화랑들이 나서서 결국 계백의 결사대를 전멸시킵니다. 싸움을 시작한 지 한 달여 만에 수도 사비성이 함락되고 백제는 멸망했습니다.

당나라는 의자왕과 태자 효, 신하들, 백성 1만 2807명을 포로로 끌고 갔습니다. 백제 땅에는 당나라의 통치 기구인 5개의 도독부를 두고, 수도 사비성에는 유인원이라는 장수와 1만여 명의 군대를 머물게 했습니다. 이는 당나라가 직접 백제를 다스리겠다는 의도로, 애초에 신라와 한 약속에 어긋나는 것이었지요.

비록 왕이 항복하고 포로로 잡혀갔지만, 백제군은 여러 곳에서 저항했습니다. 흑치상지 장군이 이끄는 병사들은 임존성(현재의 충남 예산군 대흥면)을 거점으로 하여 신라와 당나라 군을 공격했고, 관리

화랑 반굴

김반굴은 김유신의 동생 김흠춘의 아들이다. 660년에 아버지를 따라 백제를 치러 나갔는데, 그 해 7월 황산벌(지금의 충청 남도 논산군 연산) 전투에서 계백이 이끄는 백제군의 저항을 받아 신라군이 곤경에 처했다. 이 때 아버지에게 "신하가 되어서는 충성이 제일이요, 자식이 되어서는 효도가 제일이다. 위태로움을 당하여 목숨을 내놓는 것은 충과 효를 다 하는 일이다"는 말을 듣고, 곧바로 적진에 달려가 싸우다 전사하고 말았다.

부여 정림사 터에 있는 5층 석탑

탑신 기둥에 '대당평백제국비 명(大唐平百濟國碑銘 : 당나라 가 백제국을 평정하고 새긴 비명)'이라는 글귀가 새겨져 있어, 당나라 장수 소정방이 백제를 멸망케 하고 세운 탑 이라고 잘못 알려지기도 했 다. 그러나 이는 소정방이 백 제를 멸한 뒤 그것을 기념하 려고 전부터 이미 있었던 탑 에 글자만 새긴 것이다.

였던 복신과 승려 도침은 주류성(지금 어디인지는 분명히 알려지지 않았습니다)에서 왜국에 인질로 갔던 의자왕의 아들 풍 왕자를 맞이하여 백제 왕으로 추대하며 백제 부흥을 꾀했습니다. 당나라 군대가 주둔하고 있던 사비성을 대대적으로 공격하는 등 백제 부흥군의 저항은 격렬했습니다. 그러나 복신이 도침을 죽이고, 풍은 복신을 죽이는 등 부흥군 사이에서 내부 갈등이 잇따르더니, 결국은 임존성마저 663년에 함락되어 백제 부흥 운동은 4년여 만에 막을 내리고 맙니다.

고구려의 멸망과 부흥 운동

백제를 무너뜨린 당나라는 다음 해인 661년, 원래 목표였던 고구려로 진격합니다. 당은 35만 명의 군사를 이끌고 고구려의 수도 평양성까지 포위하고 공격했으나 7개월 만에 물러납니다. 이 싸움에서 당은 패하고 돌아가기는 했지만, 고구려도 막대한 피해를 입었습니다.

평양성을 포위당했다는 것은 그만큼 과거에 비해 국력이 약해졌다는 증거입니다. 게다가 당시 고구려는 중앙 귀족들의 권력 다툼이 자주 일어나는 등 복잡한 내부 문제를 안고 있었습니다. 665년에는 권력을 휘두르던 연개소문이 죽자, 귀족들은 기다렸다는 듯이 세 아들을 앞세워 권력 다툼에 가담했습니다. 처음에는 맏아들 남생이 권력을 잡았다가 동생 남건과 남산에게 밀려 남생은 당나라로 투항하고, 연개소문의 아우 연정토는 신라로 도망칩니다.

고구려 지도층의 분열을 기회 삼아 당나라는 다시 대대적인 고구려 침략을 감행합니다. 666년 12월, 당 고종이 이세적을 총사령관으로 하여 고구려를 침공한 것입니다. 신라군도 이를 도와 고구려를 공격했지요. 오랜 싸움 끝에 668년 9월, 나당 연합군이 평양성을 함락하니, 시조 동명왕에서 시작하여 705년 역사를 지켜 온 고구려는 끝내 무너지고 맙니다.

고구려를 정복한 당은 평양에 안동도호부를 설치하고, 고구려 전역에 9개의 도독부와 42주 100현을 두어 실질적인 지배에 들어갔습니다. 그리고 왕과 귀족, 일부 백성들을 당나라로 옮아 가 살게 합니다.

나라가 망하자 고구려 유민들도 백제와 마찬가지로 부흥 운동을 일으켰습니다. 검모잠은 귀족 안승을 내세워 한성(지금의 재령)을 근

거지로 당나라를 공격하는 한편, 당한테서 돌아선 신라는 유민들의
도움 요청을 받고 고구려 부흥군을 도왔습니다. 그러나 당나라가 압
박해 오자 안승은 검모잠과 갈등을 빚다가 그를 살해하고 신라로 투
항합니다. 이를 계기로 신라와 고구려의 부흥군은 훨씬 강한 연대감
을 갖게 되었지요.

한편 북쪽에 있던 고구려 유민들은 계속 당나라 군에 저항했습니
다. 그러자 당나라 정부에서는 보장왕을 다시 옛 고구려 땅으로 보
내 현지 유민들을 잘 다독이라는 임무를 줍니다. 하지만 보장왕 역
시 고구려 유민을 모아 고구려의 재기를 꾀했지요. 그러나 이 사실

이 탄로나 보장왕과 수많은 고구려 유민들이 당나라로 끌려가게 됩니다.

이후부터 고구려 사람들은 뿔뿔이 흩어져 일부는 신라로, 일부는 동북 만주로, 또 일부는 왜로 건너가 대부분의 사람들이 나라 잃은 설움을 달래며 살아야 했습니다. 이 중에서 동북 만주로 이주한 고구려 유민들은 대조영을 중심으로 힘을 모아 나중에 발해를 세웁니다.

668년 평양성이 함락되고 681년 보장왕의 부흥 운동이 실패하기까지 무려 13년 동안 고구려의 부흥 운동은 계속되었던 것입니다.

나당 전쟁과 삼국 통일

고구려와 백제의 공격에 위협을 느낀 신라는 당과 연합하여 고구려와 백제를 무너뜨렸지만, 그 결과는 오히려 신라에게 더 큰 위협을 가져오고 말았습니다. 당은 약속을 어기고 신라까지 무너뜨려 아예 한반도 전체를 정복하려 들었습니다.

신라가 당의 속셈을 알게 된 것은 이미 백제 공격 때부터였습니다. 당의 야욕을 알아챈 신라는 고구려 정벌 때도 소극적인 지원만 했습니다. 고구려가 멸망하고 고구려 부흥군이 곳곳에서 일어나자, 신라는 고구려 부흥군을 지원하면서 당을 공격하기 시작했습니다.

신라는 당나라 군이 점령하고 있던 옛 백제 땅을 점령해 가면서, 한편으로는 고구려 부흥군과 함께 당나라 군을 공격했습니다. 671년에는 백제의 옛 땅을 완전히 점령하고, 백제의 옛 수도 사비성에 신라의 지방 지배 기구인 소부리주를 설치했습니다.

평양에 주둔해 있던 당나라 군은 계속해서 신라를 괴롭혔습니다. 하지만 675년 매소성(지금의 경기도 양주)과 676년 기벌포(지금의 금강 어귀) 전투에서 모두 신라에 패한 당나라는, 서쪽에 있는 티베트와 갈등이 겹쳐 한반도에서 철수합니다. 이로써 670년에 시작된 신라와 당나라의 전쟁은 7년 만에 막을 내렸습니다.

이제 신라는 한반도 대부분을 차지하고 삼국의 백성을 한 울타리 안에 포용해, 한 겨레로 발전할 밑바탕을 마련했습니다. 신라보다 앞선 고구려와 백제의 문화를 받아들이고, 이를 기반으로 더욱 발전한 통일신라 문화를 만들어 갑니다. 그리고 이것이 우리 문화의 밑거름이 됩니다.

그러나 신라의 통일은 한편으로 우리 겨레의 활동 무대를 좁혀 놓기도 했습니다. 삼국 중 최대 강국이었던 고구려 영토 대부분을 잃었으니까요.

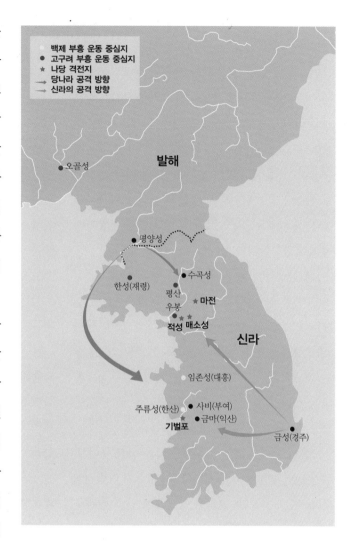

백제, 고구려 부흥 운동의 중심지와 나당 전쟁의 격전지

삼국 통일의 교두보, 삼년산성

삼년산성은 충북 보은군 보은읍의 동쪽, 어암리에 있는 오정산(해발 325미터) 마루를 따라 쌓은 산성입니다. 사적 235호로 성의 둘레는 1680미터이고, 성벽의 높이는 지형에 따라 다르지만 대략 낮은 곳은 13미터, 높은 곳은 20미터입니다. 이 산성은 구들장처럼 납작한 자연석을 이용하여 우물 정(井) 자 모양으로 가로 세로 번갈아 쌓아서 성벽이 견고합니다.

삼년산성은 삼국 시대의 다른 성과는 달리, 《삼국사기》를 통해 성을 쌓은 해를 명확히 알 수 있습니다. 그리고 《삼국사기》의 기록과 현재 남아 있는 성벽을 통해 5세기 후반 당시 신라의 성 쌓는 기술과 공사 기간을 알 수 있지요. 추풍령을 넘어 신라가 북진한 과정을 추적하는 데 단서를 제공하는 중요한 산성이기도 합니다.

보은의 삼년산성을 처음 쌓은 것은 신라 자비 마립간 13년(470년)의 일입니다. 이어 소지 마립간 8년(486년)에는 이찬 실죽을 장군으로 삼고 일선군(경북 구미시에 통합된 선산군 일대) 부근의 인부 3000명을 동원하여, 삼년산성과 굴산성(충북 옥천군 청성면 산계리 본동의 산계리 토성)을 개축했다고 합니다.

삼년산성을 처음 쌓을 때 그 기간이 3년 걸렸다(그래서 이름이 '삼년산성'이라고 합니다)는 《삼국사기》 기록, 486년 굴산성과 함께 대대적으로 다시 고쳐 쌓은 점, 그리고 소지 마립간이 483년과 488년 두 차례에 걸쳐 일선군을 직접 다니며 성

쌓는 일을 격려하고 나선 점 등으로 미루어 신라가 삼년산성을 얼마나 중요시했는지를 엿볼 수 있습니다.

삼년산성은 고구려의 남진에 대비하면서도 백제를 겨냥한 북진 의지를 천명한 성이라고 하겠습니다. 5세기 중엽 고구려는 신라의 복속을 받으며 신라 땅에 군대를 주둔했다가 신라의 저항으로 추풍령 이북으로 물러났습니다. 그러나 고구려는 언제든 다시 신라를 침략할 수 있었기 때문에, 신라로서는 고구려가 신라로 들어오는 중요한 길목에 튼튼한 성을 쌓고 대비해야 했지요.

삼년산성을 쌓고 나서 신라는 소백 산맥 인근의 요충지에 본격적으로 성을 쌓아 나갔습니다. 그리하여 5세기 후반에는 죽령로, 계립령로, 추풍령로 세 방면에 걸쳐 군대를 계속 보내 고구려를 소백 산맥 이북으로 몰아냈습니다. 또 신라는 삼년산성을 교두보로 한 추풍령로를 확보함으로써 북진을 계속하여 금강 상류 지역을 확보할 수 있었습니다. 이 지역은 당시 동맹 관계에 있던 백제와 인접한 곳이었기 때문에, 신라와 백제가 함께 고구려의 대규모 남하를 저지할 수 있었습니다.

고구려를 막기 위해 동맹을 맺은 신라와 백제는 551년 한강 유역을 고구려한테 빼앗았지요. 그러나 2년 뒤 신라 진흥왕은 백제를 쳐서 이 땅을 모조리 차지했고요. 이에 격분한 백제의 성왕은 가야군, 왜군과 함께 대대적인 신라 정벌에 나섰는데, 이 때 지금의 옥천 땅인 관산성에서 신라

삼년산성 전경 충청 북도 보은군 보은읍 어암리 소재, 사적 제235호, 둘레 1680미터.
오정산의 능선을 따라 축조되었고 문과 옹성, 우물 터 등이 있다. 470년(자비왕 13년)에 축조되었으며,
486년(소지왕 8년)에 다시 쌓았다. ≪삼국사기≫에는 성을 쌓는 데 3년이 걸렸기 때문에 '삼년산성'이라 부른다고 기록되어 있다.

군과 큰 싸움을 벌였습니다. 옥천은 백제의 수도 부여에서 삼년산성을 거쳐 신라로 들어오는 길목에 있는데, 여기서 삼년산군(502~742년까지의 보은군 명칭임) 출신인 신라군이 큰 활약을 하여 결국 이 싸움에서 백제 성왕이 죽음을 당했지요.

신라와 백제를 잇는 중요한 통로였던 삼년산성은 660년 신라군이 경주를 출발해 삼년산성을 거쳐 장군재(옥천)-마전(금산)-탄현 길을 지나 황산벌(연산)에서 백제군과 치열한 혈전을 벌이고, 결국 당나라 군대와 함께 백제를 무너뜨린 사실에서도 그 전략적 중요성을 알 수 있습니다.

삼국 통일 뒤 청주가 작은 서울 5소경의 하나인 서원경이 되면서, 신라 서북 지방의 요충지이자 군사적 거점은 청주가 차지하게 됩니다. 그래도 고려 초까지 삼년산성은 여전히 중요한 요충지였습니다. 헌덕왕 14년(822년) 김헌창이 반란을 일으켰을 때, 삼년산성은 반란군의 요새가 되기도 했지요. 또 후삼국 시대 고려군과 후백제군이 이곳에서 격돌을 벌이기도 했고요.

이후 고려와 조선 시대에는 한반도 안에서의 전쟁이 없었기 때문에 삼년산성은 전처럼 중요한 요충지가 아니었습니다. 그러다 임진왜란과 같은 큰 전란이 일자, 군대 이동과 방어를 위한 요충지로서 다시금 역사에 등장합니다.

화랑, 신라의 기둥

화랑도란?

신라에는 청소년 수련 단체로서 화랑도라는 조직이 있었습니다. 화랑도의 기원은 원시 공동체 사회 시절까지 거슬러 올라갑니다. 청소년들이 모여 몸을 단련하고 지혜를 배우던 조직이 신라 시대에 와서 새롭게 발전한 것이지요.

신라에서는 장차 나라의 일꾼이 될 청소년들을 한데 모아 힘과 지혜를 기르게 하고, 이 중에서 쓸 만한 재목을 골라 나라의 인재로 뽑았습니다. 특히 나라의 제도를 정비하고 주변 국가와 전쟁을 자주 벌이던 때, 화랑도는 매우 중요한 구실을 했습니다.

그래서 통일신라 시대 초기의 역사가 김대문은 《화랑세기》라는 책을 지어 화랑의 유래와 역사를 전하면서, "현명한 재상과 충성스러운 신하가 화랑도에서 나오고, 훌륭한 장수와 용감한 병사가 이로 말미암아 생겨났다"고 칭찬했습니다.

화랑도는 여러 명의 진골 귀족 출신인 화랑이 거느리는 집단으로 구성되었는데, 하나의 화랑 집단에는 수백에서 1000명에 이르는 낭도들이 속했습니다. 경주 일원의 귀족, 평민 청소년들이 낭도가 되었지요. 또 화랑 집단에는 승려들이 있어 수련을 도왔습니다. 이들은 기간을 정해 단체로 생활하면서, 명산 대천을 찾아다니며 노래와 춤으로 심신을 수양하고 무사도를 익히며 육체를 단련했습니다.

수련 과정에서 화랑도에 속한 청소년들은 매우 단단한 우정과 자

명산 대천에서 수련하는 화랑들

신이 속한 집단에 대한 자긍심, 그리고 의협심을 길렀습니다. 이러한 의식을 지닌 화랑도의 청소년들은 신라가 통일 전쟁을 치르는 동안 목숨을 걸고 전쟁터에서 큰 활약을 합니다.

무관랑과 죽을 때까지 우정을 지킬 것을 약속했으나, 무관랑이 병으로 먼저 죽자 통탄한 나머지 그 자신도 곧 병으로 죽었다는 화랑 사다함의 이야기에서, 우리는 화랑도 사이의 우정을 짐작할 수 있습니다. 또 화랑 효종랑은, '지은'이라는 처녀가 가난하여 눈이 먼 어머니를 봉양할 수 없어 자신을 부잣집에 팔았다는 이야기를 듣고, 지은의 몸값을 변상해 주고 곡식과 옷을 보내 살림을 도와 주었다고 합니다. 이렇듯 화랑도는 약한 자를 돕고 사회 질서를 바로잡기 위해 노력하기도 했습니다.

화랑들의 활약

화랑도는 삼국 항쟁이 치열하게 전개되던 때에 큰 활약을 합니다. 통일 전쟁의 영웅 김유신도 화랑 출신으로, 그는 수련 과정을 통해 삼국 통일의 꿈을 키웠습니다.

562년 대가야를 정벌할 때 사다함은 화랑 자격으로 참가하여 큰 활약을 했고, 660년 백제 정벌 당시 백제의 계백 장군이 이끄는 결사대의 저항에 막혀 낭패를 보던 신라군에게 활기를 불어넣은 것은 목숨을 바친 관창의 화랑 정신이었습니다.

이러한 화랑들의 행동은, 6세기 말 진평왕 때에 원광 법사가 가르침을 청하는 화랑 귀산과 추항에게 정해 주었다는 '세속오계'를 따른

것이기도 합니다. 세속오계는 '세상에서 지켜야 할 다섯 가지 계율'이라는 뜻으로, 나라에 충성하고, 부모에 효도하고, 믿음으로 친구를 사귀며, 전쟁에 나가서는 물러서지 않고, 살생할 때는 가려서 하라(곧 함부로 살생하지 말라)는 가르침입니다.

특히 전쟁에서 물러서지 않는다는 항목은 통일 전쟁 때 화랑들의 활동에 큰 버팀돌이 되었습니다. 김유신의 아들인 원술이 672년 당과 싸우다 지고 돌아오자, 김유신은 이런 아들을 죽여 달라고 왕에게 탄원했습니다. 원술은 왕의 도움으로 목숨을 구할 수 있었으나 어머니까지 그를 용서하지 않아 집에 들어갈 수가 없었다고 합니다.

삼국 통일 뒤에 화랑도는 용감히 전투하는 청년 무사 집단의 성격이 많이 약해집니다. 전쟁이 없었으니까요. 대신에 화랑도는 명산대천을 순례하면서 노래와 춤을 통해 심신을 단련하고 종교적 체험을 하는 집단으로 변해 갔습니다. 이러한 화랑의 풍모는 고려 시대에 와서 나라의 큰 행사 때 노래 부르고 춤을 추며 행사를 주도하는 것으로 남고, 조선 시대에는 노래와 춤을 통해 신에게 봉사하는 남자 무당을 화랑이라 부르는 데에 이르게 됩니다.

사다함

신라 진흥왕 때의 화랑. 내물왕의 7대 손이며, 급찬 구리지의 아들. 진골 출신으로 풍채가 수려하고 생각이 발랐다고 한다. 화랑으로 추대되어 1000여 명에 이르는 낭도를 거느렸다.

562년(진흥왕 23년) 9월 이사부가 대가야를 정벌할 때, 열대여섯 살이라는 어린 나이로 기병 5000을 거느리고 국경선에 있는 적군의 성문을 기습하여 대가야를 멸하는 데 큰 공을 세웠다.

그 공으로 왕에게서 가야의 포로 300명(혹은 200명이라고도 한다)을 노비로 하사받았으나 모두 놓아 주었고, 다시 왕에게서 땅을 하사받았으나 사양하다가 왕의 권유를 뿌리치지 못해 어쩔 수 없이 알천이란 곳의 불모지만 받았다.

사다함은 어려서부터 화랑 무관랑과 우정을 맺어 죽음을 함께하기로 약속했는데, 무관랑이 병사하자 이레 동안이나 통곡하다가 열일곱 살 나이로 죽었다고 한다.

관창

660년(의자왕 20년) 백제군은 나당 연합군을 맞아 황산벌(지금의 충청 남도 논산시 연산면)에서 싸움을 벌였다. 백제의 용맹한 장수 계백과 결사대 5000명은 신라의 김유신이 이끄는 5만 군사에 맞서 죽기를 각오하고 싸웠다. 수적으로 우세했지만 신라군은 결사대의 기세에 밀려 사기가 떨어졌다. 이 때 열다섯 살 나이로 선봉에 선 화랑 관창은 적진으로 돌진하다 백제군에게 사로잡혔다. 계백은 어린 관창의 용기를 가상히 여겨 돌려보냈지만, 이를 수치라고 생각한 관창은 갑옷을 고쳐 입고 다시 나가 싸웠다. 그러나 이번에도 관창은 계백에게 사로잡히고 말았다. 계백은 할 수 없이 관창의 목을 베고 그 목을 말안장에 매달아 신라군 진영에 돌려보냈다고 한다.

김유신

김유신의 증조 할아버지는 532년(법흥왕 19년) 신라에 투항한 금관가야의 구해왕이다. 신라에서 금관가야 왕족의 후예들은 신라 왕족의 김씨와 구별하여 신 김씨라 칭하기도 했다. 외증조 할아버지는 진흥왕의 아버지인 입종갈문왕, 외고조 할아버지는 지증왕이다.

화랑 김유신이 전투에서 공을 세운 기록은 629년, 그의 나이 34세 때부터 나타난다. 당시 신라군이 고구려 낭비성을 공격했는데, 첫 싸움에서 패배하여 사기가 떨어졌을 때 김유신은 단신으로 적진에 돌진하여 적진을 한바탕 어지럽힘으로써 신라군의 사기를 북돋워 큰 승리를 이끌어 냈다.

백제의 침공을 막기 위해 김춘추가 고구려에 도움을 청하러 간 642년(선덕여왕 11년), 김춘추와 김유신은 만약 김춘추가 고구려에서 돌아오지 못하면 김유신은 반드시 고구려와 백제를 멸하리라고 손가락을 깨물어 피를 마시며 맹세했다. 당시 신라 조정에서 아직 최고 서열에 들지 못했던 두 사람은 그 뒤 큰 변화의 바람을 일으키게

임신 서기석
임신년(서기로 몇 년인지 불확실하지만, 대개 진흥왕 13년인 552년이나 진평왕 34년인 612년으로 본다)에 맹세한 내용을 기록한 돌이라는 뜻. "우리는 어떠한 일이 있어도 우정을 꺾지 않으며, 세상이 어지러워지고 나라가 위태로우면 목숨 바쳐 큰일을 할 것이다. 그리고 《시경》과 《서경》, 《예기》, 《춘추좌씨전》을 3년 안에 완전히 습득하기로 맹세한다"는 내용을 화랑들이 서로 다짐하며 돌에 새긴 것으로 보인다. 위 책들은 중국의 고전으로, 신라의 청소년들은 이 책들로 학문을 다졌다. 경주 석장동 출토, 높이 32센티미터.

된다.

644년 9월에 김유신은 백제 원정군의 최고 지휘관이 되어 전략상의 요충지인 가혜성, 성열성, 동화성을 비롯해 7개 성을 점령했다. 이듬해 정월에는 원정에서 돌아오자마자 백제가 매리포성에 침입했다는 급보를 받고 가족도 못 만난 채 다시 출전하여 승리했다. 그리고 그 해 3월에도 귀환하기 전에 또 백제의 침입으로 출동했는데, 이 때의 일화는 지금까지도 유명하다.

당시 전열을 정비하여 즉시 출정하는데, 지나는 길목에서 김유신의 가족이 그를 보려고 집의 문 밖에 나와 기다렸다. 김유신은 집 앞을 돌아보지도 않고 지나쳐 50보쯤을 가서야 말을 멈춘 뒤, 집에서 물을 가져오게 하여 마셨다. 그리고 "우리 집 물이 아직도 예전 같은 맛이 있다"고 말하고는 다시 출발했다. 이에 군사들이 "대장군도 이러하시거늘 우리가 어찌 가족과 떨어짐을 한스럽게 여기겠는가" 하고는 분발하여 나아가니, 백제군이 그 기세만을 보고도 퇴각했다고 한다.

647년에는 귀족 세력 내부에서 반란이 일어났다. 선덕여왕이 나라를 다스리던 때인데, 당시 귀족 회의의 의장인 상대등 비담을 중심으로 모인 세력이 여왕은 정치를 잘할 수 없다며 왕족 세력을 공격한 것이다. 반란군과 대치한 지 8일 만에 선덕여왕이 죽는가 하면, 불길한 징조라고 여겼던 별똥별이 월성 쪽으로 떨어져 민심이 흉흉했다.

이 때 김유신은 새로 등극한 진덕여왕과 귀족들을 설득하고 군중을 선동해 반란군을 진압했다. 가야 출신 귀족인 김유신이 신라 중앙 정부의 운명을 결정하는 사건에 큰 구실을 한 것은 획기적인 사건이었다. 이 일을 계기로 그의 영향력은 매우 커졌다.

김춘추(태종 무열왕)가 왕위에 오르자 김유신의 정치적 비중은 더욱 커졌다. 태종 무열왕이 즉위한 다음 해 10월, 김유신은 태종 무열왕의 셋째 딸 지소와 혼인한다. 가야 출신으로서 당당히 왕실과 혼인하게 된 것이다.

김유신은 통일 전쟁과 그 뒤 당나라 군대를 몰아내는 싸움에서도 지휘를 맡았

재매정 김유신의 집터에 남은 유물이다

는데, 나이가 많은 탓에 일선에서 직접 뛰지는 않고 뒤에서 지도만 한 듯하다.

660년에는 신라군이 백제군의 결사대를 격파하느라 당나라 군과 합류하기로 한 지점에 늦게 도착하자, 이를 빌미로 당나라 장수 소정방이 신라 장군을 참수하라고 명한 일이 있었다. 신라군의 통수권을 장악하려 했던 것이다. 이 때 김유신은 먼저 당나라 군과 결전하겠노라 단호히 맞서 소정방의 기를 꺾었다.

김유신은 평생에 걸쳐 스스로를 엄격히 단속했고, 부하들의 단결력과 사기를 북돋우기 위해 한결같이 노력했다. 가족이 기다리는 집 앞을 돌아보지도 않고 지나친다든가, 혹독한 추위 속의 행군에 지친 군사들 앞에서 어깨를 드러내 놓고 대열을 이끈다거나, 아들인 원술이 당나라 군과 싸우다 패배하고 도망해 오자 왕에게 참수형에 처하라고 건의하고 끝까지 용서하지 않은 일 등……

673년, 그가 죽자 문무왕은 성대한 의장을 갖추어 금산원(지금의 경주시 송화산 기슭으로 추측됨)에 장사 지내게 하고, 비석을 세워 공적을 기록하게 했다.

신라의 삼국 통일을 어떻게 보시나요?

통일 과업을 완수한 신라 사람들이나 그 뒤의 고려, 조선 사람들은 신라의 삼국 통일을 자랑스러운 것, 아니면 당연한 것으로 여겼습니다. 고려 때 김부식이 왕의 명령을 받고 편찬한 《삼국사기》에서는 신라의 삼국 통일에 대해, "중국에 사대의 예를 다하고, 그 문물을 받아들여 거친 풍속을 개량했으며, 당 군대를 빌려 고구려와 백제를 평정하고 태평성세를 이룩한 일"이라고 했습니다.

그러나 대한 제국 말기와 일제 강점기에 이르러 이에 대한 평가가 바뀌기 시작했습니다. 당시 나라가 외세의 위협을 받다가 결국 일본의 식민지가 되자, 독립 운동을 하던 분들은 외세인 당나라를 이용해 같은 민족인 고구려와 백제를 멸한 신라의 행위를 비난했습니다. 지금도 북한에서는 신라가 당나라와 손잡고 같은 민족인 고구려와 백제를 멸망케 한 것은 반민족적 행위라고 비난하고, 우리 민족의 첫 통일은 고려가 이루었다고 설명합니다.

그런데 사실 신라와 백제, 고구려가 목숨을 건 전쟁을 벌일 당시 이 세 나라 사람들 사이에는 서로가 같은 겨레라는 의식이 없었습니다. 따라서 당시 전쟁은 하지 말아야 할 같은 민족끼리의 싸움이 아니라, 상대를 이

기지 못하면 내가 죽는다는 절박한 상황에서 목숨을 건 싸움이었습니다.

신라도 나라가 멸망할 위기에서 여러 나라에 도움을 청하다가 결국은 멀리 당나라에 도움을 청하게 되었고, 그 결과 싸움에서 이겨 나라를 지킬 수 있었던 것입니다. 그러므로 당시 신라 사람들은 당나라에 도움을 요청하는 것이 외세를 이용해 민족을 배신하는 행위라고는 전혀 생각하지 않았겠지요.

그러나 세 나라는 예부터 중국과는 완전히 다른 문화를 가꾸어 왔고, 또 가까이 국경을 맞대면서 싸우고 왕래하는 사이에 친숙함을 쌓을 수 있었습니다. 그러므로 신라는 한반도 전체를 병합하려는 당나라를 물리치고, 고구려와 백제 유민을 받아들이면서 삼국을 통일한 것입니다.

신라가 삼국을 통일함으로써, 서로 다른 나라로 나뉘어 살았던 사람들이 한 국가 안에서 같은 민족으로 뭉칠 수 있었습니다. 결국 신라의 삼국 통일은 우리 겨레가 형성되는 데 중요한 구실을 한 셈입니다. 고구려나 백제가 통일을 했더라도 마찬가지입니다. 다만 신라가 삼국을 통일하면서 고구려의 광대한 영토를 대부분 잃어버렸기에, 우리 민족이 활동할 수 있는 공간이 줄어들었다는 점에서 아쉬움도 있지만, 영토가 넓다고 해서 민족이나 나라의 힘이 커지는 것이 아니므로 그다지 애석해할 일이 아니라고 봅니다.

이 때 세계는

삼국이 심각한 전쟁 상태에 들어간 7세기 초중엽, 당나라 북쪽에서는 돌궐(투르크)이 힘을 발휘하고, 서쪽에서는 토번(티베트)이 당과 힘을 겨루고 있었습니다. 당은 돌궐을 굴복시키고 티베트에는 공주를 시집보내는 등 주변 민족과의 관계 정리에 힘을 썼지요. 그러나 동쪽에서 가장 위협적이던 고구려를 제압하지 못해 고심하다가, 신라와 손잡고 고구려도 멸망시켜 세계 제국을 건설합니다.

티베트는 히말라야 산맥 북쪽에 가로놓여 있는, 고도 4000~5000미터에 달하는 높은 지대입니다. 이 곳에서 농경과 유목을 하던 사람들이 7세기 초엽에 세운 나라가 티베트 왕국(토번)입니다. 송첸 캄포 왕에 의해 시작된 티베트 왕국에서는 티베트 문자를 만들고, 불교를 받아들여 티베트 불교를 형성합니다. 라마 교라고도 하는 티베트 불교는 몽골 족이 세운 원나라에서 깊이 믿어, 원나라가 고려를 지배할 때 고려인들에게도 영향을 주었습니다. 고대 티베트 왕국은 846년 다르마 왕의 암살로 막을 내립니다.

일본에서는 645년 나카노 오에(中大兄 : 626~671년) 왕자 등이 쿠데타를 일으켜 집권을 하고, 수·당의 율령 국가 체제를 모델로 하여 천황 중심의 중앙 집권 국가를 목표로 하는 정치 개혁을 추진했는데, 이를 타이카 개신(大化改新)이라고 합니다.

5세기 후반부터 쇠퇴하기 시작한 인도의 굽타 제국은 서쪽에서 침략해 오는 에프탈 족에 의해 큰 타격을 받아 결국 6세기 중엽 멸망하고 맙니다. 이후 인도 여러 지방에서 많은 왕조가 나타났고, 7세기 전반에 하르샤 왕조가 출현하여 통일을 꾀하기도 했지만, 다시 정치적 분열 상태에 빠집니다.

서아시아에서는 무하마드(마호메트, 570~632년)가 이슬람 교를 일으켰습니다. 무하마드가 죽자, 이슬람 교도들은 무하마드의 후계자인 칼리프를 선출했습니다. 그리하여 아랍 세계는 칼리프의 지도 아래 뭉쳐 대대적인 정복 사업을 벌입니다. 650년까지는 북아프리카, 이란과 아프카니스탄 서쪽, 타르스 산맥에 이르는 광대한 지역을 정복하고 지배했습니다. 그러나 전체 이슬람 교단에 의해 선출된 칼리프가 통치하는 정통 칼리프 시대는 제4대 칼리프인 알리가 암살됨으로써 끝나고, 우마이야 왕조(661~750년), 아바스 왕조(750~821년)가 계속하여 이슬람 제국을 이끌어 나갑니다.

5

하나 된 나라
더 넓어진 땅과 더 많아진 사람들

새로운 신라 사회를 위하여

신라는 삼국을 통일하여 넓은 영토를 지배하게 되면서 새로운 정치·사회적 발전을 이룩했습니다. 신라 사람들은 이 새로운 시대를 그 전과는 다른 시대로 구분하여 생각했습니다.

삼국 통일을 이끌어 낸 태종 무열왕 김춘추는 이전의 신라와는 다른 나라를 꿈꾸었습니다. 김춘추는 귀족들에 의해 왕위에서 물러난 진지왕의 손자였습니다. 진지왕은 나라 일을 바로 보지 못해 왕위에서 쫓겨났다고 하는데, 아마 그 사건의 배경에는 귀족과 왕실 사이의 갈등이 깔려 있었을 것입니다.

태종 무열왕릉비(국보 25호)
신라 태종 무열왕 무덤 앞에 그를 기려 세운 석비. 중국 비석의 영향을 받아 받침돌은 거북 모양을 하고 있고, 머릿돌에는 이무기의 모습을 새겼다. 그러나 글을 새겨 넣었을 비 몸체는 현재 전하지 않는다. 경북 경주시 서악동에 있다.

게다가 김춘추는 성골이 아니고 한 단계 낮은 진골 신분이었습니다. 당시 신라는 성골만이 임금이 될 수 있었지요. 그러나 제28대 진덕여왕(재위 647~654년)을 끝으로 왕위를 이을 성골이 없어졌습니다. 김춘추는 당시 많은 군사를 이끌고 뛰어난 전과를 올리던 김유신과 손을 잡고, 여러 귀족의 반대를 물리치고 임금 자리에 올랐습니다.

김춘추는 왕위에 오른 뒤, 귀족들에 의해 임금 자리가 좌지우지되는 현실을 바꾸고자 했습니다. 그래서 옛 신라의 제도를 바꾸기 위해 당나라의 문물과 제도를 적극 받아들였지요. 왕이 정치의 최고 중심이 되고, 신하들은 그 밑에 서는 정치 질서를 확립하기 위해 들여온 제도로는 왕과 신하들의 복장에 대한 규정, 정월 초하루에 궁전에서 여는 신년 의례 같은 것이 있었습니다. 이러한 제도는 왕과 신하들을 엄격히 구분했고, 왕은 신하와는 분명히 다르고 더 높은 존재임을 보여 줄 수 있었습니다.

중국의 문물 제도를 받아들여 신라의 여러 제도를 정비하면서 귀족들의 세력을 꺾고, 강력한 왕권을 바탕으로 새로운 신라를 건설하려 한 태종 무열왕의 노력은 아들인 문무왕(재위 661~681년)과 또 그 아들인 신문왕(재위 681~692년)까지 이어졌습니다.

신문왕은 강력한 왕권을 위하여 과감하게 귀족 세력을 물리쳤습니다. 신문왕이 즉위하던 해에 왕비의 아버지인 김흠돌이 반란을 꾀한 사건이 일어났습니다. 모든 권력을 집중시키려는 왕에게 반발하여 귀족들이 반란을 일으킨 것이었지요. 신문왕은 죄를 물어 김흠돌과 이 사건에 연루된 많은 귀족을 가차없이 죽이고, 이를 계기로 제도 정비에 더욱 박차를 가했습니다.

달라진 행정 조직

넓어진 영토와 늘어난 인구를 제대로 다스리기 위해서는 무엇보다 여러 제도를 다시금 정비할 필요가 있었습니다.

중요한 관청은 이전의 것을 그대로 두었지만, 각 관청의 관직은 장관과 차관 이하 5단계 조직을 기본으로 하여 더욱 일률적인 체제를 갖추었습니다. 전에는 각 관부의 필요에 따라 관직 구성이 다양했거든요.

또 법흥왕 때에 생겨난 귀족 회의의 의장 직인 상대등이 여전히 존재했지만, 진덕여왕 때에 설치된 집사부가 핵심적인 행정 부서로서 더 중요한 위치를 차지하게 되었습니다. 집사부는 왕의 명령을 받아 실행하는 관청으로, 그 장관인 중시(뒤에 시중으로 바뀝니다)가 통일 이후 상대등을 제치고 가장 영향력 있는 관직이 되었다는 것은 왕권이 전보다 훨씬 강해졌음을 말해 줍니다.

확대된 영토를 통치하기 위해 지방 통치 조직도 대대적으로 고쳤습니다. 지방 통치 조직의 기본은 주·군·현이었습니다. 주는 신문왕 5년에 9주로 정비되었는데, 옛 신라와 가야 땅을 3주, 옛 백제 땅을 3주, 옛 고구려 땅을 3주로 구획 지은 것입니다. 주 밑에는 군, 군 밑에는 현을 두었으며, 현 아래에는 촌을 두었습니다. 그리고 현으로 삼기에는 작은 지역을 향이나 부곡이라는 단위로 정했습니다. 또 특정한 기능을 지닌 장인 집단(이를테면 대장장이들)이 거주하는 마을은 '소'라고 했습니다.

신문왕은 왕이 되고 9년(689년)째에 들어 도읍을 대구로 옮길 계획을 세웁니다. 새로운 곳에 도읍을 정함으로써 경주의 귀족 세력을 물리치고 왕권을 강화하는 한편, 넓어진 영토를 다스리기 위해 한반도 동남쪽에 치우친 수도 경주의 결점을 해결하려는 시도였지요. 그러나 위협을 느낀 귀족들의 완강한 반대로 실천에 옮기지 못했습니다. 다만 전국 곳곳에 '작은 서울' 곧 소경(小京)을 다섯 군데 두어, 정복한 국가의 귀족이나 경주의 귀족들이 그 곳에 옮아 와 살게 했습니다. 이것이 5소경입니다. 그리하여 오늘날의 원주(북원경), 충주(중원경), 청주(서원경), 남원(남원경), 김해(금관경)는 지방 문화의 중심지 구실을 했습니다.

삼국 시대에 신라의 중요한 군대는 6정이었으나, 통일 이후에는 중앙군 9서당과 지방군 10정이라는 새 조직이 꾸려졌습니다. 9서당은 신라 사람뿐 아니라 고구려, 백제, 말갈인까지 포함한 왕의 직속 부대였지요. 6정이 귀족들의 지휘를 받은 것에 비해 9서당은 왕의 직속 부대인 만큼, 통일 이후 신라의 왕권이 훨씬 강해졌음을 알 수 있습니다. 녹금서당, 자금서당을 비롯한 9개 서당 중에서 3개 서당은 신라 사람, 2개 서당은 백제 사람, 1개 서당은 고구려 사람,

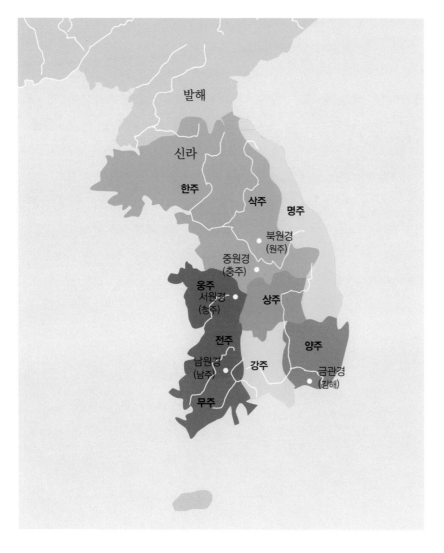

발해

신라

한주

삭주

명주

북원경
(원주)

중원경
(충주)

웅주
서원경
(청주)

상주

전주

양주

남원경
(남주)

강주

금관경
(김해)

무주

보덕성

보덕성, 보덕국은 고구려 부흥 운동을 일으켰던 고구려 유민들의 나라이다. 고구려의 유민 검모잠은 고구려 부흥 운동을 일으켜, 고구려 보장왕의 아들 안승을 받들어 보덕국의 왕으로 삼았다. 신라는 당나라 세력을 쫓아낼 필요가 있었으므로 안승을 금마저(金馬渚 : 익산)에서 살게 하고, 고구려 왕으로 봉하여 양식과 물자를 보내 주었다. 나중에 안승은 보덕왕이라는 봉작을 받고 문무왕의 조카딸을 아내로 맞이한다. 신라는 683년(신문왕 3년)에 보덕국을 폐하고, 안승을 경주에 불러들여 벼슬과 토지를 주고 신라의 귀족으로 받아들인다.

또 1개 서당은 말갈 사람, 나머지 2개 서당은 보덕성 사람으로 구성되었습니다. 지방에 배치된 군대 조직으로는 10정이 있었는데, 1주에 1개 부대를 두고 제일 영역이 넓은 한주에는 2개 정을 두었습니다.

신라 사람들은 왕이 사는 도읍을 서라벌 혹은 서나벌이라고 하고, 한자로는 대경(大京), 금성(金城 : 금, 곧 '쇠'의 땅. 쇠벌, 서라벌)이라고 적었습니다. 이 '서라벌'이란 말이 오랜 세월 거치면서 '서울'로 변해, 오늘날 나라의 수도를 가리키는 말이 되었지요.

'경주(慶州)'라는 이름은 신라의 마지막 왕인 경순왕이 태조 왕건에게 항복하고 나서, 고려에게 마지막으로 남은 신라 땅의 이름으로 받은 것입니다. 고려 시대에 경주는 동쪽의 수도라 해서 동경, 그리고 계림이라고도 했다가 조선 시대부터 줄곧 경주라고 불렀습니다.

경주는 통일 전부터 이미 잘 정돈된 도시였지만 통일 직후 대대적인 정비 사업을 벌였으리라 짐작됩니다. 당시에는 도시 중앙을 남북으로 관통하는 큰길이 있었는데, 그 폭은 약 120미터로 추정됩니다. 그리고 현재 월성의 북쪽 성벽 가까이에 있는 조선 시대의 석빙고 자리에서 북쪽을 바라본 방향으로 쭉 뻗었을 것이라고 추정합니다.

경주를 동서와 남북으로 가로지르는 길 중에서 비교적 큰길들은 고려와 조선 시대를 거쳐 오늘날까지 그대로 쓰입니다. 이런 큰길 사이를 다시 작은 길이 가로지르는 방식으로 해서, 당시 경주는 바둑판처럼 네모난 구획으로 정비되었습니다. 가장 작은 단위의 구획은 대체로 한 변이 140~160미터에 이르는 정사각형이었다고 추정됩니다. 그 정사각형 안에는 132호 정도가 있었을 것입니다.

신라 왕경도(이재돈 그림)

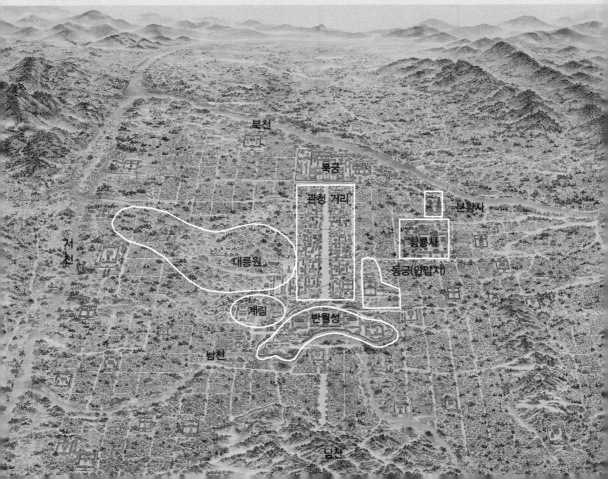

통일 신라의 사회 경제 생활

호화로운 귀족 생활

통일신라 정부는 왕권 강화를 위해 귀족 세력의 경제 기반에 압력을 가했습니다.

통일 전에 신라 정부는 귀족 관리에게 녹읍을 주었지요. 녹읍을 준다는 것은 어느 영역의 땅을 주어 그 곳에서 나는 곡식이나 특산물뿐만 아니라, 그 지역에 사는 사람들의 노동력까지 사용할 수 있는 권한을 주는 것을 의미합니다.

통일 이후 임금들은 왕권을 강화하고자 이런 귀족 관리들의 녹읍을 그냥 두지 않았습니다. 신문왕 때에는 녹읍 제도를 폐지하고 그 대신 귀족 관리들에게 해마다 요즘의 봉급과 같은 조(租)를 나누어 주고, 순전히 땅에서 나오는 생산물만 거둘 수 있는 관료전을 주었습니다.

그러나 귀족들이 자신들의 세력을 약화시키는 이러한 조치에 거세게 반발하자, 결국 757년(경덕왕 16년)에 녹읍이 다시 생겨났습니다. 이것은 통일 이후 강력한 왕권을 중심으로 한 지배 체제 아래 한동안 움츠러들었던 귀족 세력이 다시 커졌다는 의미이기도 합니다.

귀족은 대대로 물려받은 토지, 나라에 공을 세웠다거나 해서 임금에게서 수시로 받은 토지, 관리로 일하면서 받은 녹읍, 목장 등을 통해 막대한 부를 누렸습니다. 그들은 자신들을 위해 집안일을 하거나 토지를 경작하고 물건을 만드는 노비, 장원이나 목장 일을 봐 주는 사람들도 많이 거느렸지요. 이들은 유사시에 주인을 도와 전쟁에 참가하기도 했습니다.

귀족은 대부분 왕경인 금성(지금의 경주)에서 살았습니다. 경주는 도시를 바둑판처럼 구획 지어 세운 도시였습니다(152쪽 참조). 이 도시에서 귀족들은 고래등 같은 집을 짓고 나무 장작보다 비싼 숯으로 지은 밥을 먹었다고 합니다. 태종 무열왕의 아들인 거득공은 손님 접대를 위해 50가지 반찬이 차려진 상을 내놓았다고 하네요. 또 귀족들은 집에 금 장식을 한 '금입택'과 계절에 따른 별장도 가지고 있었다고 합니다.

이러한 귀족들의 호화로운 생활은 생산하는 계층인 농민과 노비의 피땀을 바탕으로 한 것이었습니다. 귀족들의 생활이 더욱 사치스러워진다는 것은 귀족층에게 사회의 부가 집중된다는 뜻이며, 그만큼 농민이나 노비의 생활이 더 어려워진다는 걸 의미합니다. 많이 가진 사람들이 나누어 베풀지 않고 더 욕심을 내어 없는 사람들을 실의에 빠뜨리는 사회는 오래 가지 못합니다. 갈수록 사치스러워지는 그들을 보면서 농민과 노비의 마음은 점점 그들에게서 멀어져 갔습니다.

뼈 빠지는 일반 농민

일반 농민들의 생활을 보여 주는 〈신라 촌락 문서(또는 신라 장적)〉라는 중요한 자료가 있습니다. 이 문서는 일본 나라 시에 있는 도다이지[東大寺]라는 절의 보물 창고인 쇼소인[正倉院]에서 파손된 책 상

숯

숯은 공기가 적은 가마에 나무를 구워서 만든다. 먼저 숯 굽는 가마를 마련해야 하고, 생나무를 구해야 하며, 가마에 땔 연료(나무 장작)도 따로 장만해야 한다. 또 이 모든 과정에는 사람의 힘이 필요하다. 그냥 산에서 나무의 가지나 잎을 긁어 모으는 것보다 몇 배 힘든 과정을 거치니 비쌀 수밖에 없다. 그리고 숯을 태우면 연기도 안 나면서 열이 매우 높이 올라가, 나무에 비해 훨씬 고급스러운 땔감이다.

자를 수리하다가 상자 내부에 붙어 있던 것을 발견한 것이랍니다.

이 문서에는 지금의 청주 지방인 서원경에 속한 네 곳의 마을 이름과 크기, 사는 집과 사람 수, 기르는 소와 말, 농사 짓는 땅의 규모, 과실 나무의 수, 이사를 가거나 온 집의 수 같은 것들이 자세히 기록되어 있습니다. 이 기록은 3년마다 각 마을을 실제로 조사하여 작성된 것입니다. 신라 중앙 정부는 이러한 문서를 통해 어느 마을에 얼마나 많은 사람과 토지, 가축 들이 있는지를 파악해서 세금을 매겼습니다.

일본 나라〔奈良〕현 도다이지〔東大寺〕창고인 쇼소인〔正倉院〕전경
쇼무〔聖武〕천황 때인 덴뵤〔天平〕연간(729~749년)에 창건한 것으로 추정된다. 756년 쇼무 천황이 죽은 뒤 그의 명복을 빌기 위해 도다이지에 헌납한 왕실 소장품들과 752년 도다이지의 대불(大佛) 개안식(開眼式)에서 사용한 물품들, 도다이지의 소장품들이 보관되어 있다. 일본뿐만 아니라 당시 일본에 들어왔던 이슬람, 인도, 중국, 한국 등의 물건들도 여럿 보관되어 있는 세계 제일의 유물 창고이다. 신라에서 만들어져 일본으로 건너간 악기, 그릇, 양탄자, 먹 등이 남아 있고, 신라의 촌락 문서도 여기서 발견되었다. 이 곳 보물들은 매년 10월 하순부터 11월 초순에 걸쳐 나라 국립 박물관에서 여는 특별전인 '정창원전(正倉院展)'에서만 일반에게 공개한다.

국가에서는 국방이나 외교, 군사, 교육과 같은 나라 살림살이와 그 일을 맡아 하는 귀족과 관리들의 생활을 보장하기 위해 돈이 필요했습니다. 지금이야 세금을 모두 돈으로 내지만, 교환의 기준이 되는 돈이 없던 옛날에는 돈 대신 물건이나 노동력을 바쳐야 했습니다. 그리고 지금은 누구나 다 세금을 내야 하지만, 옛날에는 귀족이나 관리 등 지배층은 세금이 면제되고 일반 백성이 모든 세금을 부담했습니다. 당시 일반 백성들의 생활이 눈에 선합니다. 농사를 지은 곡식이나 특산물을 바쳐야 하고, 성 쌓기나 저수지 만들기, 길 만들기 같은 노동에 동원되기도 하고, 군대에도 가야 했으니 얼마나 힘겨웠을까요?

신라 촌락 문서(신라 장적)
세금을 매기기 위해서 3년
마다 한 번씩 실제로 각 마
을을 조사하여 작성한 것으
로, 마을 이름과 크기, 농사
짓는 땅의 규모 등이 자세히
적혀 있다.

이렇게 당시에는 땅에서 나는 농산물이나 사람의 노동력이 주요
한 세금이었기 때문에, 나라에서 세금을 잘 걷기 위해서는 농사 짓
는 땅과 사람을 정확히 파악해야 했습니다. 그래서 〈촌락 문서〉 같
은 근거 자료를 잘 작성해 둘 필요가 있었지요.

당시 농민들이 농사를 지으면서 가장 두려워했던 것은 가뭄과 해
충이었습니다. 가뭄 피해를 줄이기 위해 저수지를 만들었지만, 걱정
을 덜기에는 턱없이 부족했습니다. 철제 농기구를 널리 사용하게 되
어 전보다 더 쉽게, 더 넓은 땅에 농사를 지을 수 있었지만, 살림살

이가 그만큼 풍족해진 것은 아니었습니다. 가뭄, 혹은 해충이 없는 해에나 세금을 내고 나면 겨우 한 해 먹을 것을 마련할 수 있었지, 그렇지 않은 해에는 여지없이 먹을 것이 부족했습니다. 그러면 소나무 껍질을 벗겨 먹었고, 식량을 마련하기 위해 자식을 파는 사람도 있었습니다. 또 스스로 몸을 팔아 천민(노비)이 되는 경우도 있었습니다.

가난한 농민 중에는 자기 땅을 부자들에게 넘기고 노비가 되거나, 살던 곳을 떠나 떠도는 사람들이 많아졌습니다. 노비는 부자의 개인 재산이어서 세금을 내지 않아도 되었기 때문이지요. 또 떠도는 사람들은 세금을 안 내고 도망다니는 셈이었고요. 부유한 귀족이나 지방 호족들은 이런 토지를 차지하여 더 많은 땅을 갖게 되었습니다. 세금을 내지 않는 땅과 사람들이 많아지자, 나라에서는 농민들에게 세금을 독촉했습니다. 그러나 흉년이 계속되면서 더욱 형편이 어려워진 농민들은 정부의 세금 독촉에 저항했습니다. 통일신라 말에 각지에서 농민들이 항쟁을 일으킨 배경을 충분히 알 수 있겠지요?

일반 농민보다 더 낮은 신분으로 천민이 있었습니다. 천민은 대개 노비를 가리키는데, 왕실이나 관청에 소속된 공노비와 개인이나 절이 소유한 사노비로 나뉘었지요.

일반 농민과 노비는 나라에 대해 의무와 권리가 있느냐 없느냐로 구분할 수 있겠습니다. 일반 농민은 나라에 세금을 내는 대신 자기 재산에 대한 권리가 있는 반면, 노비는 오히려 자기 스스로가 다른 사람의 재산이 되는 존재입니다. 이런 노비를 천민이라고 하는 것과 비교해, 일반 농민은 양인(良人:좋은 사람)이라고 합니다.

899년(진성여왕 3년) 부세 독촉으로 인해 전국 각지에서 도적이 봉기했을 때, 최초로 원종과 애노가 사벌주(지금의 상주)를 근거지로 신라에 반대하는 투쟁을 전개했다.

호족

신라 말 고려 초에 호족이라는 세력 집단이 생겨났다. 신라 말 왕권이 약해진 사이에 중앙 정권에서 떨어져 나온 귀족이나, 지방에서 조심스럽게 세력을 키운 세력가들이 군사력이나 해상 무역권을 기반으로 일정 지역을 독점 지배하게 된다.

이들을 바로 호족이라 하는데, 호족은 자기 세력권 안에 있는 마을과 사람들을 지배하여 농민들에게 세금을 물리고 부역을 시켰다. 신라 정부에서 보면 세금을 호족에게 빼앗긴 셈이다.

세금을 걷지 못하는 지역이 늘어나니 신라 중앙 정권의 힘은 움츠러들고, 지방의 호족들은 정치적으로 신라 왕조에 정면으로 맞설 만한 세력을 갖추게 된다.

노비에는 전쟁 포로, 형벌을 받아 노비 신분이 된 사람, 빚을 갚지 못해 그 사람의 재산이 된 사람, 부모가 노비라서 노비가 된 사람 들이 있었습니다. 전쟁이 활발하던 삼국시기에는 포로 노비가 많았던 반면, 삼국 통일 이후에는 빚을 갚지 못해 노비가 되는 사람들이 많아졌습니다. 이들 노비는 재산을 소유할 수 없을 뿐 아니라 자신의 생명도 스스로 지킬 수 없는 존재였습니다. 노비를 소유한 사람은 노비의 생명까지 마음대로 할 수 있었으니까요.

모든 사람이 평등하다는 것을 전제로 하는 현대 민주주의 사회에서는 상상도 못 할 일이지만, 신분제 사회에서는 당연한 일이었습니다. 노비는 대부분 가정 생활도 누릴 수 없었습니다. 말이나 소와 다를 바 없는 취급을 받았기 때문에 주인의 명령에 따라 움직여야 했

등짐 진 사내(경주 황남동)
높이 4.8센티미터.
5~6세기 신라 무덤에서 발
견된 토우. 등에 무언가 짐
을 지고 나르고 있는 모습이
다. 신라의 평민들이 일을
할 때 모습을 상상해 볼 수
있다.

으니, 결혼한다 해도 가족끼리 단란한 생활을 하기란 어려웠습니다.
시간이 흐르면서 노비도 사람이라는 생각이 조금씩 싹터 고려 시대
나 조선 시대에는 노비에 대한 대우가 나아지기는 하지만, 노비 제
도 자체가 없어진 것은 19세기 후반에 와서였습니다.

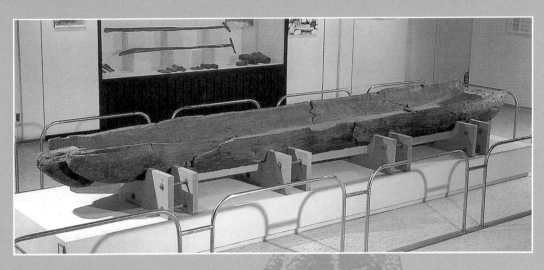

나무 배
안압지 동쪽 석축 앞에서 전복된 상태로 나왔는데, 그 파편들을 모아 복원한 것이다. 세 개의 나무를 통으로 파서 배 모양을
만든 뒤 조립했는데, 연못을 수리할 때 사용한 것으로 추측된다.

금동 용머리
속이 비어 있고 못 구멍이 있어서
의자 장식에 쓰인 듯하다.

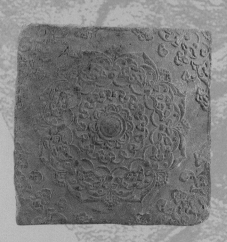

금동 연꽃 봉오리 장식
받침 둘레의 구멍에 못으로 고정시켜 목재 난간의 장식
으로 썼다. 높이 18.8센티미터.

보상화 무늬 전돌
건물 바닥에 까는 전돌에도 아름다운 무늬를 새겼다. 가로
30.5센티미터, 세로 31센티미터, 두께 6.8센티미터.

안압지는 신라 문무왕이 삼국을 통일한 뒤 674년에 궁궐 안에 만든 연못이다. 안압지에서 출토된 유물은 모두 3만여 점이나 된다. 왕과 신하들이 잔치할 때 물에 빠진 것들과 몇 차례의 화재로 인해 들어간 것들, 그리고 신라의 멸망으로 폐허가 된 뒤 남은 것들이 허물어져 쓸려 들어간 것들이다. 기와류, 건축 부재, 불상, 나무 배, 토기와 같은 실생활에 쓰였던 것들이 많이 나와, 당시 궁중 생활의 한 면을 엿볼 수 있다. 또 당나라나 일본과의 문화 교류를 살피는 데도 중요한 자료가 된다.

주사위
높이 4.8센티미터. 14면체인 주사위의 각 면에는 '석 잔 술을 한꺼번에 마시기', '한 잔 다 마시고 크게 웃기', '여러 사람이 코 때리기', '얼굴을 간질여도 꼼짝 않기'와 같은 글이 적혀 있다. 안압지가 있는 궁궐에서 왕과 귀족들이 잔치를 하면서 술을 마실 때, 이런 주사위를 던지며 서로 벌칙을 주면서 놀았던 상황을 짐작할 수 있다.

❶ 금동 문고리 왼쪽 길이 10.4센티미터.

❷ 금동 봉황 장식
발 밑에 둥근 받침이 있고 부리에 고리가 물려 있어 어딘가에 부착했던 장식용으로 보인다. 높이 10.6센티미터.

❸ 청동 가위
초의 심지를 자르는 가위. 동궁 안의 안압지에서 출토되었으므로 왕실에서 썼던 것으로 본다. 그러나 부유한 귀족 집에서도 이와 같은 생활 용품들을 사용했을 것이다.

독립 국가 탐라

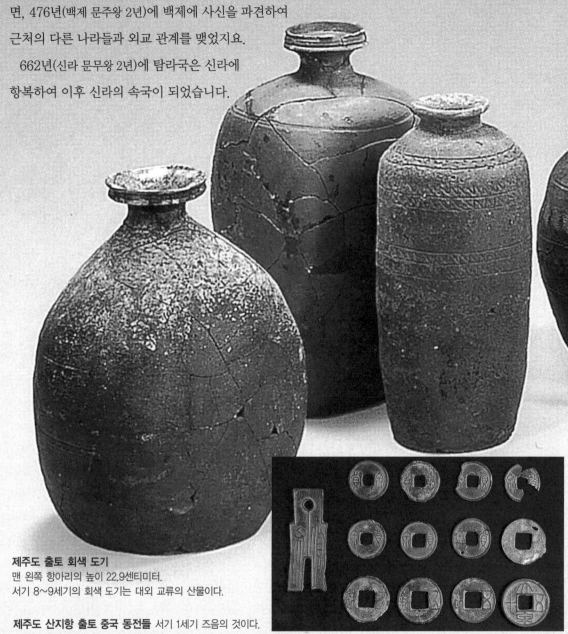

통일신라의 행정 구역 지도에 표시된 탐라. '탐라'는 지금 제주도의 옛 나라 이름으로, '섬나라'라는 뜻이라고 합니다. 제주도에서는 석기 시대부터 사람들이 살았다. 북제주군 애월읍 어음리의 빌레못 동굴이 바로 구석기 시대 사람들이 살았던 흔적을 보여 주는 유적입니다. 옛이야기에 따르면, 탐라국에는 처음 고을나·양을나·부을나라는, 신비한 사람 세 명이 땅 속에서 솟아올라 나라를 세웠다고 해요. 아마 이들을 시조로 하는 세 집단이 모여 살면서 나라를 이루었던 것 같습니다.

탐라는 이미 3세기 무렵에 바다를 건너 남한의 여러 세력과 교역을 했습니다. 공식 기록에 따르면, 476년(백제 문주왕 2년)에 백제에 사신을 파견하여 근처의 다른 나라들과 외교 관계를 맺었지요.

662년(신라 문무왕 2년)에 탐라국은 신라에 항복하여 이후 신라의 속국이 되었습니다.

제주도 출토 회색 도기
맨 왼쪽 항아리의 높이 22.9센티미터.
서기 8~9세기의 회색 도기는 대외 교류의 산물이다.

제주도 산지항 출토 중국 동전들 서기 1세기 즈음의 것이다.

그러나 탐라는 독립적인 국가로서 당나라나 왜하고도 외교 관계를 맺었고, 신라가 멸망한 뒤 고려와도 우호적인 관계를 유지했습니다. 그러다가 1105년(숙종 10년)에 탐라는 고려의 지방 행정 구획의 하나인 군으로 들어감으로써 독립적인 국가로서 활동할 수 없게 된 뒤 지금에 이릅니다.

고내리식 토기
통일신라 이후 탐라에서 유행한 대표적인 토기.

삼성혈(사적 134호)
고을나, 양을나, 부을나가 솟아났다는 구멍.

6

세계로 세계로

해상 무역 왕국, 신라

세계는 넓다

신라는 한반도 동남쪽 귀퉁이에서 작은 나라로 출발했지만, 결코 폐쇄적이거나 고립된 나라가 아니었습니다. 이웃 나라인 당나라, 일본뿐만 아니라 멀리 서아시아 이슬람 왕국과 더 멀리로는 로마와도 교역을 할 정도로 세계를 내다보는 개방된 나라였습니다.

　당나라와는 진평왕 때 처음 외교 관계를 맺었고, 태종 무열왕 때는 나당 연합군으로 백제와 신라를 무너뜨렸습니다. 하지만 문무왕이 신라를 포함한 한반도 전체를 삼키려는 당나라를 몰아낸 뒤, 두 나라는 30여 년 동안 왕래가 없을 만큼 사이가 좋지 않았습니다.

그러다가 성덕왕(재위 702~737년) 때부터 당과 왕래를 다시 시작하면서 신라는 세계로 세계로 해상 무역을 활발히 전개합니다.

또 하나의 세계, 당나라

당나라의 수도 장안〔지금의 시안(西安 : 서안)〕은 중국의 서울일 뿐 아니라, 중국을 중심으로 보았을 때 전 세계의 서울과도 같았습니다. 중앙아시아나 동남아시아뿐 아니라 멀리 이슬람 지역의 사신과 상인들이 줄지어 왕래하는 국제 도시였지요. 따라서 당나라와 사신이 오가고 교역을 하면서 신라는 자연히 중국과 중앙아시아, 서아시아의 문화까지 받아들이게 되었습니다. 신라의 문화는 더욱 넓고 깊어

신라의 교역 범위와 경로

졌습니다.

통일 전 신라는 금·은·동·인삼·우황·머리카락·바다표범 가죽·조랑말과 같은 토산품을 당에 가져갔고, 통일 뒤에는 고급 천과 금·은으로 장식한 공예품 등도 가져갔습니다. 한편 당에서는 비단, 서적, 자기 들을 들여왔습니다.

당나라와 신라 사이에 교역이 빈번해지면서 당나라에는 신라 사람들이 모여 사는 마을도 등장했습니다. 중국 동해안 지역에 있던 '신라방'은 바로 신라 사람들이 직접 꾸려 나가는 마을이었지요. 또 신라 사람들을 통합하기 위해 신라 사람들 스스로 운영하던 자치 기관인 '신라소'도 있었습니다. 당나라 지방 관청의 통제 아래 있긴 했지만요.

신라방 사람들은 주로 바닷길을 이용해 신라와 일본, 당나라를 잇는 해상 무역에 종사하면서, 신라의 고유한 풍습과 종교 생활을 지키며 살았습니다. 그들이 세운 절을 '신라원'이라 했는데, 신라원에서는 당나라의 불교와 다른 신라 불교의 예배 방식에 따라 법회가 치러졌습니다. 그 가운데 장보고가 세웠다는 법화원은 당시에 아주 유명한 사찰이었습니다.

법화원(산둥 반도 적산포)
장보고가 세웠다는 이 절은 당나라가 불교를 탄압할 때 없어졌다가 최근에 복원했다.

신라
경주
울산
일본
교토
동중국 해
중국 해
마닐라

─── 초원길
─── 비단길
─── 바닷길

일본과의 교류

신라가 가야와 백제를 무너뜨리자, 일본은 백제의 부흥 운동을 도와 나당 연합군과 맞서 싸웠습니다. 일본과 신라는 사이가 안 좋을 수밖에 없었겠지요. 그러나 일본은 한반도를 통일한 신라에 계속 등돌리며 살 수는 없었고, 또 고구려 멸망 이후 당나라의 야심에 공동으로 대처해야 할 필요도 있었습니다.

쇼소인에 있는 신라 보물

일본 교토 부근 나라에는 8세기 중엽에 세워진 도다이지[東大寺]라는 절이 있다. 이 도다이지의 쇼소인[正倉院, 155쪽 참조]이라는 창고에 8세기 일본의 왕실과 도다이지에서 사용했던 물건들이 보관되어 있다. 이들 중에는 신라에서 건너간 물건들도 있다. 일본의 왕실과 사원에서 사용하기 위해 신라에서 수입한 고급품들이다. 통일신라의 왕실이나 귀족층에서 사용했을 법한 물건들을 이 곳 쇼소인에서 볼 수 있는 셈이다.

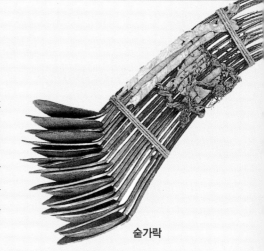

숟가락

양탄자
당시 신라 사람들은 지금과 같은 온돌방에서 생활하지 않았다. 집 안까지 신발을 신고 드나들었고, 걸상이나 평상에 앉거나 누웠다. 왕궁이나 귀족의 집에는 바닥에 나무나 벽돌을 깔고 차갑고 딱딱한 느낌을 덜기 위해 깔개를 깔았다.

신라의 먹

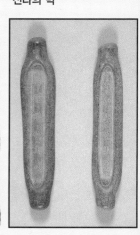

그래서 문무왕 때에 두 나라는 사신을 파견해 외교 관계를 다시
열었는데, 두 나라 사이에 외교 형식을 놓고 갈등이 일었습니다. 서
로 외교 관계에서 우위를 차지하려는 신경전이었지요. 가령 일본은
신라에서 사절이 오면 자기네보다 지위가 낮은 나라에서 온 사신을
맞이하는 듯 대했고, 당연히 신라는 반발했습니다. 또 신라 왕에게 높
은 사람에게 글을 올리는 형식인 '표(表)'를 올리라고 요구하기도 했습

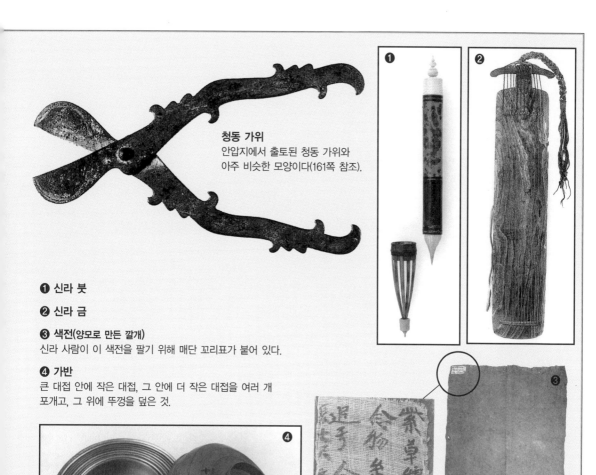

청동 가위
안압지에서 출토된 청동 가위와
아주 비슷한 모양이다(161쪽 참조).

❶ **신라 붓**

❷ **신라 금**

❸ **색전(양모로 만든 깔개)**
신라 사람이 이 색전을 팔기 위해 매단 꼬리표가 붙어 있다.

❹ **가반**
큰 대접 안에 작은 대접, 그 안에 더 작은 대접을 여러 개
포개고, 그 위에 뚜껑을 덮은 것.

만불산

'만불산(萬佛山 : 온갖 불상이 있는 산)'
은 신라 임금 경덕왕(재위 742~765
년)이 중국 황제에게 보낸 공예품으
로, 신라 공예 기술의 극치를 표현했
다고 한다.

"경덕왕이 당의 대종 황제가 불교
를 숭상한다는 말을 듣고, 기술자에
게 명령을 내려 산을 만들게 했는데,
그 산에는 험하고 기이한 바위와 동
굴이 있고, 온갖 춤과 놀이를 하는 사
람들과 여러 나라의 산천이 있었다.
거기에 조금만 바람이 들어가면 벌과
나비가 날고 제비와 참새가 춤을 추
니, 얼핏 보면 진짜인지 가짜인지 분
간하지 못했다. 또 온갖 불상을 안치
했는데, 머리가 큰 것은 콩 반쪽만 했
다. 여기에 금과 옥으로 온갖 꽃과 과
일, 건물을 만들었고 1000명이 넘는
승려와 종도 만들었다. 바람이 불어
종이 울면 승려들이 엎드려 절을 했
는데 염불하는 소리가 나는 듯했다.
이를 본 당 황제가 '신라 사람의 기교
는 하늘이 만든 것이지, 인간의 것이
아니다'고 했다." 《삼국유사》

니다. 결국 779년(혜공왕 15년)을 끝으로 신라는
일본에 공식적인 사신을 파견하지 않습니다.

그러나 국가 간의 공식적인 교류가 단절되었
다 해도, 815년에는 대마도(쓰시마)에 신라 말을
통역하는 기관이 생길 정도로 상인들 사이의 교
역은 활발했습니다.

신라 상인들은 당과 일본을 오가며 당과 신라
의 물건을 일본에 팔아 많은 돈을 벌었습니다.
일본의 귀족들에게 놋쇠로 만든 신라의 물건은
제일 가는 인기 상품이었지요. 신라에서 놋으로
만든 수저, 쟁반, 대접 들이 일본에서 비싸게 팔
렸습니다.

당시 일본으로 건너간 신라의 물건들은 도다
이지의 보물 창고인 쇼소인에서 찾아볼 수 있습
니다. 여기에 보관되어 있는 촛불 심지를 자르
는 청동 가위는 경주 안압지에서 발견된 청동
가위와 아주 비슷합니다.

도다이지의 쇼소인에는 신라의 가야금도 보
관되어 있습니다. 금박의 물결 무늬가 새겨져
있는 등 장식에 있어서도 최고의 정성을 기울여
지금 봐도 너무나 화려한 가야금입니다. 또 당
시 일본 사람들은 신라에서 만든 먹을 최고의
먹으로 여기고 이를 구입하려 애썼는데, 역시

쇼소인에 남아 있습니다. 먹 표면에 '신라(新羅)'라는 글자가 아주 선명하게 찍혀 있답니다. 당시에는 신라의 양털 담요나 인삼도 일본에 수출되었습니다.

신라와 일본 사이의 공식적인 외교 관계가 끊어진 이후에도 신라 상인들은 빈번하게 일본을 드나들며 장사를 했고, 특히 장보고가 이끄는 신라 상인의 활약이 컸습니다.

신라에 들어온 먼 나라

신라 사람들은 중국과 서역, 인도를 넘어 더 멀리 아라비아, 페르시아 계통의 사람들과 교역을 하기도 했습니다. 우리와는 전혀 다른 문화권에서 온 물건들은 매우 독특하고 새로워, 진귀한 것을 찾는 신라의 부유한 귀족들에게 큰 인기가 있었지요. 특이한 냄새가 나는 고급 향료, 생전 처음 보는 공작새의 꼬리털, 초록빛이 영롱한 보석 에메랄드, 그리고 토기나 놋쇠 그릇과는 전혀 달리 그 투명함과 색깔로 눈길을 사로잡는 유리 제품을 당시 귀족들은 매우 좋아했습니다.

이런 물건들은 당나라를 오가던 신라 상인들이 가져오기도 했지만, 이슬람 상인들이 직접 신라에 와서 거래하기도 했습니다. 한 이슬람 학자가 쓴 책에, 신라에서는 황금이 많이 나고 살기가 좋아 이슬람 사람들이 한번 가면 돌아오지 않고 정착해 사는 일이 많다고 했을 정도로, 이슬람 사람들에게도 신라는 잘 알려져 있었습니다.

우리 나라 역사책에 이슬람 사람들이 신라에 와서 살았다는 기록은 전혀 없습니다. 다만 《삼국유사》에 나오는 처용 이야기를 통해 짐

서역
넓게는 중국의 서쪽 지역을 말한다. 이런 의미에서 보면 인도나 서아시아 지역도 서역이 된다. 좁게는 중국이 서쪽으로 진출하면서 교섭을 한 중앙아시아 일대의 도시 국가들을 말한다.

이븐 쿠르다지바(Abu'l Qasim Abadu'l Lah lbn Khurdahibah, 816~912)가 쓴 《도로와 국가들》.

작할 따름입니다.

처용은 동해를 지키는 용의 아들로서 경주에 와서 왕을 도왔습니다. 그런데 어느 날, 질병을 옮기는 한 귀신이 처용이 없는 틈을 타서 처용의 아내와 같이 잠을 잤습니다. 집에 돌아온 처용이 현장을 목격하고도 그 귀신을 용서하자, 귀신은 이에 감동해 처용을 그린 그림만 봐도 도망가겠다고 약속했다고 합니다.

조선 시대까지 이어진 처용무에 쓰인 처용탈은 얼굴이 붉고, 코가 우뚝 솟아 있으며, 턱이 쭈뼛하게 나온 모습을 하고 있습니다. 신라 사람들은 자신들의 모습과 아주 다른 이런 특이한 모습을 보면 질병을 일으키는 귀신도 달아날 거라고 믿었나 봅니다. 그래서 그 뒤로 신라 사람들은 처용 그림을 문에 놓아 붙여 귀신이 들어오지 못하게 했다고 합니다. 그런데 처용의 이런 생김새는 어디에서 온 것일까요?

괘릉(원성왕릉)을 지키는 무인석
서역 사람의 모습을 하고 있다.

울산 앞바다에서 나왔다는 처용은 울산을 통해 신라에 들어온 이슬람 상인을 지칭한다고 보기도 합니다. 당시 신라는 경주에서 가까운 울산항을 통해 다른 나라 사람들과 교류했는데, 그 중에는 멀리 이슬람에서 온 사람들도 있었음을 짐작할 수 있습니다.

신라 사람들은 얼굴 생김새가 다르고, 몸집이 크고 힘이 센 이슬람 사람들에게 뭔가 특별한 능력이 있으리라고 믿었던 모양입니다. 그래서 원성왕(재위 785~798년)의 무덤 앞에 털이 북슬북슬하고, 눈이 움푹 들어가고, 코가 큰 이슬람 사람의 모습을 돌에 새겨, 원성왕의 무덤을 지키는 무사로

처용탈

처용탈은 본디 귀신을 쫓기 위해 무서운 얼굴로 만들었으리라 짐작되지만, 현재 전하는 처용탈의 표정은 마치 삼국 시대 한 영감님의 얼굴을 표현한 토우처럼 인자하고 순박해 보인다. 신라 시대에는 주로 귀신을 쫓기 위해 처용무를 추었지만, 고려 시대에는 놀이와 연희로서의 오락적 성격이 강해져 얼굴 생김새가 달라졌으리라 추측하는 학자가 많다. 표정은 인자하지만 얼굴의 골격은 통일신라 때 외국인을 표현한 듯한 토우처럼 날카롭다.

근대 이후 만들어진 처용탈

영감 얼굴 토우
경주 황남동 출토, 삼국 시대, 높이 9.8센티미터.

조선 시대의 책 《악학궤범》 (1493년)에 있는 처용탈 그림

날카로운 얼굴 토우
경주 황성동, 7세기, 높이 17.8센티미터.

사자춤

산예(狻猊)는 멀고먼 사막을 건너 만리길을 오느라고   遠涉流沙萬里來
털옷은 다 찢어지고 먼지를 뒤집어썼네.   毛衣破盡着塵埃
머리를 흔들고 꼬리를 치며 인덕을 길들이니   搖頭掉尾馴仁德
뛰어난 그 재주가 어찌 온갖 짐승과 같으랴.   雄氣寧同百獸才

　　　　　　– 《삼국사기》에 실린 최치원의 〈향악잡영(鄉樂雜永)〉에서
　　　　　　　　　전경욱(고려대 국어교육과 교수) 옮김

12세기 일본에서 만들어진 책 《신서고악도》에 실려 있는 사자놀이. 오늘날의 북청 사자놀이와 똑같다.

만든 것이 아닐까요?

　먼 나라의 물건들은 삼국 통일 이전에도 신라에 들어왔습니다. 5세기 때의 신라 무덤에서 페르시아나 로마의 유리 제품들과 서역 분위기로 화려하게 장식한 칼, 그리고 먼 나라 여성의 얼굴이 새겨진 목걸이가 출토되었습니다. 이미 이 때부터 신라 사람들은 먼 나라 사람과 물건을 만났던 것입니다.

　먼 나라에서는 사람이나 물건만이 아니라, 음악과 춤, 놀이도 들

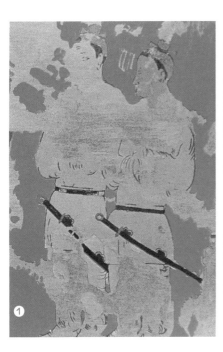  

❶ 아프라시압 궁전 벽화 속의 한국인
중국과 티베트의 서쪽에 있는 우즈베키스탄의 수도 사마르칸트. 그 곳의 6~7세기 왕궁인 아프라시압 궁전 유적에서 벽화가 발견되었는데, 벽화 속에 삼국 시대 우리 조상의 모습이 틀림없어 보이는 인물이 두 명 있었다. 이들 두 사람이 허리에 찬 고리큰칼은 고구려, 백제, 신라에서 널리 쓰던 칼이다. 이 그림에서 당시 삼국이 사마르칸트까지 사신을 보냈음을 알 수 있다.

❷ 사자 조각(경주 출토, 8~9세기, 높이 99센티미터)
사자가 우뚝 일어선 뒷모습을 조각한 이 돌이 어디에 쓰였는지는 아직 밝혀지지 않았다. 어떤 건물의 모서릿돌이었을까?

❸ 장식 보검(경주 계림로 14호 무덤)
삼국 시대의 고분에서 흔히 출토되는 환두대도와 달리 형태와 문양이 특이하다. 카자흐스탄 보로웨이에서 출토된 보검 및 키질 동굴 벽화에 나타난 보검과 양식이 같아서, 이 지역과의 교류를 짐작케 한다.

어왔습니다. 신라의 유명한 학자 최치원은 처용무와 같이 신라에서 유행하던 탈놀이를 비롯한 여러 놀이를 소재로 시를 읊었는데, 이 중 사자춤은 지금의 북청 사자놀이나 봉산 탈춤에서 노는 사자놀이와 비슷합니다. 사자는 우리 땅에서 전혀 볼 수 없는 동물이므로 사자 탈을 쓰고 노는 놀이는 먼 나라에서 온 것이 분명합니다. 어떤 학자들은 사자놀이가 서역에서 중국으로 들어갔다가 다시 한국과 일본에 전해졌다고 봅니다.

❹ 상감 옥 장식 목걸이(경주 미추왕릉 지구, 5~6세기, 길이 24센티미터, 보물 634호)
목걸이에는 사람 얼굴, 새 모양 등이 새겨져 있다.
❺ 경주 황남대총에서 나온 로만 글라스(높이 24.7센티미터)
이 그릇은 지중해 연안 팔레스타인에서 만들어진 것으로 보이는데, 특히 봉황새 머리 모양 (鳳首形) 유리병은 지중해 지역에서 유행한 형태로 포도주를 담는 병으로 쓰였고, 오이노코에(Oinochoe)라고 불렀다.
❻ 그레코-로만 박물관에 소장되어 있는 오이노코에
알렉산드리아 시내의 로마 시대 네크로폴리스 유적인 샤트비 출토품으로, 4~5세기의 작품으로 추정된다. 몸체의 색깔만 다를 뿐 크기, 모양, 비율, 기법 등 모든 면이 황남대총에서 나온 로만 글라스와 비슷하다.

번화한 시장

삼국을 통일하기 전에는 시장 하나로도 충분했지만, 통일 뒤에 영토가 넓어지고, 인구가 늘어나고, 나라 살림이 커진데다 다른 나라들과도 활발히 교류하면서 경주에는 시장이 두 군데 더 생겼습니다.

옷감 파는 가게, 쇠 연장 파는 가게, 놋으로 만든 물건을 파는 유기전, 고깃간, 기름 가게에는 많은 사람들이 북적거렸습니다. 생활 필수품만이 아니라, 귀족을 위한 사치품을 파는 가게도 여럿 있었습니다. 일반 백성은 사용하지 못하는 화려한 비단 신발, 파란색 보석으로 장식한 머리빗, 은은한 무늬에 보기에도 황홀한 금박을 입힌 천들, 게다가 중국에서 건너온 귀한 도자기나 고급 향료, 그리고 더 먼 나라에서 들어온 에메랄드 같은

찬란한 보석들, 아주 예쁜 무늬로 짠 양탄자, 심지어

장식용 공작새 꼬리털도 있었습니다.

시장에는 각각 시장 문을 여닫는 일, 저울이나 자의 눈금을 속이지 않는지 감시하는 일, 가게 주인과 손님 간의 다툼을 중재하는 일, 가게가 벌어들인 수입에서 세금을 거두는 일 들을 맡은 감독 관청도 있었습니다.

지금도 5일장 같은 데를 가면 노래와 춤을 추면서 물건을 팔려는 사람들이 있지요? 국밥집도 있고요. 당시 경주 시장에도 간단히 점심을 먹거나 술을 먹을 수 있는 가게가 있었고, 사람을 끌기 위해 노래를 부르고 춤을 추는 사람들이 있었답니다. 또 시장에서 노비들을 팔고 사기도 했습니다.

해상왕 장보고

외국과 활발히 교류하게 되면서 많은 신라 사람들이 당나라로 건너 갔습니다. 유학이나 불교를 공부하러 가기도 하고, 새로운 기회를 찾아, 혹은 살 길을 찾아 떠나기도 했습니다. 당나라에 건너가 살게 된 신라 사람 중에는 큰 부자가 된 사람도 있고, 많은 부하를 거느리고 상당한 힘을 행사하는 사람도 생겼습니다.

신라뿐 아니라 일본이나 발해 등 이웃 나라에서 유학생이 많이 오자, 당나라에서는 유학생들만 따로 과거 시험을 보는 제도를 만들었습니다. 최치원은 이 과거에 급제해 당나라에서 관리로 일한 사람입니다.

부처님의 말씀을 배우러 당나라로 간 승려도 많았습니다. 그 중에는 부처님의 고향인 인도로 직접 공부를 하러 간 사람도 있었지요. 신라의 승려 혜초가 그런 사람이었는데, 그는 그 때의 경험을 《왕오천축국전》(往五天竺國傳 : 다섯 천축국, 곧 인도에 다녀온 이야기)이라는 유명한 책으로 남기기도 했습니다.

그런데 9세기에 들어서면서 신라와 당나라는 다 같이 국가 체계에 빈틈이 드러나기 시작했습니다. 그 동안 억눌렸던 백성들이 귀족과 왕실에 불만을 나타내고, 지방에서는 힘 있는 사람들이 중앙 정부를 대신해 백성들에게 영향력을 행사하기 시작했습니다. 중앙의 통제력이 무너지면서 국가 간 해상 무역에서도 해적질을 일삼는 사람들이 늘어났지요. 해적들이 신라 사람들을 잡아다 당나라에 노비로 팔아먹는 일도 자주 일어났습니다.

　일찍부터 당나라에 건너가 지방에서 군인으로 생활하던 장보고는 신라 사람들이 당하는 고통을 보고 가만히 있을 수가 없었습니다. 828년 그는 신라로 돌아와, 왕에게 해적을 물리치겠노라고 합니다. 이에 흥덕왕(재위 826~836년)은 청해진(지금의 전라 남도 완도)에 진지를 짓고 해적을 소탕하게 했습니다. 청해진을 거점으로 한 장보고의 활약 덕분에 당나라와 일본 사이를 오가는 무역선들은 다시 안전하게 항해할 수 있게 되었지요.

• 신라인 집단 거주지　　　**장보고 선단의 활동 범위**

장도 전경
청해진 터는 완도 장좌리 장
도와 주변 일대로 짐작된다.
최근 발굴 조사를 통해 장도
에서는 성터와 우물 등이,
바닷가에서는 방어를 위해
설치한 것으로 보이는 나무
울타리 흔적이 확인되었다.

　청해진은 경주와 아주 멀리 떨어진 외딴 곳이라서 정부의 간섭이
덜 미쳤습니다. 장보고는 이 곳에서 많은 군대를 거느리고 당나라와
일본 사이에서 대규모로 무역을 하여 큰돈을 벌어들였습니다. 이제
장보고의 세력은 중앙 정부에서도 무시할 수 없을 정도로 강해졌습
니다. 중앙의 왕위 쟁탈 싸움에서 패배한 사람들이 장보고의 보호를
받기 위해 찾아올 정도였으니까요.

　희강왕(재위 836~838년)과 왕위를 다투다가 패한 김우징은 자신이
거느린 사람들을 데리고 청해진으로 도망해서 장보고에게 보호를 요
청했습니다. 이에 장보고는 군대를 이끌고 경주에 가서 희강왕 뒤를
이은 민애왕(재위 838~839년)을 살해하고 김우징을 신무왕(재위 839
년)으로 올려 놓았습니다. 그리고 신무왕의 아들 문성왕(재위 839~
857년)이 장보고를 '진해장군(鎭海將軍)'으로 임명합니다.

완도 앞바다에서 발견된 고려의 배
11세기 무렵의 것으로 추정되지만 9~10세기 통일신라 때 바다를 누비던 배도 이와 비슷하지 않았을까? 최대 길이 약 9미터, 최대 너비 약 3.5미터, 배의 깊이 약 1.7미터로 10톤 가량의 짐을 실을 수 있다.

    막강한 부와 군사력을 쥔 장보고는 부러울 게 없었습니다. 한 가지 아쉬운 것이 있다면, 신분이 낮고 나라의 변방인 섬에 있다는 이유로 경주의 귀족들과 어깨를 나란히 하지 못한다는 점이었습니다. 장보고는 자신의 딸을 문성왕의 둘째 왕비로 삼아 신분의 결함을 메워 보려 했지만, 중앙의 귀족들은 "섬 사람의 딸을 어찌 왕비로 들일 수 있는가" 하고 반대했습니다. 신분의 벽을 뼈저리게 느낀 장보고는 고민 끝에 반란을 일으킵니다. 하지만 신라의 중앙 정부는 자객을 보내 장보고를 암살하고 반란을 진압했지요.

    이렇게 해서 낮은 신분으로 당나라에 건너가 힘을 키우고, 다시 고국으로 돌아와 동북아시아 해상을 주름잡던 장보고의 꿈은 사라지고 말았습니다. 뿐만 아니라 장보고의 죽음으로 신라 사람들의 해상 활동과 무역도 쇠퇴의 길을 걷게 됩니다.

7

세계를 품에 안았으나 아이가 운다

통일신라 사람의 삶과 문화

의식주 생활

먹을거리

삼국 시대 신라 사람들은 콩과 보리를 주로 먹었습니다. 벼농사의 흔적은 이미 청동기 시대부터 보이지만, 기후의 영향을 절대적으로 받고 물 관리 기술이 없었던 그 무렵에는 많은 양을 재배할 수가 없었지요. 그러나 쌀이 다른 곡식보다 맛이 좋은데다가 농사만 잘 되면 한꺼번에 많은 수확을 할 수 있어서 벼농사에 다양한 노력을 기울였습니다.

마침내 6세기 이후 저수지 시설과 같은 농사 짓는 기술이 발달하면서 점차 쌀농사를 많이 짓게 되었습니다. 그러나 모든 사람이 쌀밥을 먹지는 못했어요. 일반 백성들은 자기네 손으로 벼농사를 지었어도 수확한 것은 나라나 귀족에게 바치고, 자신들은 주로 보리밥이나 조, 콩, 도토리 같은 잡곡밥을 먹었지요. 그나마 흉년이 들면 나무 껍질로 배를 채워야 했고요.

반찬으로는 채소와 생선, 해조류, 짐승의 고기를 먹었습니다. 그리고 이들을 조리할 때 콩을 발효시켜 만든 된장과 기름, 산초, 생강 같은 것을 넣어 맛을 냈답니다.

모든 음식에 빠져서는 안 되는 양념이 있다면 그것은 소금입니다. 사실 김치도 17세기 조선 시대에 고춧가루가 우리 나라에 들어오기 전에는 단지 소금에 절여서 만든 음식이었습니다. 사람은 소금을 섭취하지 않으면 생명을 유지하기 힘듭니다. 그렇지만 소금은 아무 데서나 나는 것이 아니어서, 소금이 나지 않는 곳에서는 어떻게 해서든 생산지에서 소금을 공급받아야 했습니다. 이렇게 중요한 소금이었기 때문에 당시 소금은 쌀과 함께 아주 귀중한 물품으로 취급되었습니다.

밥은 쇠솥에 지어 먹었습니다. 음식물을 담는 그릇은 대개 나무로 만들어 썼고, 토기나 유기도 많이 썼습니다. 숟가락과 젓가락도 사용했는데, 왕실이나 일부 귀족들은 청동으로 만든 수저를 썼지만 거의 나무로 만든 것을 사용했습니다.

산초

고춧가루가 없던 시절에는 산초가 주된 양념이었다. 요즘도 추어탕이나 장어국 등에 넣어 먹는다.

더욱 다양해진 옷

현재 우리가 입는 우리 민족의 고유한 의상은 삼국 시대에 자리 잡았습니다. 중국처럼 원피스 모양이 아닌, 저고리에 바지나 치마가 따로 된 옷이지요. 여기에 머리에는 모자를 쓰고, 허리띠를 사용하고, 신발을 신어서 몸을 완전히 감싸는 형태를 갖추었습니다. 저고리는 활동이 편하도록 여자와 남자 모두 엉덩이를 덮을 정도로 길게 입었는데, 멋을 내기 위해 깃이나 소맷부리에 다른 색 천을 덧대기도 했습니다.

고대 사회는 신분에 따라 모든 것이 결정되는 사회였습니다. 옷을 입는 것도 신분에 따른 차별이 있었지요. 귀족은 소매가 길고 넓으며 자락이 긴 저고리와 통이 넓은 바지를 입기도 했습니다. 일을 안 하는 계급으로서 자신들의 지위를 옷으로 표현한 것이지요.

신분에 따른 옷차림의 차이는 관리들에게도 적용되었습니다. 관직의 높낮이에 따라 옷 색깔이나 장식, 모자 모양이 달랐습니다. 특히 신라의 관복은 색깔을 엄격히 구별했습니다.

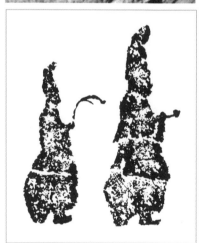

바위에 새겨진 신라 옷
경주 건천읍 단석산 신선사에는 ㄷ자 모양으로 둘러선 절벽이 있고, 이 절벽에 7세기 전반 무렵에 새겨진 것으로 알려진 여러 불상이 있다. 불상 조각 가운데 버선 같은 모자를 쓰고 통이 넓은 바지를 입은 두 남자가 한쪽 무릎을 꿇고 무언가를 바치고 있다.

중국과 교류하기 시작하면서 중국의 옷차림도 많이 받아들였는데, 통일신라 이후에는 당의 옷차림이 지배층을 중심으로 널리 유행했습니다. 당시 동아시아 세계의 중심은 중국으로, 당나라 옷은 국제적으로 통용되는 옷이었지요. 그것은 선진 문화의 상징과도 같은 것으로서, 마치 20세기의 양복과 같은 구실을 했습니다. 그러나 당나라 옷이 유행한 것은 왕실과 귀족층 일부에만 해당되었을 뿐, 일반 평민은 고유한 우리 옷을 그대로 입었습니다.

　시간이 지날수록 귀족들은 사치욕이 심해졌고, 신분의 위아래 구별 없이 외국에서 들어온 사치품을 숭상하는 풍습이 생겼습니다. 흥덕왕은 이러한 풍조를 막고, 신분에 따른 복식 질서를 바로잡기 위해 진골 귀족과 6두품, 5두품, 4두품, 평민의 복식을 엄격히 구별하게 했습니다. 그러나 실제로 이런 구분은 잘 지켜지지 않았어요. 진골 귀족들은 옷에다 금은박을 하기도 하고, 에메랄드로 치장하는 등 사치가 매우 심했습니다.

토용으로 본 통일신라의 옷차림

통일 전 무덤에 껴묻은 토우는 대개 토기를 장식하는 부속품이었다. 인물이나 동물을 섬세하게 표현하지 않고 그 특징을 잘 잡아 매우 작게 만들었다. 그런데 통일 뒤의 신라 무덤에서 나온 토용은 토기에 붙은 채가 아니라 따로 나왔다. 이렇게 세밀한 인물 조각을 무덤에 껴묻는 것은 중국에서 비롯된 문화이다. 토용의 옷차림, 꾸밈새에서는 중국풍이 강하게 느껴진다. 이들 토용을 보고 신라 지배층 사람들이 어떤 옷을 입었는지를 읽을 수 있다.

경주 용강동에서는 다양한 모양의 토용이 나왔다.
가장 큰 왼쪽 토용의 높이 20.5센티미터.

집

석기 시대와 청동기 시대에는 땅을
파고 지붕을 덮는 움집을 지었지만,
나무를 쉽게 다듬을 수 있는 쇠도끼
등 철기를 사용하게 되면서 완전히

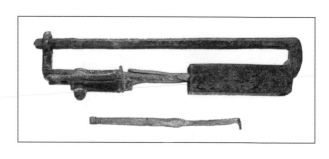

땅 위에 집을 짓고 지붕을 근사하게 올리게 되었습니다. 일반 사람
들은 흙벽과 풀로 초가집을, 또 나무가 많은 곳에서는 나무만으로
짜 올려 귀틀집을 짓고 살았지요. 하지만 왕궁이나 사찰, 관청, 귀족
의 집은 나무와 흙과 기와를 사용했습니다.

안압지 출토 자물쇠와 열쇠
8~9세기, 길이 33.8센티미터.
쇠로 만들었다.

  헌강왕(재위 875~886년) 때는 경주의 기와집에서 땔나무 대신에
숯으로 불을 피워 음식을
만들었다고 합니다. 전하

죽은 이의 뼈를 담은 집 모양 그릇
경주 복근동 출토, 8세기, 높이 43.4센티미터.

는 이야기이니 경주에 사는 모든 사람이 그랬다고는 할 수 없고, 당시 경주에서는 궁궐이나 관청뿐만 아니라 많은 사람이 기와집을 짓고 살았음을 짐작할 수 있습니다.

또 통일신라 시대 귀족들이 '금입택(金入宅 : 금을 입혀 장식한 집)'과 '사절유택(四節遊宅 : 계절에 따라 머무는 별장)'을 지어 사치스러운 생활을 한 것과 달리, 백성들의 형편은 사뭇 달랐습니다. 경주 밖의 지방에 사는 농민들은 초가나 움집에서 살았습니다. 그나마 반듯한 초가는 행세깨나 하는 사람들이 살았고, 대부분은 간단한 초가나 움집을 짓고 사는 게 고작이었습니다.

우리 땅의 겨울은 매섭습니다. 매서운 겨울을 따뜻하게 나기 위해서는 난방 시설이 필요합니다. 우리 조상들은 우리 나라 특유의 온돌을 만들어 추위를 이겨 냈습니다. 오늘날과 같이 방바닥 전체를 따뜻하게 하는 온돌은 조선 시대 이후에야 널리 쓰인 방식입니다. 신라 시대에는 방 안에 부엌을 만들어 요리를 하면서 그 불기운으로 추위를 막았습니다. 귀족의 집에는 쪽구들을 놓기도 했을 것입니다. 쪽구들은 방 한쪽에 흙으로 'ㅡ'자나 'ㄱ'자 모양 침상(구들)을 만든 뒤, 방 밖이나 안에 있는 아궁이에 불을 때서 그 불기운으로 구들을 데우는 난방 시설입니다. 《아! 그렇구나 우리 역사》 2권에서 쪽구들의 구조를 본 기억이 나지요?

글공부

최치원이 쓴 전액 "唐海東故眞鑑禪師碑"

한자를 빌려 우리말을 글로 표현하기 시작하면서, 나라를 다스리는 데 필요한 여러 가지 글을 쓰거나 자신의 생각을 표현하고 전하려면 반드시 글공부를 해야 했습니다.

　신라에서는 많은 사람이 글공부를 했지만, 특히 진골보다 신분이 낮은 6두품 사람들이 글공부에 더욱 열심이었습니다. 진골은 신분이 높기 때문에 출세하기 위해 반드시 높은 학식을 쌓을 필요가 없었지만, 6두품은 관리로 나가 출세를 하기 위해서는 글재주가 뛰어나다든지 학식이 높다든지 하는 특기가 있어야 했기 때문입니다.

　신문왕은 체계적으로 글공부를 한 인재가 필요함을 느껴 국학(관리를 양성하는 국립 대학)을 세웠습니다. 국학에서는 《논어》와 《효경》을 기본으로 하고, 그 밖에 《예기》, 《주역》, 《춘추좌씨전》, 《상서》 들과 같은 유교의 기본 경전을 가르쳤습니다. 국립 대학(국학)에서 유교의 기본 경전을 교과서로 선택한 것은, 나라를 다스리는 기본 법률이 대개 중국에서 들여온 것으로 유교 경전을 바탕으로 했기 때문입니다. 중국의 학문과 사상에는 여러 갈

쌍계사의 진감선사비
887년(정강왕 2년) 건립. 최치원이 왕명에 따라 비문을 짓고, 전액(篆額:머리글, 제목)과 비문의 글씨도 썼다.

래가 있지만, 나라를 다스리는 데 요긴한 학문은 유교에서 출발했습니다.

이는 7세기의 유명한 문장가로서 중국 황제에게 보내는 편지를 훌륭하게 써서 이름이 난 강수(强首)의 말에서도 알 수 있습니다. 강수

신라의 인장

여러분 중에는 벌써 자기 도장을 가진 친구가 있을지도 모르겠다. 은행에서 예금을 찾을 때 내가 이 계좌의 주인이노라 하고 자신을 증명하기 위해 찍는 것이 인장(도장)이다. 요즘은 서명으로 대신하는 경우도 많지만.

인장은 이렇게 금·은이나 옥·나무·돌에 글씨나 그림 또는 무늬를 새긴 것으로, 이를 찍어서 개인이나 단체를 증명하는 기능을 한다. 요새 도장은 흔히 종이에만 찍는 것으로 생각하지만, 종이가 발명되기 전에는 진흙이나 밀랍에 찍었다. 종이를 사용하면서 인주를 묻혀 사용했다.

처음에는 실용적인 목적으로 사용했겠지만, 인장은 점차 사용하는 사람의 품격을 반영하는 격식과 예술적 가치를 가진 것으로 여겨졌다.

인장은 면(面), 문(文), 신(身), 뉴(紐)로 구성된다. 인장의 바닥에 해당되는 '면'에는 글씨나 기호, 그림을 새기는데 이를 '문'이라고 한다. 신은 인장의 몸체 부분에 해당한다. 뉴는 몸체 윗부분에 있는 꼭지(손잡이)로, 여기에 동물 형상 등을 조각하기도 한다.

곱돌도장(경주 황남동)　　청동도장(경주 황룡사 터)　　나무도장(경주 안압지)　　돌도장(경주 동천동)

는 어려서부터 글을 읽고 그 뜻을 잘 알아서 총명하기로 유명했습니다. 하루는 아버지가 강수에게 불교를 배울지, 유교를 배울지 물었습니다. 강수는 "불교는 사람이 살아가는 사회를 떠나 깨달음을 얻으려는 가르침이라고 들었는데, 저는 인간으로서 사람들과 함께 살아가는 길을 택해 유교를 배우고자 합니다"고 대답했습니다.

오늘날에도 더 많은 공부를 하기 위해 다른 나라로 유학을 가는 사람들이 많습니다. 당시 신라에서도 많은 사람이 당나라로 유학을 떠났습니다. 그러나 공부를 많이 하고 신라로 돌아온 이들 중에는 신분의 벽에 부딪혀 좌절하는 경우도 있었습니다. 대표적인 사람이 최치원입니다.

최치원은 6두품 신분으로, 당나라에서 유학생들을 대상으로 하는 과거(빈공과라고 합니다)에 급제하여 관리로 생활하다가 신라에 귀국했습니다. 그러나 진골 귀족이 아니라는 이유로 나라의 중요한 일을 결정하는 높은 관직에 오를 수 없었지요. 최치원은 뜻이 있으나 뜻을 펴지 못하는 현실을 한탄하며 이곳 저곳을 떠돌다가 해인사에서 생을 마감했습니다.

그러나 진골이라고 해서 다 글공부를 등한히 한 것은 아닙니다. 성덕왕 때 김대문이라는 사람은 화랑들의 이야기인 《화랑세기》나 경주 이야기인 《계림잡전》, 승려들의 이야기인 《고승전》 같은 책을 쓰기도 했습니다.

종교 생활

불교가 융성하다

삼국 전쟁을 거치면서 신라 사람들은 전쟁이라는 혹독한 현실 속에서 삶의 불안을 많이 느꼈습니다. 이에 인간사의 고통을 초월하게 해 준다는 불교의 가르침이 점차 사람들의 가슴에 젖어들기 시작했습니다.

또한 불교의 가르침을 왕실과 귀족 같은 지배층뿐만 아니라 일반 백성에게도 널리 알리려는 승려들의 노력은 많은 사람들을 불교의 품에 끌어들였습니다. 혜숙은 귀족들이 쓸데없이 사냥을 일삼아 고기를 즐겨 먹는 살생을 비판했고, 혜공은 삼태기를 지고 춤추며 거리를 돌아다니면서 불교의 가르침을 백성들에게 알렸습니다. 원효는 승려가 아닌 보통 사람도 부처의 가르침을 잘 따르면 극락에 갈 수 있다고 하면서, 스스로 승려의 신분을 버리고 보통 사람 옷을 입고 춤추고 노래하며 불교의 가르침을 널리 알렸습니다. 이들의 노력으로 인간 이하의 대접을 받던 노비들도 불교를 믿고 따르면서 현실의 고통을 견딜 수 있었습니다.

통일신라 시대에 일반 백성들이 불교를 더 잘 이해하고 믿게 된 것은, 불교를 공부한 많은 승려들이 백성들에게 불교의 가르침을 쉽게 가르쳐 주었기 때문이기도 합니다. 그 중에서도 원효는 가장 뛰어난 승려였습니다. 끊임없이 공부한 원효는 누구보다도 부처님의 가르침을 잘 이해했고, 그만큼 일반 백성에게 불교를 잘 전달할 수 있었지요. 종교나 철학을 공부하다 보면 어떻게 해석하는 것이 옳으

부석사 무량수전 앞 안양루에서 바라본 소백산맥 전경(위)과 부석사 선묘각에 걸려 있는 선묘 낭자 초상화(오른쪽)
의상이 당나라에서 유학할 때, 그를 사랑한 여인 선묘는 용이 되어 신라로 귀국하는 의상의 바닷길을 엄호했다. 또한 선묘는 의상이 부석사를 지을 때 큰 바위로 변한 채 공중에 떠서 방해하는 무리들을 물리쳤다고 한다.

냐를 놓고 논란이 되는 문제가 생기게 마련인데, 원효는 그러한 문제들을 자기 방식으로 해결했고, 그 해석의 경지가 매우 높아 당시 중국에서도 훌륭하다는 평가를 받았습니다.

중국에서 불교 공부를 하고 돌아온 승려도 많았습니다. 통일 전의 원광과 자장, 통일기의 의상, 그 뒤의 원측은 중국에서도 이름이 널리 알려졌습니다.

중국에서 10년 가까이 불교 공부를 하고 돌아온 의상은 문무왕이

경주 남산 용장사 터에 있
는 3층 석탑(보물 186호)
높이 4.41미터.

수도에 성을 새로이 쌓으려 하자, "왕의 정치가 밝으면 풀로 경계를
정해 놓아도 재앙이 없지만, 정치가 밝지 못하면 긴 성을 쌓더라도
재앙이 그치지 않을 것입니다"고 충고하여 백성들이 성을 쌓는 수고
를 덜어 주었습니다. 또 의상은 왕이 토지와 노비를 내리자, "불교의
가르침에 모든 사람이 평등하다 했고, 재물을 모으는 것은 옳지 않
다고 했습니다"며 거절했습니다. 부처님의 가르침을 일상 생활에서
실천하려고 노력한 것이지요.

　통일신라 시대에 불교가 얼마나 융성했는지는 경주 일대에 지어
진 사찰의 수와 규모만으로도 짐작할 수 있습니다. 《삼국사기》나
《삼국유사》에는 신라 시대의 사찰 이름만도 100여 개나 나오는데,
그 중 대부분이 경주에 있었습니다. 이 정도라면 《삼국유사》에 쓰인
대로 "절은 별처럼 흩어져 있고 탑은 기러기가 나는 것처럼 늘어섰

194 통일신라

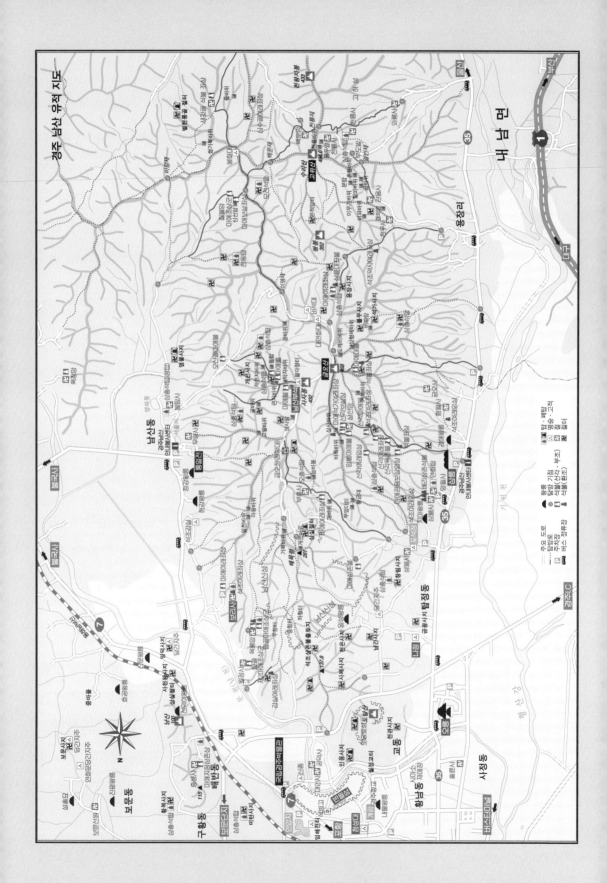

경주 남산 유적 지도

다"고 할 만하겠지요?

경주 남산은 경주 사람들에게 불교 신앙의 요람이었습니다. 남산은 그 자체가 거대한 사찰이요 박물관이라 할 만큼 크고 작은 사찰과 불상으로 가득합니다. 지금까지 발견된 절터는 110여 곳이나 되며, 바위에 새겨진 불상도 80여 개, 크고 작은 탑이 60여 개나 됩니다. 1500여 년이 지난 지금도 남아 있는 것이 이렇게 많으니, 당시의 남산이 어떠했을지 충분히 짐작할 만하지요?

경주 시내에도 절이 많았는데 경주 사람들이 특별히 남산을 찾은 것은 왜일까요? 그건 불교가 들어오기 훨씬 전부터 산을 신성한 곳으로 여긴 터라, 불교를 믿게 되면서 부처님의 영험한 힘이 남산을 통해 더 잘 드러난다고 생각했기 때문입니다.

불교가 가르쳐 준 것

불교가 크게 융성하면서 부처님의 가르침은 사람들의 생활에 많은 영향을 끼쳤습니다. 부처님은 욕심을 버리고 바르게 생활하며, 다른 사람뿐 아니라 동물도 업신여기지 말고 생명을 소중히 여기라 했으며, 모든 사람은 기본적으로 평등하다고 가르쳤습니다.

《삼국유사》에는 화려한 옷을 입고 말을 타고 다닌 유명한 승려가 누더기를 걸친 승려를 우습게 여기다가 망신당하는 이야기가 나옵니다. 경흥이라는 유명한 법사가 말을 타고 왕궁에 들어가려고 하는데, 차림새가 남루한 승려가 석장 끝에 삼태기를 짊어지고는 말을 내리는 곳에서 쉬고 있었습니다. 그 삼태기에 썩은 냄새가 나는 마른 고기가 들어 있으므로, 법사를 모시는 시자가 "스님의 몸으로 어찌하여 탁한 물건을 가지고 있소?" 하고 질책했습니다. 그 승려는 태연하게 "산 고기를 두 가랑이 사이에 끼고 다니는 것과 시장의 말린 고기를 등에 지고 다니는 것 중에 어느 것이 더한가?" 하고 떠나 버렸습니다. 이에 경흥은 문수 보살께서 나타나 승려의 몸으로 말을 타고 다니는 자신을 훈계한 것이라 깨닫고 다시는 말을 타지 않았다고 합니다. 본분에 맞지 않는 욕심을 부끄러워하라는 가르침이 담긴 이야기입니다.

승려 혜통에 관한 이야기에는 다른 생명체를 존중하고 생명을 소중히 하라는 가르침이 담겨 있습니다. 역시 《삼국유사》에 실린 이야기입니다.

혜통이 승려가 되기 전에 개울가에서 수달 한 마리를 잡아 죽이고 그 뼈를 버렸습니다. 이튿날 새벽에 가서 보니 그 뼈가 없었습니다. 그런데 근처에 핏자국이 나 있어 이를 따라가 보니 어떤 동굴에 이르렀습니다. 그는 동굴 안에서 놀라운 광경을 보았습니다. 자신이 잡아 죽인 수달이 가죽과 살도 없이 앙상한 뼈만 남은 몰골로 다섯 새끼를 껴안은 채 쭈그리고 앉아 있었던 것입니다. 이에 혜통은 크게 깨달아 승려가 되었고, 한평생 부처님의 가르침에 따라 살았다고 합니다.

《삼국유사》에는 승려 정수의 이야기도 있습니다. 눈이 많이 내리는 겨울날, 길을 가던 정수는 한 여자 거지가 땅바닥에서 아이를 낳고 얼어 죽을 지경이 된 모습을 보았습니다. 너무나 불쌍한 나머지 자기 옷을 벗어 덮어 주고 안아 주니 그 거지와 아이가 살아났습니

신라 경덕왕 때에 욱면이라는 여자 노비가 있었는데, 그 주인은 매번 미타사라는 절에 가서 부처님께 예배하고 부처님의 이름을 불렀다. 욱면도 매번 주인을 따라와서 염불을 했다. 주인은 욱면이 노비 주제에 일은 안 하고 건방지게 자기를 따라 염불을 한다는 이유로, 매일 많은 곡식을 하루 저녁에 다 찧게 했다. 욱면은 초저녁에 다 찧어 놓고 다시 절에 와서 염불하기를 밤낮으로 게을리 하지 않았다.

절에 있는 승려와 신분이 높은 신도들은 이 노비가 부처님을 모신 불당에 들어가지 못하게 했다. 그래서 욱면은 절 마당에서 열심히 염불을 했다. 그러던 어느 날, 갑자기 공중에서 "욱면은 불당에 들어가서 염불하라"는 소리가 들렸다. 절 안에 있던 사람들이 그렇게 하라고 하여 욱면은 불당에 들어가 열심히 염불했다. 그랬더니 갑자기 하늘에서 아름다운 음악이 들려오면서 욱면의 몸이 솟아올라 지붕을 뚫고 하늘로 날아올랐다. 욱면은 부처님이 되어, 부처님과 훌륭한 일을 한 사람들이 영원히 행복하게 사는 극락 세계로 날아갔다.

《삼국유사》에 실린 이 이야기는 '모든 인간은 평등하고, 따라서 신분이나 돈이 많고 적음에 관계 없이 누구나 자기가 맡은 일을 열심히 하고 진실한 마음으로 살면 부처님이 될 수 있다'는 불교의 가르침을 잘 전해 준다. 욱면의 주인은 극락 세계에 가고 싶어 절에 와서 열심히 부처님을 모셨으나, 자기보다 신분이 낮다 하여 노비를 업신여기고 미워했다. 이러한 마음으로는 극락 세계로 갈 수가 없었던 것이다.

다. 이를 알게 된 임금님이 정수에게 큰 상을 내렸다고 합니다.

이러한 이야기들은 하찮은 동물의 생명도 소중하고, 다른 사람을 존중하고 돕는 것이 가치 있는 일임을 신라 사람들이 잘 알고 있었음을 알려 줍니다.

우리는 지금 인간은 누구나 평등하다고 생각합니다. 그러나 신분제 사회에서는 태어날 때부터 사람은 평등하지 않다고 생각했습니다. 어떤 혈통을 타고 태어나느냐에 따라 신분이 결정되고, 그 신분에 따라 사람의 일생이 정해졌습니다. 신라 시대도 신분제 사회였으니 마찬가지였지요.

그러나 부처님의 가르침에 의하면, 모든 사람은 다 부처가 될 수 있다는 점에서 평등합니다. 지극히 폐쇄적인 신분제 사회였던 신라에서 이런 파격적인 부처님의 가르침을 제대로 이해하는 사람은 많지 않았습니다. 그러나 적어도 부처님의 세계 안에서는 귀족이나 노비나 모두 평등하다는 정신은 널리 알려졌습니다. 《삼국유사》에는 욱면이라는 여자 노비가 귀족인 주인을 제치고 부처가 되어 극락 세계로 갔다는 이야기도 있습니다.

물론 이러한 가르침이 당시 평범한 사람들의 일상 생활에 그대로 적용되지는 못했을 것입니다. 그러나 이러한 정신이 자꾸 사람들 입에 오르내리면서, 부처님의 가르침은 신라 사람들의 생활에 중요한 가치 기준의 하나로 자리 잡습니다. 그리고 나중에 신라의 중앙 귀족에게 무시당하던 지방 세력이 점차 힘을 키워 역사의 전면에 등장하는 데에도 적지 않은 힘이 됩니다.

모든 가르침이 우리 것

당시 중국에서 불교와 함께 크게 유행하던 도교도 통일신라 사람들에게 많은 영향을 주었습니다. 도교는 죽음에 대한 공포에서 벗어난 삶을 살고픈 바람에서 생겨난 중국의 종교입니다.

인간은 누구나 죽어야 한다는 사실은 때로 사는 것 자체를 견딜 수

안압지 전경
태자가 거처하는 궁궐에 만든 못이었던 안압지의 본디 이름은 월지(月池)였을 것으로 추정된다. 안압지란 이름은 신라가 망한 뒤 폐허가 된 이 곳에 기러기와 오리가 날아드는 것을 보고 붙인 이름이다. 이 연못에는 섬이 세 개 있는데, 이 섬들은 도교에서 말하는, 신선이 산다는 세 개의 산을 본떠서 만든 것이다. 신선처럼 늙지 않고 오래 살고 싶은 마음을 표현했다.

없을 만큼 힘들게 합니다. 그래서 고대 중국 사람들은 노력만 한다면 영원히 죽지 않고 살 수 있는 길이 있다고 믿었고, 그 길은 죽지 않는 약을 먹거나 열심히 몸을 위해 수련하면 열린다고 생각했습니다.

경주에 있는 안압지는 신라 때 궁궐 안에 만든 연못입니다. 이 연못에는 섬이 세 개 있는데, 이 섬들은 도교에서 말하는 신선이 산다는 세 개의 산을 본떠서 만든 것입니다. 신선은 영원히 죽지 않고 사는 사람입니다. 신라 왕과 귀족들은 궁궐에 신선이 사는 산을 만들어 신선처럼 늙지 않고 오래 살고 싶은 마음을 표현한 것입니다.

도교는 한편으로 복잡한 현실을 떠나 자연 속의 유유자적한 삶을 추구하는 면도 있습니다. 젊은 시절에는 관직에 나가 열심히 일하고, 물러나서는 자연을 벗 삼아 도교의 스승인 장자와 노자의 말씀을 읽으며 사는 사람들도 많았습니다.

유교와 불교, 도교의 가르침은 신라의 지식인들에게 각각 좋은 점을 안겨 주었습니다. 예를 들어 어떤 사람은 관리로 등용되어 생활할 때에는 유교 경전을 통해 인간 관계와 국가 사회를 어떻게 운영할 것인지를 배웠으며, 은퇴한 뒤에는 《도덕경》에 심취하여 한적한 전원으로 돌아가 유유자적하며, 불교 경전을 통해 인간의 본질을 배우고 생사를 초월한 세계에서 다시 태어나길 바라며 살았습니다.

최치원은 신라 정신 문화의 본질을 깊고 오묘한 도(德)인 풍류(風流)라 하고, 유교 · 불교 · 도교의 가르침을 모두 포함하는 것이라고 설명했습니다. 신라 사람 스스로가 자기 사회의 정신 문화를 이처럼 설명할 수 있다는 것은, 위와 같은 생활 태도와 사유 방식이 받아들여지고 있었음을 말해 주는 것입니다.

새로운 불교, 선종

통일신라 말에는 새로운 불교가 등장했습니다. 모두 같은 부처님의 말씀에서 시작했지만, 오랜 시간이 흐르고 또 여러 나라를 거치면서 불교는 여러 갈래로 발전했습니다. 그 중에서 선종은 인도의 불교가 중국에 들어와 발전하면서, 중국의 문화 속에서 생겨난 불교입니다.

선종은 부처님 말씀을 적은 경전만을 중시하고, 자신의 마음과 행

9산 선문

동을 부처님처럼 가지려는 노력을 게을리 하는 것을 반성하여 일어난 불교의 한 종파입니다. 모든 인간은 자신의 노력에 따라 부처가 될 수 있는데, 그것은 경전에 매달리거나 기도를 드리는 것보다는 자기 자신의 피나는 수행으로 가능하다고 가르쳤습니다. 이는 근본적으로 부처님의 가르침에 충실하자는 것입니다.

이 때까지의 신라 불교는 경전을 중시한다 해서 '교종'이라고 합니다. 교종은 왕실과 귀족의 후원을 받으면서 성장했지요. 그런데 통일신라 시대 후반부에는 지방에서 점차 힘을 기른 세력이 등장했고, 이들은 교종 대신 새로운 불교인 선종을 후원했습니다.

당나라에 유학하며 선종 불교를 배워 온 신라의 승려들은 지방 세력의 후원을 받아 지방 각지에 선종 사원을 세웠습니다. 이 중 대표적인 것이 오늘날의 전라 남도 곡성에 있는 태안사, 전라 북도 남원의 실상사, 전라 남도 장흥의 보림사, 경상 북도 문경의 봉암사, 강원도 영월의 흥녕사, 충청 남도 보령의 성주사, 강원도 강릉의 굴산사, 경상 남도 창원의 봉림사, 황해 남도 해주의 광조사입니다. 이들 아홉 개 사찰을 가리켜 '9산 선문'이라 합니다. 이 가운데 성주사·굴산사·봉림사·광조사는 터만 남았고, 나머지 사찰은 지금도 그 곳에 있습니다.

원래 신라 문화의 중심지는 수도인 경주였습니다. 신라의 지
배층은 경주에 모여 살면서 세련된 문화와 사치스러운 생활을
누렸습니다. 그러나 당시 선진 문화의 선봉 구실을 하던 불교
사찰이 지방 유력자들의 후원을 받아 각 지방에 세워지면서,
선진 문화가 지방에도 스며들게 됩니다. 이에 지방 세력은 문
화적으로도 중앙의 귀족 세력에 대항할 힘을 갖추게 됩니다.

예술과 과학

신나는 노래, 신 내리는 춤

신라 사람들은 자기네가 부르는 노래를 '향가'라고 했습니다. 향가는
일반 백성, 화랑, 승려 들이 부른, 그야말로 신라 사람 대부분이 가
장 즐겨 부르던 노래였지요.

옛날 사람들은 노래에 특별한 힘이 있다고 생각했습니다. 그래서
어떤 이상한 일이 생기면, 특별한 의미를 지닌 노래를 지어 불러 그
이상한 일을 없애려고 노력했습니다. 화랑의 무리가 경치 좋은 산을
찾아 놀러 가려는데 하늘에서 이상한 별이 보여 〈혜성가〉를 지어 부
르니 그것이 없어지고 일본군이 물러갔다는 이야기, 전염병의 귀신
에게 아내를 빼앗긴 처용이 화를 내기는커녕 노래(처용가)를 부르고

보조선사 창성탑
(보물 157호)
장흥 가지산 자락에 있는
보림사를 중창했다는 보조
선사 체징(804~880년)의
사리를 모신 탑이다. 전체
높이 4.36미터.

우리 옛날 이야기 중에는 중국이나 인도, 심지어는 고대 그리스의 이야기와 비슷한 것이 많다. 사람들이 생각하는 것이 비슷해서 비슷한 이야기를 만들어 냈기 때문일 수도 있고, 또 한편으로는 우리 조상들과 그 나라 사람들이 서로 교류한 흔적일 수도 있다.

《삼국유사》에 실린 이 이야기도 서양의 것과 비슷하다. 신라 경문왕이 왕위에 오른 뒤 귀가 자꾸 커져서 당나귀 귀와 같이 되었다고 한다. 왕은 이를 부끄러워하여 부인도 모르게 하고, 큰 귀를 감추기 위해 늘 모자를 썼다. 그래서 그 모자를 만든 사람만 왕의 귀를 보았는데, 물론 그 사람은 이 사실을 아무에게도 말할 수 없었다. 평생 혼자만의 비밀을 품고 살던 그 사람은 죽을 때가 되자, 대나무 숲에 가서 "우리 임금님 귀는 당나귀 귀!" 하고 소리를 질러, 비밀을 털어놓고 시원한 마음으로 세상을 떠났다.

그런데 그 다음부터 바람이 불면 대나무 숲에서 '우리 임금님 귀는 당나귀 귀!' 하는 소리가 났다. 왕은 이를 싫어하여 대나무를 모두 베어 내고 다른 나무를 심게 했다. 그랬더니 바람이 불면 소리가 나긴 나되 '우리 임금님 귀는 길다!' 하는 소리만 났다고 한다.

그런데 이 이야기와 줄거리가 똑같은 것이 그리스의 고대 신화에도 있다. 고대 그리스의 미다스 왕은 아폴로 신에게 대항했다가 귀가 당나귀 귀가 되는 벌을 받았다. 그래서 미다스 왕은 커다란 모자를 써서 이를 감

임금님 귀는 당나귀 귀와 같은 이야기가 그리스 신화에도 있다고요?

춤(처용무)을 추니 이에 감동한 귀신이 물러갔다고 하는 이야기가 그 예입니다. 그래서 신라 사람들은 향가에 하늘과 땅의 귀신들을 감동시키는 힘이 있다고 여겼지요.

처용의 춤은 귀신을 쫓으려고 무당이 굿을 할 때 추는 춤과 같은 구실을 한 것입니다. 처용무는 지금까지 전해 내려오는 신라의 전통 춤입니다.

이 밖에 백성들이 힘든 일을 하면서 부른 노래, 뛰어난 사람을 찬양하여 부른 노래, 죽은 누이가 저승에서 편안하기를 기원하

조선 후기의 책 《진작의궤》에 실린 **처용무**

추고 아무도 모르게 했다. 하지만 모자를 만드는 사람에게만은 감출 수가 없었다. 모자 만드는 사람은 이 우스운 비밀을 혼자만 삭이자니 마음에 병이 생길 것만 같았다.

그래서 그는 땅에 구덩이를 파고 그 속에 입을 대고 이야기를 하고는 다시 흙을 덮었다. 시간이 흘러 그 곳에 갈대가 무더기로 자랐고, 바람이 불 때마다 갈대가 움직이며 '미다스 왕 귀는 당나귀 귀!' 하는 소리를 냈다고 한다.

이런 이야기는 이집트와 아일랜드에도 있다. 왜 이렇게 비슷한 이야기가 여러 나라에 있을까? 고대 그리스나 신라 사람들이 각자 이야기를 만들어 냈고, 다만 내용이 비슷할 뿐이라고 하기에는 너무나 이야기가 유사하다. 그렇다면 그리스와 신라의 사람들이 서로 왕래하면서 생긴 이야기일까? 하지만 이 두 이야기의 주인공인 고대 그리스의 미다스 왕(서기전 700년 무렵?)과 신라의 경문왕(재위 861~875년)은 그 시간 차가 너무 벌어진다. 이런 이야기가 그리스와 신라라는 먼 지역과 시간의 차이를 뛰어넘어 함께 존재할 수 있었던 이유는 불교라는 종교의 활약에서 찾아야 할 것 같다.

알렉산드로스 대왕의 동방 원정 뒤 인도 서북부 지방에는 그리스 쪽 사람들이 세운 나라가 여럿 생겨났다. 이들은 인도 사람들과 교류하면서 인도 문화에도 영향을 미쳤다. 이 때 이들 나라의 왕과 불교 승려가 나눈 대화를 적은 책도 불교 경전에 있다. 아마 그들 두 문화 간의 교류 중에 이러한 이야기가 전해졌고, 이것이 불교를 통해 신라에 들어온 것 같다.

지금 세계는 하나라고 한다. 고대에도 역시 마찬가지였다. 지금처럼 빠른 교통 수단이 없어서 먼 나라의 사정을 바로 알 수는 없었지만, 고대 사람들은 용기와 호기심, 인내를 가지고 끊임없이 먼 길을 개척했기 때문이다.

면서 부른 노래 들이 《삼국유사》에 실려 있습니다.

통일 이후 신라의 음악은 고구려와 백제, 가야뿐 아니라 당과 서역의 음악까지 받아들여 더욱 풍요롭게 발전합니다. 통일신라 사람들이 많이 연주하던 악기는 거문고, 가야금, 비파, 피리입니다. 가야금으로 유명한 사람은 어느 시기에 살았는지 확실하지는 않지만 백결 선생을 꼽을 수 있습니다. 새해가 돌아오자 집집마다 방아를 찧느라 분주한데 끼니 이을 것도 없어 이를 한탄하는 아내를 위해, 백결 선생이 가야금으로 방아 찧는 소리를 흉내 내어 연주했다는 일화는 유명합니다.

미륵사 터 석탑(국보 11호)
백제, 7세기 초반, 높이 14.24미터. 전북 익산시 금마면 기양리의 미륵사 터에 있는 탑으로, 목탑 형식을 따랐다. 현재 보존 수리를 위해 탑 전체를 해체했으나, 복원 자체가 쉽지 않아 많은 어려움을 겪고 있다.

고선사 터 3층 석탑(국보 38호)
7세기 후반, 높이 9미터. 신라 신문왕 때 원효가 이 곳 경주 보선사에 머물렀다고 한다. 이 터는 현재 수몰되어 3층 석탑과 등 이 곳 문화재가 모두 국립 경주 박물관으로 옮겨졌다.

석탑, 마음을 닦아 하늘에 올리다

삼국이 통일된 뒤 불교는 왕실이나 귀족뿐 아니라 일반 백성의 생활 속에도 깊숙이 파고들었다고 했지요? 따라서 불교의 가르침을 눈에 보이는 형태로 표현하는 불교 미술도 많이 발전해, 당시 예술 생활의 거의 대부분을 차지했습니다.

통일 이후 신라는 고구려, 백제, 당나라 등 여러 문화를 흡수하면서 독특한 문화를 형성해 나갔습니다. 통일 직후에 등장한 석탑은 목조 건축 형식의 백제 탑과 중국의 전탑 형식을 절충했습니다. 신

화엄사 4사자 3층 석탑(국보 35호)
전남 구례군 마산면 황전리, 8세기 중반, 높이 5.5미터.
호남 제일의 사찰로 꼽히는 화엄사는 연기조사가 세운 절로
그의 지극한 효심이 깃들어 있다.

양양 진전사 터 3층 석탑(국보 122호)
높이 5.04미터, 기단부와 1층 몸돌에 조각 장식이 나타난다.

문왕이 동해의 용이 된 아버지 문무왕을 기리기 위해 세운 감은사
터의 두 석탑과, 지금 국립 경주 박물관 뜨락으로 옮겨 온 고선사 터
석탑을 보면 그 특징을 확인할 수 있습니다.

  통일신라에 새로이 등장한 이러한 석탑 형식은 이후 신라 탑의 기
본이 됩니다. 8세기에는 신라 탑의 예술 감각과 조성 기술이 절정에
이르는데, 불국사의 석가탑이 대표 작품입니다. 신라 탑의 형식은
이후 우리의 석탑 문화에 계속 이어졌습니다. 9세기 들어 신라 탑에
약간의 변화가 보이는데, 규모는 조금 작아지고 기단부의 돌 모양이

줄었습니다. 그리고 각층 옥개석(지붕돌)의 받침 층수도 5층에서 4층으로 줄어들었으며, 장식 조각이 없던 이전과 달리 각 몸돌에 장식을 조각했습니다.

한편 불국사의 다보탑과 화엄사 4사자 3층 석탑은 전형적인 신라 탑과는 다른 새로운 모습을 보여 줍니다. 이들 탑에서 신라 사람들의 돌을 다루는 정교한 솜씨와 새로운 형태를 추구하는 실험 정신을 읽을 수 있답니다. 또한 분황사 모전 석탑처럼 중국의 전탑(塼塔 : 벽돌로 세운 탑)을 모방한 탑도 세워졌습니다.

일제가 수리하기 전의
석굴암 전경

불상, 소망을 담아 부처님을 새기다

불상을 만드는 솜씨 또한 더욱 발전했습니다. 8세기 초반에 만들어진 감산사 석조 아미타불 입상과 미륵 보살 입상은 신라 사람들의 조각 솜씨가 얼마나 훌륭한 경지에 이르렀는지를 잘 알려 줍니다. 그러나 무엇보다도 훌륭한 솜씨는 석굴암에서 발휘되었습니다.

석굴암은 인도와 중국의 석굴 사원을 모방한 것이지만, 다듬은 돌을 가지고 인공으로 만든 석굴이라는 점에서 더 창의적입니다. 석굴암의 본존불(제일 중요한 부처님)은 신라뿐 아니라 우리 나라 조각사상 최고 가는 걸작품입니다. 석굴암에는 그 밖에 본존을 둘러싼 11면

관음 보살과 여러 보살, 승려들, 석굴암과 부처님을 수호하는 인왕과
사천왕의 조각상이 있는데, 어느 하나 걸작이 아닌 것이 없습니다.

　여러분 중에는 경주로 수학 여행을 다녀온 친구들도 있을 것입니
다. 혹시 수학 여행이나 다른 답사 여행을 갈 때 떠나기 전에 충분히
자료를 찾아보는지요? 유물이나 유적지에 대한 정보를 미리 알고 감
상하는 것과 그냥 대충 훑어보는 것의 차이는 비교할 수가 없답니
다. '아는 만큼 보인다'는 말도 있잖아요? 이 곳 석굴암도 보면 볼수
록 신라 불교의 아름다움이 빛나는 곳입니다.

　9세기가 되면 신라 중앙 정부의 힘이 약해집니다. 이러한 정치·

사회적 변화와 함께 8세기까지 경주 중심으로 이루어지던 불교 미술 활동에도 변화가 생깁니다. 경주에서는 전과 같이 창의적이면서도 조화와 균형을 이룬 작품이 나오지 못했습니다. 8세기에는 신라 사회의 힘이 경주의 강력한 중앙 권력으로 집중되면서 그 영향력이 미술 영역에도 나타났지만, 9세기 들어 귀족들의 왕위 쟁탈전이 치열해지면서 사회적 집중력도 떨어졌습니다. 전과 같이 국가의 힘이 한 곳으로 집중되지 못했기 때문이지요.

대신에 지방에서 미술 활동이 활발하게 일어났습니다. 그 동안 지방에서 착실히 힘을 키운 사람들이 이제 자신들의 소망을 담아 탑을 세우고 불상을 만든 것이지요. 8세기 경주의 미술 작품에 견주어 보면 균형과 조화를 제대로 표현하지 못해 어딘가 부족해 보이지만, 오히려 인간

백률사 금동 약사 여래 입상(위, 국보 28호)
800년 무렵, 높이 1.77미터. 1930년 경주 백률사에서 국립 경주 박물관으로 옮겨왔으며, 현재 광배와 대좌, 두 손을 잃었다. 현존하는 통일신라 최대의 금동 불상이다.

감산사 석조 미륵 보살(아래, 국보 81호)
719년, 높이 2.73미터. 미륵 보살은 천상에 계시면서 먼 훗날 인간 세상에 내려와 사람들을 구원한다는 부처님이다. 화강암으로 만든 불상으로 불신·광배·대좌를 한 장의 돌로 만들었으며, 불신을 제외하고는 감산사 석조 아미타 여래 입상과 거의 같다.

미가 흐르는 불상들이 여러 지방에서 만들어졌습니다.

　이것은 미술의 관점에서 볼 때는 퇴보일지 모릅니다. 하지만 주로 중앙의 왕실과 귀족들이 누리던 예술 활동을 지방 세력과 일반 백성들도 더불어 누릴 수 있게 되어, 예술을 누리는 계층이 다양해지고 공간적으로도 널리 퍼졌다는 점에서 오히려 진보였습니다.

　9세기 이후 각 지방에서 지방 호족의 지원 아래 선종 사찰이 일어선 것도 지방의 예술 활동을 발전시킨 요인이 되었습니다. 이 때 만들어져 지금까지 전하는 불상에는 장흥 보림사의 비로자나불, 철원 도피안사의 비로자나불 등이 있습니다.

보림사 철조 비로자나불 좌상(위, 국보 117호)
858년(헌안왕 2년), 높이 2.73미터. 전남 장흥군 유치면 봉덕리 보림사에 있는 통일 신라 시대 불상이다. '비로자나'는 고대 인도 말로 '태양'이라는 뜻으로, 진리를 터득한 부처님의 진정한 실체, 윤회의 덫에서 벗어난 '영원의 몸'을 말한다.

감산사 석조 아미타 여래 입상(아래, 국보 82호)
719년, 높이 2.9미터. 감산사는 경주 내동면에 있었던 절이다. 돌로 만들어서 석조라 하고, 서 있는 형상이라서 입상이라 한다. 아미타불은 극락 세계에서 사람들을 가르친다는 부처님이고, '여래'란 부처님을 높인 말이다.

'탑'은 인도의 '스투파'에서 온 말입니다. 스투파는 죽은 사람을 화장하여 남은 뼈를 안치하고, 그 죽음을 기리기 위해 세운 것이지요. 석가모니가 죽은 다음에 그의 제자들은 인도의 전통 장례법에 따라 그를 화장하고, 남은 뼈를 흙이나 돌로 만든 스투파에 안치했습니다. 석가모니를 따르던 사람들에게는 이 탑이야말로 석가모니를 기억하며 숭배할 수 있는 거룩한 것이었습니다.

이후 불교에서는 스투파에 대한 신앙이 곧 석가모니에 대한 신앙이 됩니다. 요즘에는 불상을 만들어 모시지만, 석가모니가 죽은 뒤 500년이 흐르는 동안까지 불상은 만들어지지 않았어요. 인도에서는 위대한 존재를 인간의 형상으로 만들지 않는 게 전통입니다. 인간을 뛰어넘는 존재를 너무나 불완전한 인간의 모습으로 표현하는 것은 모순이라고 생각했기 때문이지요. 따라서 석가모니를 기념하고 숭배하기 위해 석가모니의 유골이 들어 있

인도 산치의 탑

는 탑을 중요시했습니다. 불상을 만들기 시작한 뒤에도 탑에 대한 신앙은 계속 이어졌지요.

불교가 중국을 거쳐 고구려, 백제, 신라에 들어오면서 탑에 대한 신앙도 잘 알려졌습니다. 처음 불교를 받아들인 삼국 시대에 우리 조상들은 탑을 아주 커다랗게 만들었지요. 선덕여왕 때 세웠다는 황룡사 9층 목탑은 높이가 80미터를 넘었다고 합니다. 백제의 미륵사 터 석탑을 생각해 봐도, 삼국 시대의 탑은 크기나 규모가 모두 무척 컸음을 알 수 있지요.

그래서인지 삼국 시대 신라의 사찰은 대개 탑 하나를 중심으로 그 뒤에 부처님을 모시는 금당을 세우는 1탑 1금당식 구조였습니다(백제의 미륵사는 3탑 3금당식입니다). 그런데 통일 뒤 신라에서는 금당을 뒤에 두고 동쪽과 서쪽에 탑을 하나씩 세우는 2탑 1금당식 사찰이 많이 만들어집니다. 이 때 탑의 규모는 눈에 띄게 줄어들지요. 통일신라 초기에 만들어진 감은사 터 쌍탑을 보면 알 수 있습니다.

통일 뒤 신라 사람들은 여러 문화 요소를 받아들여 탑의 정형을 완성합니다. 감은사 터나 고선사 터의 탑에서 볼 수 있는 형태이지요. 이러한 신라 탑의 형식은 신라뿐 아니라 이후 한국 탑의 정형이 되었습니다.

감은사 터의 동서 3층 석탑(국보 112호)
경주 양북면 용당리, 682년, 동서 탑의 높이 각각 13.4미터.
문무왕은 왜병을 진압하기 위해 동해 바닷가에 진국사라는 절을 짓기 시작했으나, 절의 완공을 보지 못하고 세상을 떠났다. 다음 왕인 신문왕이 바로 이듬해 절을 완공하고, 부왕의 은혜에 감사하는 뜻으로 감은사라는 이름을 붙였다. 지금 남아 있는 감은사 터를 발굴한 결과 본존 부처님을 모시는 건물인 금당의 바닥은, 지하에 빈 공간이 있고, 그 공간 위에 돌로 마루를 깔듯 장대석을 깔고 주춧돌을 놓은 특이한 구조로 밝혀졌다. 이는 죽어서도 용이 되어 바다를 지키겠다는 문무왕의 유언에 따라 바다의 용이 이 절에 드나들 수 있도록 금당을 지었다는 〈삼국유사〉의 설명과 맞아떨어진다. 실제로는 이 일대가 바닷물이 넘나드는 습지여서 물이 잘 빠지도록 설계한 것이었으리라 본다.

신라 탑은 크게 기단부, 탑신부, 상륜부로 이루어집니다. 층수는 기단부와 상륜부를 제외하고 탑신의 층수로 세는데, 옥개석(지붕돌)의 개수로 세면 됩니다. 말하자면 우리가 사는 집의 층수를 세는 것과 마찬가지이지요.

한국 탑의 층수는 대부분 3, 5, 7 등 홀수로 올라갑니다. 그러나 평면은 4, 6, 8의 짝수로 만들어지지요. 홀수는 양수, 짝수는 음수입니다. 동양에서는 음양이 조화를 이루어 이 세계가 만들어지고 변화한다고 생각했어요. 곧 음양의 조화는 창조와 변화를 품

신라 탑의 세부 명칭도

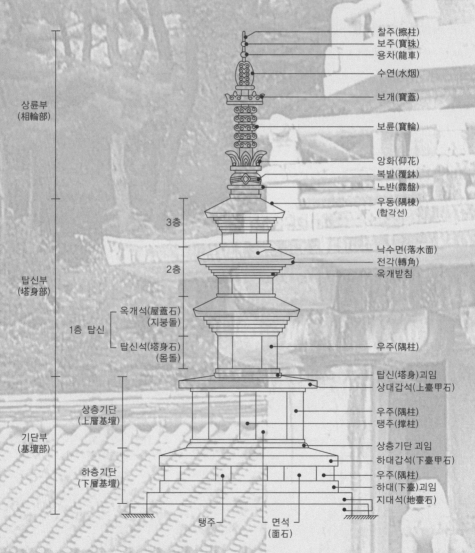

- 상륜부(相輪部)
- 탑신부(塔身部)
- 기단부(基壇部)

- 3층
- 2층
- 1층 탑신
  - 옥개석(屋蓋石)(지붕돌)
  - 탑신석(塔身石)(몸돌)
- 상층기단(上層基壇)
- 하층기단(下層基壇)

- 찰주(擦柱)
- 보주(寶珠)
- 용차(龍車)
- 수연(水烟)
- 보개(寶蓋)
- 보륜(寶輪)
- 앙화(仰花)
- 복발(覆鉢)
- 노반(露盤)
- 우동(隅棟)(합각선)
- 낙수면(落水面)
- 전각(轉角)
- 옥개받침
- 우주(隅柱)
- 탑신(塔身)괴임
- 상대갑석(上臺甲石)
- 우주(隅柱)
- 탱주(撑柱)
- 상층기단 괴임
- 하대갑석(下臺甲石)
- 우주(隅柱)
- 하대(下臺)괴임
- 지대석(地臺石)
- 탱주
- 면석(面石)

은 우주 그 자체라는 것입니다. 부처님을 상징하는 탑에 음과 양을 조화시켜 그 자체로 우주를 표현하려 한 것일까요? 신라 탑은 대개 4각(네모꼴) 3층 탑입니다.

이에 비해 백제의 탑은 4각 5층 탑이 많습니다. 고구려는 8각 탑이었고요. 물론 신라 탑은 4각 3층 탑, 백제 탑은 4각 5층 탑, 고구려 탑은 8각 탑, 이렇게 정확히 나눌 수는 없지만, 세 나라는 중국에서 불교를 받아들이면서 자기들 나름의 우주와 세계에 대한 생각, 아름다움에 대한 생각을 탑을 통해 표현했을 것입니다.

불국사 3층 석탑(일명 석가탑, 국보 21호)
경주 불국사, 8세기 중반, 높이 8.2미터.

다보탑(국보 20호)
경주 불국사, 8세기 중반, 높이 10.4미터.

부처님이 앉은 대좌의 높이 1.6미터, 전체 높이 3.4미터

석굴암 제대로 보기

국보 24호로서, 1995년 12월 불국사와 함께 유네스코 지정 세계 문화 유산으로 등록된 석굴암의 원래 이름은 석불사이다. 통일신라 시대에 중시 벼슬을 지낸 김문량의 아들 김대성이 경덕왕 10년 (751년)에 국왕의 뜻을 받들어 세운 절이다. 《삼국유사》의 설화에 따르면 원래 대성은 가난한 집안의 아들이었는데, 전 재산을 절에 시주하고 그 공덕으로 재상인 김문량의 아들로 다시 태어난다. 그리고 현세의 부모를 위해서는 불국사를, 전생의 부모를 위해서는 석불사를 지었다고 한다.

석굴암은 인도의 석굴을 본떴으나 자연 암반을 파서 만든 석굴이 아니라 300여 개나 되는 돌을 짜 맞추어 만든 인공 석굴이다. 조선 시대에 불국사에 속한 암자가 되면서 석굴암이라 하게 되었다. 20세기를 전후한 시기에는 찾는 이가 거의 없어 빗물이 스며들고 천장이 무너져 내리기까지 했다.

이에 당시 우리 땅을 지배하던 일제는 1913년에서 1915년에 걸쳐 석굴암을 완전히 해체하여 수리했다. 이 당시 일제의 당국자들은 석굴암의 원형을 변경·손상해서 복원했을 뿐만 아니라, 시멘트를 가지고 석조물을 조립하는 바람에 오늘날까지도 석굴암을 보존하는 데 큰 문젯거리를 남겼다.

천장

일제가 수리하기 전 1910년 무렵의 석굴암

관음 보살

관세음 보살이라고도 하는데, 자비로써 중생을 구제하는 보살이다. 대자대비한 보살로, 어려움을 만났을 때 그 이름을 외우기만 하면 중생의 성품에 따라 여러 가지 모습으로 나타나서 중생을 구제해 준다고 하여 가장 널리 믿어졌다. 불상으로 표현할 때는 주로 대세지보살과 함께 아미타불 옆에 선 모습으로 만드는데, 손에는 보배로운 병이나 연꽃을 든다. 관음 보살은 다양하게 변형해서 표현하기도 하는데, 11면 관음, 천수 관음, 불공견삭 관음, 여의륜 관음, 수월 관음, 양류 관음, 백의 관음, 마두 관음 등 33관음이 그것이다. 11면 관음은 얼굴이 11개인 관음. 중생의 성품에 따라 얼굴 모습을 달리하여 적극적으로 교화하기 위해 여러 얼굴을 지녔다고 한다.

10대 제자

불교의 경전에 나오는 사리불, 마하가섭, 목건련 등 부처님의 10대 제자들.

문수 보살

부처의 지혜를 상징하는 보살로, 불교 미술에서는 석가모니 부처님 옆에서 모시는 형상으로 표현하곤 한다. 후대에 와서 비로자나불 왼쪽에 있는 보살이 되었다. 문수 보살은 손에 두루마리 경전을 들고 사자를 탄 형상으로 표현된다.

보현 보살

보현 보살은 문수 보살과 함께 석가모니나 비로자나불 곁에서 부처님을 모시는 2대 보살의 하나이다. 불교의 자비나 공덕을 상징한다. 코끼리를 탄 형상으로 표현된다.

제석천

원래 이름은 '인드라'로 인도의 고대 신화에서 태양신, 때로는 천둥과 비를 관리하는 신이었다. 일찍부터 불교에서 받아들여 불법을 수호하는 신으로 모셨다. 범천과 함께 석가모니 상을 양쪽에서 지킨다.

범천

원래 이름은 '브라만'으로 불교 이전에 인도의 바라문 교에서 창조주로 높이 숭앙하던 신이다. 불교에서 받아들여 제석천과 함께 불법 수호신이 되었다.

사천왕

수미산 중턱에 살면서 사방을 지키고 불법을 수호한다는 네 하늘 왕. 동방의 지국천왕, 서방의 광목천왕, 남방의 증장천왕, 북방의 다문천왕이 그들이다. 사천왕은 나라와 경전에 따라 약간씩 다르게 그렸기 때문에 손에 든 물건이 일정치 않으나, 무사 차림이며 대체로 칼과 창, 탑 등 무기를 들고 있다. 특히 다문천은 손에 항상 보탑(寶塔 : 귀한 보배로 장식한 탑. 그냥 귀한 탑이라는 뜻에서 보탑이라고도 한다)을 들고 있다.

금강 역사

사찰 문 양 옆에서 문지기 노릇을 하는 신. 다른 이름으로는 '인왕'이라고도 한다.

팔부중(八部衆)

불법을 수호하는 여덟 종류 신. 석가모니의 설법을 듣고 교화되어 10대 제자와 함께 불법을 지키는 구실을 한다. 이름은 천(天), 용, 야차, 건달바, 아수라, 가루라, 긴나라, 마후라이다. 아수라는 다른 팔부중과 달리 대개 팔이 여럿 달린 형태로 표현된다. 용은 대부분 사람 몸에 뱀 모양 관을 쓴 모습이다.

엘로라 석굴들 중 제10굴의 내부 모습
인도 오랑가바드 북서쪽 약 26km 지점에 있는데, 불
교와 힌두 교, 자이나 교의 석굴들이 모여 있다. 이
석굴은 6~7세기 즈음에 만들어진 불교의 예배 굴로,
탑의 앞 부분을 크게 돌출시켜 불상으로 모시고 있다.

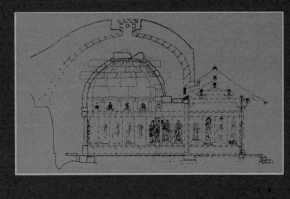

석굴 사원이란?

석굴암(원래 이름은 석불사)은 인도의 석굴 사원에 기원을 둔 예배 사원이다.

인도의 기후는 비가 많이 오는 시기와 그렇지 않은 시기가 뚜렷하다. 비가 오지 않는 시기에는 기온이 높이 올라가 바깥에서 활동하는 것이 힘들다. 비가 많이 오는 시기에는 비를 피하고, 기온이 높은 시기에는 시원한 그늘을 얻어 예배하고 수행하기 위해 인도에서는 석굴을 사원으로 많이 활용했다. 지금도 많이 있는 인도의 석굴 사원 중에서 엘로라 석굴이나 아잔타 석굴은 세계적으로도 유명하다.

이런 석굴 사원은 중국에서도 만들어졌고, 우리 나라에서는 석굴암이 그런 석굴 사원에 해당한다. 인도나 중국의 석굴 사원 바위를 파거나 자연의 굴을 이용해서 만들었지만, 석굴암은 깎고 다듬은 돌을 쌓아서 인공적으로 굴을 만들었다는 점에서 더욱 특이하다.

석굴암의 구조

석굴암은 앞방, 통로, 예배방으로 이루어진다. 앞방과 통로를 거쳐 예배방으로 들어가, 부처님 주위를 돌며 예배하도록 만든 구조이다. 지금은 석굴암을 보호하기 위해 예배방 안으로 들어가지 못하게 되었지만, 원래는 부처님 주위를 돌면서 예배했다.

앞방과 통로는 부처님을 뵈러 가기 위한 준비 공간이다. 여기에는 부처님과 부처님의 말씀을 수호하는 여러 신들이 조각되어 있다. 맨 처음, 곧 앞방의 양면에는 불교를 수호하는 여덟 신의 조각이 있고, 앞방에

서 통로로 들어가는 길목 양쪽에는 금강 역사 두 명이 지키고 섰다. 그리고 통로에는 세계의 네 하늘을 지킨다는 사천왕이 조각되어 있다.

이들은 모두 나쁜 귀신을 물리치고 부처님과 부처님의 말씀을 지키는 존재들이다. 우리가 예배를 하기 위해 석굴암에 간다면 이 곳을 지나면서 나쁜 마음을 버리고 부처님에게 다가갈 수 있는 깨끗한 마음만을 가지라는 가르침이다.

다음 예배방은 부처님이 계신 곳이다. 이 곳에는 예배의 주된 대상인 부처님(본존불)뿐 아니라, 여러 보살들, 그리고 부처님의 여러 제자들이 있다. 이들은 부처님을 도와 중생을 구제하거나 부처님의 말씀을 듣고 이를 실천하는 분들이다. 깨끗한 마음으로 부처님 앞에 선 사람들은 바로 부처님의 말씀을 듣고 이를 실천하도록 노력해야 하는 것이다.

사라진 탑

인도의 석굴 사원에는 중앙에 불상과 탑이 있다(인도의 엘로라 석굴 사진 참고).

탑은 원래 부처님이 열반하신 뒤 화장하고 남은 뼈를 모아 세운 것으로, 곧 부처님을 상징한다. 그래서 부처님의 모습을 조각이나 그림으로 표현하지 않았던 때에는 부처님을 상징하는 탑이 곧 부처님이었다. 석굴암에도 원래 본존불 뒤에 탑이 있었다. 그런데 지금은 이 탑이 없다. 어디로 갔는지 행방을 모른다고 한다.

보수 공사 이후

석굴암은 조선 시대 후기까지 사람들의 발

길이 이어진 예배소였다. 그러나 건물 자체에 대해서는 오래 돌보지 않아, 1910년 무렵 찍은 사진에는 천장이 본존불 위에만 남고 다 무너진 채이다. 일제 강점기에 석굴암을 대대적으로 보수하기 위해 세 차례에 걸쳐 공사를 벌였다. 특히 1913년에서 1915년에 걸쳐 이루어진 1차 보수 공사는 거의 완전히 해체한 뒤 다시 짜 맞추는 대공사였다.

이 때에 원래 앞방을 보호했던 기와지붕과 목조 건축물을 없애고, 앞방 양면에 한 줄로 늘어섰던 팔부신중 가운데 양 끝 석상의 방향을 직각으로 꺾어 방 저편의 금강 역사를 마주 보게 했다(이런 점은 모두 해방 후 다시 원래 형태대로 복원했다).

또 당시 새로운 건축 재료와 기법으로 등장한 시멘트를 사용하여 오늘날까지 큰 문젯거리를 남겼다. 석굴암 내부에 이슬이 맺히고 물이 차는 현상이 생긴 것이다. 해방 후 1961년에서 1964년에 걸쳐 다시 석굴암을 전면 보수하여 시멘트를 이중으로 덧바르고 인공 습기 제거 장치를 달았는데, 이후에도 이슬이 맺히는 현상은 사라지지 않아 지금까지 문제가 된다.

신라 사람들이 처음 석실을 만들었을 때는 뒤쪽에서 흘러나오는 찬 물줄기를 모아 석실 바닥 아래를 거쳐 밖으로 흘러 나가게 하여 이 곳에 이슬이 맺히도록 유도, 자연 습기 제거 효과를 거두었으리라 추정하고, 일제 강점기 이후 이 석굴암 아래의 물길을 없앤 까닭에 인공으로도 완전한 습기 제거 효과를 거두지 못하게 되었다는 의견도 있다.

과학 기술

시간을 측정하는 기술은 더욱 발달했습니다. 성덕왕 때는 물시계를 설치하고 그 일을 담당하는 관청도 두었지요. 물론 그 전에도 시간을 측정하는 해시계와 물시계가 없었던 것은 아니지만, 이 무렵에 처음으로 나라에서 시간을 측정하는 기준을 물시계로 정했습니다.

달력은 중국에서 들여와 사용했습니다. 우리도 나름대로 시간을 측정하는 기술이 있었지만, 중국이 훨씬 더 발달했기 때문입니다.

건축에는 수학에 대한 지식이 필요합니다. 석굴암은 신라 사람들이 수학 지식을 건축에 얼마나 잘 응용했는지를 보여 주는 예술품입

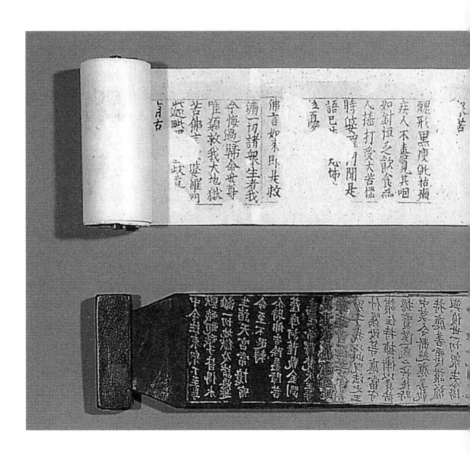

니다. 석굴암을 여러 면에서 조사한 결과, 석굴암은 기하학적으로 빈틈없는 설계를 기초로 이루어졌음을 알게 되었습니다.

　인쇄술이나 종이 만드는 기술도 새로이 알게 되었습니다. 경주의 불국사 석가탑을 수리하기 위해 해체할 적에, 탑 안에서 나무 판(목판)에 새긴 글자를 종이에 찍어 인쇄한 〈무구정광대다라니경〉 두루마리가 발견되었습니다. 이 두루마리는 8세기 초반에 인쇄된 것으로 밝혀졌는데, 어느 나라에서 인쇄했는지 아직 확실하지 않지만 세계에서 가장 오래 된 인쇄물입니다. 종이 만드는 신라 사람들의 기술은 중국에까지 알려질 정도로 뛰어났습니다.

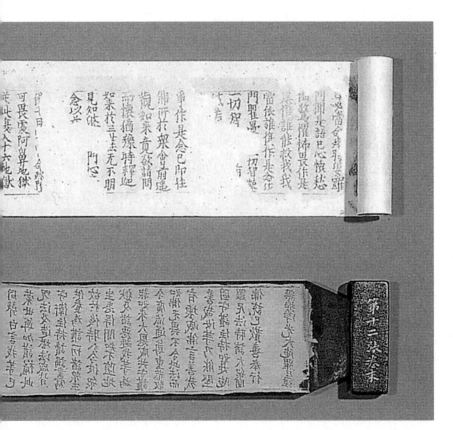

무구정광대다라니경 (석가탑 출토)
복제품. 원본은 국립 중앙 박물관에 소장돼 있다. 사진에서 인쇄물 아래쪽의 목판은 석가탑에서 나온 인쇄물에 근거해 되살려 본 것이다. 조그마한 탑을 무수히 만들어 공양하고, 법에 따라 주문을 외우면 복을 얻고 부처가 될 수 있다는 내용이 적혀 있다.

종이 만드는 방법

① 닥나무를 베어다가 찐다.

② 닥나무 줄기 껍질을 벗겨 하얀 살을 얻는다.

③ 깨끗한 물에 빨고 물에 불려 삶는다. 이 때 표백제 구실을 하는 잿물을 넣는다.

④ 삶은 것을 건져 올려 잿물을 뺀 다음, 넓은 닥판에 올려 놓고 나무 방망이로 2~4시간 동안 곤죽이 되도록 두드려 섬유질이 물에 잘 풀어지도록 한다.

⑤ 두드린 닥을 닥보에 담아 맑은 물에 헹구어 잡티를 제거한다.

⑥ 원료에 닥풀을 혼합하여 잘 저은 다음, 닥풀 자루에 걸러 낸다. 닥풀은 황촉규나 느릅나무 즙으로 만드는데, 중성이라 한지가 산화하지 않고 오래 보존될 수 있게 해 준다. 닥풀과 닥 섬유를 혼합하면 섬유질이 고루 퍼진다.

⑦ 걸러 낸 원료(닥죽)와 닥풀 즙을 물에 넣고 200번 정도 세게 저어 혼합한다.

⑧ 종이 뜨는 발로 종이를 떠낸다.

⑨ 물 먹은 종이를 한 장씩 겹쳐 쌓고, 나무 막대로 눌러 물기를 잘 뺀 다음 말린다.

현재 남아 있는 불상이나 종을 보면 신라의 금속 기술이 무척이나
발달했음을 알 수 있습니다. 신라의 대표적인 종인 성덕대왕 신종(에
밀레종이라고도 합니다)은 높이가 333센티미터, 종 아가리의 지름이
227센티미터에 달하는 큰 종인데, 그 종소리와 형태와 조각은 현대
의 금속 기술로도 따라갈 수가 없습니다. 우리 종은 중국이나 일본
의 종과 달리 맨 위 걸이 옆에 소리통(음통 또는 용통이라고도 합니다)
이 하나 더 있어서, 비교할 수 없을 만큼 아름답고 신비스러운 소리
가 계속해서 울려 퍼질 수 있다고 합니다.

	일본의 종	우리 종	중국의 종
8세기	흥복사 종 727년, 높이 1.505미터	상원사 종 725년, 높이 1.67미터	당나라 천보종 722~755년, 높이 1.43미터
9세기	대운사 종 858년, 높이 1.161미터	연지사 종 833년, 높이 1.111미터	당나라 중화 3년 종 833년
12세기	덕조사 종 1164년, 높이 1.305미터	흥법사 종 1191년, 높이 0.513미터	산둥 비성 관제묘 종 1184년

일본, 중국, 한국의 종
마치 항아리를 엎어 놓은 듯
한 한국의 범종은 '한국 종'
이라는 학명을 가질 만큼 세
계적이다. 대개 중국이나 일
본 종이 수평이나 수직으로
선을 처리하여 띠를 둘렀다
면, 우리 종은 몸통에 천인
상이나 보살상을 수놓았다.
특히 종을 매다는 고리(음통
혹은 용통)가 파이프처럼 내
부를 관통하게 만들어져, 일
본, 중국의 종이 흉내낼 수
없는 아름다운 소리를 낸다.
우리 종은 몸통 위아래 부분
의 두께가 각각 다른 것도
특징이다.

성덕대왕 신종(국보 29호)
경주 봉덕사 터 출토, 771
년, 높이 3.33미터, 종 아가
리 지름 2.27미터.
종 아래 바닥에 파인 구멍은
무엇일까? 그것은 울리는
통, 곧 움통이라고 한다. 한
국의 종은 외국의 것과 달리
웅덩이 구조의 움통이 있다.
움통은 공명을 일으켜 종소
리가 오래도록 울리도록 하
는 동시에 지중음파의 통로
구실도 한다. 불교적인 면에
서는 지하의 영혼을 위로한
다는 의미도 있다. 움통을
덮었을 때는 깡통 깨지는 듯
한 소리가 나지만, 열었을
때는 막힌 숨이 탁 트이는
듯 맑고 은은한 소리가 나
니, 움통의 효과가 얼마나
큰지 알 수 있다.

천 년의 태양이 지다

지는 귀족, 뜨는 지방 세력

삼국을 통일한 신라는 왕권을 중심으로 중앙 집권적 지배 체제를 확립하여 강하게 이끌어 나갔습니다. 그러나 9세기에 들어서면서 강력한 왕권 중심의 지배 체제는 서서히 힘을 잃게 됩니다.

먼저 강력한 왕권 아래에서 어느 정도 통제를 받던 귀족들이 다시 힘을 발휘하게 되었습니다. 귀족의 경제 기반을 통제하기 위해 폐지했던 녹읍 제도가 경덕왕 때 부활한 것은, 귀족 세력이 다시 고개를 치켜들었다는 신호입니다.

진골 귀족은 자신들의 힘을 바탕으로 왕권에 도전하기 시작했습니다. 그리하여 경덕왕을 이은 혜공왕(재위 765~780년) 때는 여러 귀족들이 왕위를 두고 싸움을 벌이는 과정에서 왕이 피살되었고, 싸움을 벌인 귀족 중 하나인 김양상이 선덕왕(재위 780~785년)에 올랐습니다. 이후 진골 귀족 사이에서는 왕위 계승을 둘러싼 싸움이 자주 일어났습니다.

이렇게 되자 신라 중앙 정부는 차츰 이전의 통제력을 잃게 되었습니다. 특히 지방에 대해서는 중앙 정부의 힘을 제대로 발휘할 수 없었지요. 이러한 가운데 지방 곳곳에서 군사 · 정치 · 경제적으로 지배력을 가진 독자적인 세력이 등장하기 시작했습니다. 이들은 중앙 정부의 통제력이 약해지는 가운데, 독자적인 세력을 구축하면서 신라 말 고려 초의 사회 변동을 주도해 나갑니다.

변화의 물줄기, 신라의 지반을 흔들다

통일신라 말기의 사회 변화는 골품제에서도 나타났습니다. 진골 사이에서 왕위 계승을 둘러싸고 싸움이 자주 일어난 것은, 진골 중심의 골품제 자체에 문제가 생겼음을 보여 주는 증거입니다.

통일 이후 오랜 안정기를 거치며 진골 귀족의 수는 많이 늘어났지만, 그들 모두가 전과 같은 지위를 누릴 수는 없었습니다. 그래서 한정된 권력을 놓고 귀족들 사이에서 갈등이 생겼고, 마침내 최고 권력인 왕위를 두고 치열한 싸움까지 일어난 것입니다.

진골 중심인 골품제에 대해서는 6두품의 불만이 가장 컸습니다. 더구나 이들은 학문과 같은 능력 면에서 진골을 앞섰으나 신분에서 처지다 보니 실력을 통해 인정받으려고 한 것이지요. 그래서 당나라에 유학을 간 학자나 승려 중에는 6두품 신분이 많았습니다. 하지만 중요한 자리는 모두 진골 귀족에게만 주는 골품제에 따라 정부는 실력 있는 6두품을 외면했습니다. 이러한 현실에 불만을 품은 이들은 은둔하거나, 지방 세력과 손을 잡고 새로운 사회를 만들기 위해 중앙 정부에 대항하는 길을 택했습니다.

또한 부유한 귀족들은 유리한 신분을 이용해 점점 더 부자가 되었습니다. 공을 세웠다고 나라로부터 땅을 받거나, 많은 노비들을 이용해 버려진 땅을 일구어 자기 땅으로 만들거나, 가난한 농민에게 돈을 빌려 주고 갚지 못하면 땅을 빼앗는 방법 등으로 자꾸 더 많은 땅을 차지했습니다. 가뭄이나 병충해라도 만나면 가난한 농민들은 자기네 조그마한 땅에 농사를 지어서는 먹고살기도 힘들어지자, 아예 땅을 부자 귀족에게 넘기고 스스로 원해 노비로 들어가는 경우도 있었습니다.

　더군다나 중앙 정부의 통치력이 약해지면서 많은 토지를 갖게 된 귀족들은 세금을 내지 않아도 되었지만, 그만큼의 세금을 농민들이 떠안아야 했습니다. 토지를 잃고 떠돌아 다니는 농민, 나라로부터 더 많은 세금을 독촉받는 농민, 흉년이 들어 농사를 지어도 먹을 것이 부족한 농민은 마침내 신라 중앙 정부에 저항하기 시작했습니다. 진성여왕(재위 887~897년) 때 중앙 정부에서 세금을 독촉하자 각 지방에서 도적이 벌떼같이 일어났다고 합니다.

　이러한 농민의 저항은 골품제 사회를 비판하면서 지방에서 등장한 새로운 세력에게 힘을 실어 주었습니다. 통일신라 말기의 후삼국 시대를 이끈 주역의 한 사람인 궁예는 바로 이러한 저항 농민의 힘을 모아 세력을 키운 사람입니다. 농민뿐만 아니라, 골품제의 신분 질서에 불만을 품은 6두품 지식인들, 중앙 귀족의 불교에 대항하는 선종의 승려들도 새로이 등장한 지방 세력과 힘을 합했습니다.

　결국 신라 사회는 골품제에 의한 신분 질서를 더 지탱하지 못할 지경에까지 이르렀습니다. 이제 오랫동안 착실히 실력을 키워 온 지방의 유력자들이 역사의 전면에 등장합니다. 골품제 아래에서 소외당하던 지방 세력이 골품제를 극복하는 주역이 된 것입니다.

아, 통일신라 너마저!

진골 귀족들이 중앙에서 권력 싸움에 휩쓸리는 동안, 지방의 호족 세력들은 크게 성장하여 점차 왕실을 압도할 만한 역량을 갖춰 나갑니다. 청해진을 근거로 한 장보고는 그 중에서도 두드러진 존재였지요.

그 뒤 진성여왕이 즉위했을 때에는 결국 국가 재정이 파탄에 이르고 맙니다. 889년(진성여왕 3년) 조정에서 재정 위기를 타개하기 위해 지방의 주·군에 조세를 엄히 독촉하자 궁지에 몰린 농민들은 반란의 도가니 속으로 휩쓸렸고, 신라 조정은 끝내 이를 수습하지 못해 오랜 내란기에 접어듭니다.

이 시기에 군웅이 전국 도처에 일어나 신라 조정은 지방을 전혀 통제할 수 없었습니다. 경주 자체도 무방비 상태가 되어 896년에는 이른바 적고적(赤袴賊:붉은 바지를 입은 도적의 무리)이 경주의 서부 모량리까지 진출할 정도였지요. 927년에는 신라 장수였던 견훤이 옛 백제 땅을 차지하고 세운 후백제의 군대가 경주로 쳐들어와, 경애왕(재위 924~927년)을 죽이고 경순왕(재위 927~935년)을 앉히기까지 했습니다.

실제로 이 시대의 주역은 각기 백제와 고구려의 부흥을 부르짖으며 궐기한 견훤과 궁예였습니다. 신라는 이 두 사람이 서로 대결을 벌이는 동안 그 틈새에서 겨우 맥을 유지할 수 있었지요. 그리고 918년에 궁예를 쓰러뜨리고 즉위한 고려 태조 왕건이 신라와 친선 정책을 꾀함에 따라 수명을 조금 더 연장할 수 있었습니다. 하지만 후백제의 왕 견훤이 실각하여 고려에 망명하자, 경순왕은 935년 11월 고려에 자진 항복하고 신라는 끝내 천 년 역사의 막을 내리고 맙니다.

군웅

막강한 군사력으로 독자적인 세력을 형성한 자들.

이 때 세계는

안록산의 난(755~763년) 이후 당은 여러 면에서 무너지기 시작했습니다. 당쟁의 폐와 환관의 전횡이 가열되더니 결국 황소의 난(875~884년)을 정점으로 얼마 안 있어 당 제국은 멸망하고 맙니다.

일본에서는 율령 체제가 무너지면서 중앙 귀족이나 사원, 신사 등이 광대한 사유지를 소유하여 장원이 발달합니다. 847년 10월에는 당나라에 갔던 엔닌(794~864년)이 귀국하여 장보고 등 신라 사람들의 무역 활동과 당나라에서의 생활을 적은 《입당구법순례행기》라는 책을 펴냅니다. 일본은 894년에 견당사(당에 보내는 사신) 파견을 중지하고, 이후 일본 고유의 색채가 짙은 국풍(國風) 문화가 번성합니다. 그리고 가나 문자(한자를 빌려서 만든 일본 고유 문자)를 만들어 일본 사람들의 감정을 자유롭게 표현함으로써 국문학이 융성합니다.

서아시아에서는 7세기에 이슬람 교를 바탕으로 이슬람 시대가 열립니다. 우마이야 왕조(661~755년)에 이은 아바스 왕조(750~1258년) 시대에는 인종과 민족을 초월한 범 이슬람 세계가 형성되었습니다. 이슬람 교를 바탕으로 아랍, 시리아, 페르시아 계통의 인종과 문화가 골고루 융합된 폭넓은 이슬람 문화가 발전하여 오늘날의 아랍권이 형성되는 계기가 되었지요.

인도에는 8세기 초 이슬람 세력이 침입하기 시작합니다. 9~12세기까지 남부 인도에는 촐라(Chola) 제국이 형성되었습니다. 촐라는 강력한 해군력을 바탕으로 동아시아와 중국까지 진출하여 동남아시아에 인도 문화가 널리 퍼지는 계기가 됩니다.

유럽에서는 프랑크 왕국의 샤를마뉴가 죽고 난 뒤 제국이 분할되어 오늘날의 프랑스, 독일, 이탈리아라는 대략의 경계가 만들어집니다.

기와는 흙을 이겨서 모양을 만든 다음 가마에서 구워 내는 것으로, 기와로 지붕을 이면 눈과 빗물이 잘 스며들지 않는다. 중국에서는 3000년 전 주나라 때 이미 기와를 만들었으며, 전국 시대를 거쳐 진·한 시대에 이르러 매우 발달했다. 서양에서는 고대 그리스 시대부터 사용한 흔적이 보인다.

우리 땅에 기와가 들어온 시기는 한나라의 무제가 위만 조선을 무너뜨리고 한 4군을 설치한 서기전 2~1세기 무렵이라고 할 수 있는데, 이 때를 전후하여 한반도 북반부에 목조 기와집을 짓는 새로운 건축 기술이 등장한 것으로 생각된다.

기와는 눈과 빗물이 지붕 아래로 스며들지 않고 기왓골을 따라 흘러내리게 하기 때문에, 지붕 재목이 썩지 않는다. 또 기와는 지붕을 장식하기 위해서도 사용된다. 기와지붕은 초가지붕보다 그냥 보기에도 웅장해 보이고, 기와 겉면에 다양한 조각을 해서 장식할 수도 있다.

기와의 종류

기와는 사용되는 위치에 따라 모양이나 명칭이 각각 다르고 종류도 매우 다양하다.

가장 기본적이고 수가 많은 것은 지붕에 씌워 기왓등과 기왓골을 이루며 눈과 빗물을 막는 수키와와 암키와이다. 그리고 처마 끝부분을 막는 막새(와당)는 그 마구리 부분에 무늬를 새겨 멋을 낸다.

막새에는 넓적하고 우묵한 암막새와 동그랗게 도드라지는 수막새가 기본이고, 위치에 따라 특이한 모양으로도 만들었다. 막새에 새기는 무늬는 연꽃, 당초, 보상화(寶相華 : 보상화는 불교 미술에서 많이 쓰이는 무늬로, 실제 존재하는 꽃의 모양을 본뜬 게 아니라 장식을 위해 여러 요소를 결합해 만들어 낸 꽃무늬이다. 보통 연꽃을 중심에 두고 좌우 대칭 당초 무늬로 둘러싼 모양이다), 도깨비 얼굴(귀면 : 鬼面), 동물 등 다양하다. 막새는 각 시대와 지역에 따라 무늬가 다채롭고, 제작 기법도 많은 차이가 있기 때문에 고고학이나 미술사 연구에 매우 중요하다.

서까래기와는 서까래가 썩지 않도록 하는 동시에 장식을 위해서도 사용되었는데, 위치에 따라 연목기와, 부연기와, 사래기와로 구분된다. 사래기와는 귀처마, 곧 지붕 모서리 끝의 서까래기와이다.

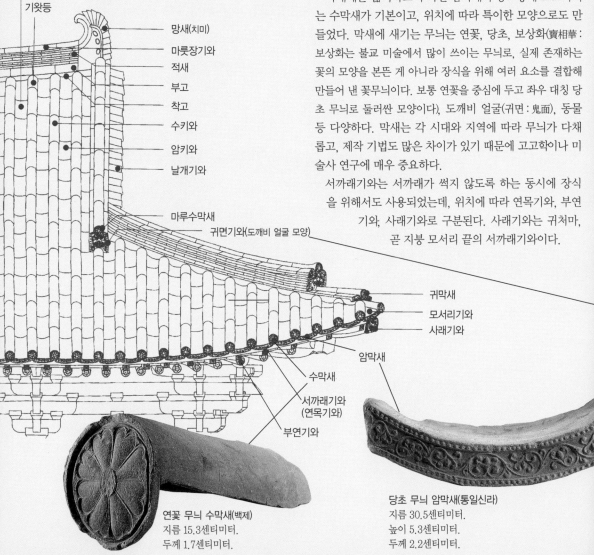

기왓골
기왓등
망새(치미)
마룻장기와
적새
부고
착고
수키와
암키와
날개기와
마루수막새
귀면기와(도깨비 얼굴 모양)
귀막새
모서리기와
사래기와
암막새
수막새
서까래기와(연목기와)
부연기와

연꽃 무늬 수막새(백제)
지름 15.3센티미터.
두께 1.7센티미터.

당초 무늬 암막새(통일신라)
지름 30.5센티미터.
높이 5.3센티미터.
두께 2.2센티미터.

사람 얼굴 모양 수막새(신라)

도깨비 얼굴 모양 수막새(신라)

도장 찍은 무늬 기와 조각(백제)

도깨비 얼굴 모양 기와
(통일신라)

고구려 기와

고구려의 기와는 대부분 적갈색이다. 막새의 면을 두 줄이나 세 줄의 선으로 나누어 연꽃잎을 무늬로 표현한 것은 비교적 오래 된 양식에 속한다. 평양으로 천도한 뒤에는 막새의 면을 구획한 선이 점차 사라지고, 대신 무늬 사이에 꽃잎 모양을 새겨 넣기 시작한다. 연꽃 무늬가 새겨진 수막새를 보면 꽃잎이 도도록하면서도 그 끝이 날카로워, 전체적으로 강한 인상을 준다.

연꽃 무늬 수막새 지름 20.9센티미터, 두께 1.2센티미터.
인동 무늬 수막새 지름 14.7센티미터, 두께 1.8센티미터.
보상화 무늬 수막새 지름 14.3센티미터, 두께 2.5센티미터.

백제 기와

백제의 기와는 대부분 연회색을 띤다. 연꽃잎에 별다른 장식이 없고 연잎의 끝이 부드럽게 구부러지면서 약간 올라가는 특징이 있다. 전체적으로 매우 우아하고 세련된 모양이다.

연꽃 무늬 수막새 지름 13.5센티미터, 두께 1.6센티미터.
둥근 무늬 수막새 지름 12.7센티미터, 두께 0.6센티미터.
풀꽃 무늬 수막새 지름 13.0센티미터, 두께 0.9센티미터.

신라 기와

고구려와 백제의 영향을 받으면서 만들어졌는데, 6세기 후반부터는 연꽃잎 안이 볼록해지고, 연꽃잎 끝이 둥글게 되거나 치오르는 독자적인 양식으로 나아간다. 통일 뒤에는 당나라 문화의 영향을 받으면서 무늬가 한층 다양해진다.

연꽃 무늬 수막새(통일신라) 지름 16.4센티미터, 두께 2.1센티미터.
당초 무늬 수막새(통일신라) 지름 14.8센티미터, 두께 2.1센티미터.
보상화 무늬 수막새(통일신라) 지름 11.8센티미터, 두께 1.7센티미터.

김씨 · 37왕

구도
김알지 후손 ── ① 미추 261~284년
          ── ② 내물 356~402년 ── ④ 눌지 417~458년 ── ⑤ 자비 458~479년 ── ⑥ 소비 479~500년
                                                                                    ── ⑦ 지증왕 500~514년

대서시 ── ③ 실성 402~417년

⑧ 법흥왕 514~540년
입종? ── ⑨ 진흥왕 540~576년 ── 동륜? ── ⑪ 진평왕 579~632 ── ⑫ 선덕 여왕 632~647년
                                            국반? ── ⑬ 진덕 여왕 647~654년
                          ── ⑩ 진지왕 576~579년 ── 용춘(문흥 왕?) ── ⑭ 무열왕 654~661년

⑮ 문무왕 661~681년 ── ⑯ 신문왕 681~692년 ── ⑰ 효소왕 692~702년
                                          ── ⑱ 성덕왕 702~737년 ── ⑲ 효성왕 737~742년
                                                                  ── ⑳ 경덕왕 742~765년

㉑ 혜공왕 765~780년 ── ㉒ 선덕왕 780~785년
㉓ 원성왕 785~798년 ── 안경? ── ㉔ 소성왕 798~800년 ── ㉕ 애장왕 800~809년
                              ── ㉖ 헌덕왕 809~826년
                              ── ㉗ 흥덕왕 826~836년
                              ── 중공? ── ㉙ 민애왕 838~839년
                      ── 예영 ── 헌정 ── ㉘ 희강왕 836~838년
                              ── 균정 ── ㉚ 신무왕 839년 ── ㉛ 문성왕 839~857년
                                        ── ㉜ 헌안왕 857~861년

계명 ── ㉝ 경문왕 861~875년 ── ㉞ 헌강왕 875~886년 ── ㉟ 효공왕 897~912년
                            ── ㉟ 정강왕 886~887년
                            ── ㊱ 진성여왕 887~897년

가야

1

700년 왕국, 가야

가야 연맹의 역사

변한에서 일어나다

가야는 서기 42년 수로왕이 탄생한 때부터 562년 신라에 망할 때까지, 한반도 남부 지역에 500년 넘게 지속했던 나라입니다. 그 문화 기반이 성립된 시기를 포함하면 역사가 무려 700년에 이릅니다.

《삼국유사》의 가야 건국 설화에 따르면, 수로왕이 등장하기 전까지 이 지역에서는 아직 국가가 형성되지 않은 채 여러 추장들이 산골짜기에서 각기 백성을 거느리고 살았다고 합니다. 그러다가 수로왕이 세운 가락국(금관가야, 오늘날의 김해 지방)을 비롯해 대가야(고령), 아라가야(함안), 고령가야(함창), 성산가야(성주), 소가야(고성)라는 여섯 나라가 등장하면서 가야의 역사가 시작되었다고 합니다. 그러나 실제로 가야에 여섯 나라만 있었던 것은 아닙니다.

고대에 한반도 남부에는 마한·변한·진한이라는, 작은 나라들의 연맹이 있었습니다. 가야는 바로 변한 지역에 해당하는 곳입니다. 그러니까 가야라는 이름이 널리 사용되기 전에 이 지역은 변한이라 했습니다. 당시 변한의 모습을 기록한 중국의 역사서 《삼국지》에 따르면, 변한 땅에는 모두 12개 나라가 있었습니다. 그 중에서도 김해 지방에 자리 잡았던 나라가 구야국이라고 합니다.

가락국 수로왕 설화의 무대가 김해 지방이고 '가락', '가라', '가야'와 '구야'의 발음이 비슷한 점을 고려할 때, 가야라는 이름은 바로 변한의 구야국에서 비롯한 것으로 추정됩니다.

가야를 이룬 여러 나라들

가야는 원래 한 나라가 아니라, 작은 나라 여럿이 모여 이루어진 나라입니다. 수로왕 설화에 6가야가 나오는 것이나 중국 《삼국지》의 변한 12개 나라 이야기를 보면, 가야국이 한 임금의 지배를 받는 통일 국가가 아니었음을 알 수 있습니다.

오늘날의 군이나 면 단위 정도에 해당하는 이들 작은 나라를 한자말로 소국(小國)이라 합니다. 원래 이들 소국은 주변에 있는 다른 소국의 간섭을 받지 않고 모든 문제를 스스로 해결하는 독립적인 지역 집단이었습니다. 소국마다 지배자와 관료는 물론이고, 궁궐이나 관청과 같은 각종 공공 시설을 두루 갖추었습니다.

가야의 역사는 바로 이들 소국이 서로 손잡고 연맹을 이루어 발전하다가 소멸한 과정의 역사라 할 수 있습니다.

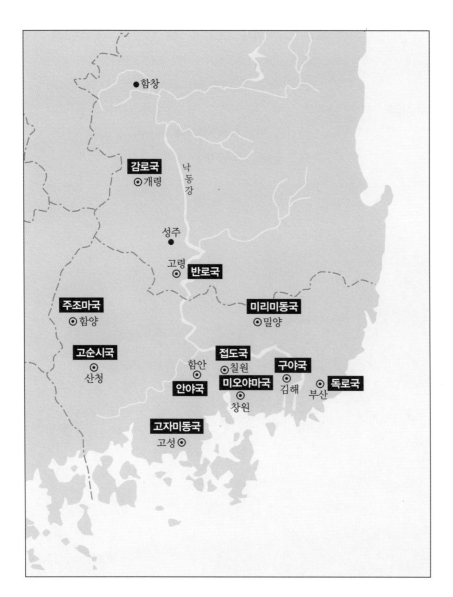

전기 가야 연맹(변한)의 여러 나라

《삼국유사》에는 함창 지방에 고령가야, 성주 지방에 성산가야가 있었다고 하나 아직 고고학적으로나 역사학적으로 확인되지 않았다. 변한 12개 나라 중 '낙노국'의 위치는 알 수 없다.(김태식, 《미완의 문명 7백년 가야사》 2권, 169쪽, 푸른역사, 2002)

천지가 개벽한 뒤로 가야 지방에는 아직 나라가 없고 또한 왕과 신하도 없었는데, 단지 아홉 추장이 각기 백성을 거느리고 농사를 지으며 살았다.

그런데 서기 42년 3월에 그들이 사는 곳의 북쪽, 구지봉(龜旨峰)에서 수상한 소리가 들렸다. 이에 아홉 추장과 마을 사람들이 소리가 난 산봉우리에 모였다. 그러자 하늘에서 이런 말이 들려왔다.

"하늘이 내게 이 곳에 와서 나라를 새로 세우고 임금이 되라 명령하셨다. 그래서 내려왔노라. 너희는 이 산 꼭대기의 땅을 파고 흙을 집으면서 '거북아, 거북아, 머리를 내밀어라. 그렇지 않으면 구워 먹겠다' 하고 노래를 불러라. 그러면서 춤을 추면 너희는 하늘에서 대왕을 맞이하여 기뻐서 뛰게 될 것이다."

아홉 추장과 사람들이 그 말에 따라 노래하고 춤추면서 하늘을 바라보니, 자주색 줄이 하늘로부터 땅에 드리워져 닿았고, 줄 끝을 찾아보니 붉은 보자기에 금으로 만든 상자가 싸여 있었다. 뚜껑을 열어 보니 황금색 알 여섯 개가 있었는데 마치 해처럼 둥글었다. 여러 사람이 모두 놀라면서도 기뻐서 수없이 절을 하고, 다시 보자기에 싸서 아도간(我刀干)이라는 추장의 집으로 가지고 왔다.

가야를 세운 수로왕 이야기

그로부터 12일이 지난 다음 날 아침에 마을 사람들이 다시 모여서 금 상자를 열어 보니 알 여섯 개가 아이로 변해 있었는데, 용모가 뛰어나고 바로 평상에 앉았다. 아이들은 나날이 자라 십수 일이 지나니 키가 9척이나 되었다.

그 달 보름날에 여섯 알 중에서 가장 먼저 태어난 수로가 왕위에 오르고, 나라 이름을 대가락 혹은 가야국이라고 했으니, 여섯 가야국 중의 하나였다. 알에서 태어난 나머지 다섯 사람도 각각 다섯 가야국으로 돌아가서 왕이 되었다.

《삼국유사》〈가락국기〉에서

척이란?

척은 길이의 단위로, 오늘날 1척은 30.303센티미터이다. 그러나 당시의 1척은 오늘날과 달리 약 20센티미터 정도였다고 하니, 9척은 약 180센티미터가 된다. 지금도 흔히 9척 장신이라는 말을 많이 쓰는데, 그 말은 키가 꼭 180센티미터라는 이야기가 아니라 매우 훤칠하고 키가 크다는 뜻이다. 그러니 수로왕 신화에서 아이들의 키가 9척이 되었다는 이야기도 그러한 의미로 이해해야 한다.

가야 토기

가야 시대에 낙동강 서쪽의 가야 영역에서 만들어진 가야 토기는 이웃의 백제나 신라의 토기와 대체로 비슷합니다. 특히 낙동강을 사이에 두고 거의 같은 지역에서 만들어진 신라 토기와는 더욱 비슷하지만, 그릇의 형태와 문양 면에서 나름대로 특징이 있습니다.

가야 토기는 무엇이 다른가

신라 토기와 구별되는 가야 토기의 대표적인 특징은 우선 두 가지를 들 수 있습니다.

첫째, 목이 긴 항아리의 모양이 다릅니다. 신라의 항아리는 목 부분에서 어깨로 이어지는 부분이 각을 이루고, 아래에 조그만 굽다리가 달리곤 합니다. 그런데 가야의 목 긴 항아리는 목과 어깨가 부드러운 곡선으로 연결되고 굽다리가 없어, 따로 만든 원통 모양이나 사발 모양 그릇받침에 올려집니다.

둘째, 신라의 굽다리접시는 대체로 그릇과 뚜껑의 깊이가 깊습니다. 그리고 굽다리의 장식 구멍을 2단으로 내되 위아래 엇갈리게 낸 경우가 많습니다. 그런데 가야의 굽다리접시는 깊이가 얕고, 굽다리의 구멍은 위아래가 한 줄이 되도록 배치됩니다.

가야 사람들은 요즘 우리 생활에서는 잘 쓰이지 않는 특이한 토기도 많이 만들었어요. 말 탄 사람 모양으로 만든 토기, 곧 기마 인물형 토기는 신라에서뿐 아니라 가야에서도 출토되었는데, 가야의 기마 인물형 토기는 방패를 든 무사와 무사를 태운 말까지 갑옷을 입은 모습입니다.

쇠미늘을 촘촘히 이어 만든 갑옷으로 말까지 중무장한 무사의 모습을 우리는 《아! 그렇구나 우리 역사》 3권 고구려 편에서 이미 보았지요.

가야의 목항아리와 그릇받침
김해 대성동, 높이 62센티미터.

신라의 목항아리
5~6세기, 맨 왼쪽 항아리의 높이 45.2센티미터.

그런데 함안이나 합천의 가야 무덤, 일본의 무덤 유적에서 쇠로 만든 말갑옷이 출토되어, 고구려 고분 벽화 속의 갑옷이 실제로 사용되었음을 알 수 있습니다.

이 기마 인물형 토기에 무엇을 담을 수 있을까요? 무사의 뒤, 말의 등에서 뻗어 나온 뿔잔에 그 해답이 있지요. 뿔잔은 글자 그대로 짐승의 뿔을 잘라 술과 같은 음료를 마시던 습관에서 유래했습니다. 처음에는 실제로 짐승의 뿔로 잔을 만들었겠지만 점차 상아나 금속, 옥으로도 만들었습니다. 서기전 2000년 즈음부터 서아시아 지역부터 중국에 걸쳐 널리 만들어졌습니다.

한반도에서는 신석기 시대의 유적인 부산 동삼동 조개무지에서 뿔 모양 토기 잔이 출토된 바 있습니다. 신라의 천마총에서는 칠기나 금동으로 만든 뿔잔과 함께 실제 소의 뿔 20개가 출토되어, 신라의 뿔잔이 북방 유목 민족들이 사용했던 원래의 뿔잔에서 유래했음을 짐작할 수 있어요. 가야 지역인 김해·의령·부산 등지에서 출토된 뿔잔도 북방 유목 민족 문화의 영향을 받은 것인지, 또는 신석기 시대의 전통이 계승된 것인지는 알 수 없는데, 그 모양은 지역별로 서로 차이가 있습니다.

수레바퀴 모양 토기(보물 637호)
의령 대의면, 5세기, 높이 18.5센티미터, 너비 24센티미터.

기마 인물형 토기(국보 275호)
김해 덕산리에서 출토했다고 전해진다. 5세기, 높이 23.2센티미터.

뿔 모양 잔
왼쪽: 보물 598호, 부산 복천동,
　　　높이 12.1센티미터, 길이 17센티미터.
오른쪽: 높이 24.4센티미터.

가야 사이에서

후기에 가야 문화권은 크게 4개 권역으로 나뉜다. 그것을 토기 모양으로 구분하면 다음과 같습니다.

먼저 대가야가 있었던 고령 지방에서는 뚜껑이 있고 굽다리에 2단 장식 구멍이 일렬로 나란히 뚫린 굽다리접시, 뚜껑 있는 긴 목 항아리, 원통형 그릇받침, 뚜껑 있는 접시가 많이 보입니다.

아라가야가 있었다는 함안 지방에서는 마치 오늘날의 머그 잔처럼 생긴 토기와 굽다리에 불꽃 모양(열쇠 구멍 모양으로 보이기도 함)으로 구멍이 난 굽접시가 특색을 이루지요.

고성 지방에는 소가야가 있었다고 합니다. 굽다리에 길고 날씬한 네모꼴 구멍이 단 구별 없이 뚫린데다 뚜껑 있는 굽접시, 굽다리에 긴세모꼴 구멍이 한 단으로 뚫리고 뚜껑 있는 굽접시가 고성−진주 양식의 특징입니다.

금관가야가 있었던 김해 인근에서 나오는 토기 중에서는 아가리 부분이 밖으로 크게 꺾인데다 굽다리에 구멍이 뚫리지 않은 굽접시, 화로 모양 토기 등이 특색 있습니다.

화로 모양 토기(김해 대성동)
높이 23.9센티미터.

그릇받침과 항아리(고성 연당리)
맨 오른쪽 그릇받침 높이 28.9센티미터.

네귀항아리(진주 중안동)
왼쪽 항아리 높이 24센티미터.

그릇받침(진주 가좌동)
높이 49.6센티미터.

굽다리접시(진주 가좌동)
높이 15.4센티미터.

크고 작은 뚜껑 접시 세트(고령 지산동)
큰 뚜껑 접시 높이 11.5센티미터,
아가리 지름 33.5센티미터.
작은 뚜껑 접시 높이 6.9센티미터,
아가리 지름 11.5센티미터.

그릇받침과 뚜껑항아리(고령 지산동)
오른쪽:그릇받침 높이 34센티미터.
항아리 높이 35센티미터.

고령권

함안권

김해권

고성-진주권

원통형 그릇받침(합천 반계제)
높이 68.5센티미터.

잔과 굽다리접시(고령 지산동)
굽다리접시의 높이 18센티미터.

그릇받침(김해 대성동)

굽다리접시(김해 예안리)
높이 11센티미터.

굽다리접시(함안 도항리)
5세기, 높이 19.1센티미터

그릇받침(함안 도항리)

쇠뿔잡이 항아리
(김해 대성동)
높이 41.8센티미터.

두귀항아리(김해 대성동)
높이 29센티미터.

손잡이 달린 잔(함안 말이산)

굽다리항아리(함안 황사리)
오른쪽:높이 17.7센티미터.

풍요로운 철의 나라

철기 문화를 바탕으로 한 가야 연맹

가야 지역의 문화는 서기전 2~1세기 무렵에 서북한 지역에서 철 생산 기술과 철기 제작 기술이 들어오면서부터 성립되었습니다. 그 뒤 서기 2세기 무렵에는 철기 문화를 바탕으로 한 소국들이 많이 나타나고 그들 사이에 분쟁이 자주 일어났습니다. 당시의 가야 지역 무덤에서 쇠로 만든 도구들 중에서도 무기가 많이 출토되는 것은 그 때문입니다.

그 과정에서 각 소국들은 평화로운 유대 관계를 맺기도 했지만, 때로는 무력 충돌을 통해 상대를 제압하는 경우도 생겼습니다. 이 같은 상호 작용이 되풀이되면서 가장 힘센 소국이 다른 약한 소국들을 제압하고 주도권을 장악하게 되었지요.

그러나 당시에는 가장 강한 소국이라 할지라도 아직 주변 소국을 완전히 흡수하여 자기네 땅으로 만들 만한 힘은 없었습니다. 때문에 강한 소국은 약한 소국들의 존재를 인정해 주는 대신, 자기네 나라가 정치적 주도권을 장악하는 연맹 관계를 맺었습니다. 어느 시기부터인가 변한 지역에서는 이들 소국이 결집한 연맹 전체를 '가야'로 인식하게 되었고, 후대에는 그 연맹에 속한 소국들을 '무슨무슨 가야'라고 부르기도 했습니다. 그것은 바로 김해 지방의 가락국(금관가야)이 초기에 가야 연맹을 주도했기 때문입니다.

전기 가야 연맹은 금관가야 중심

금관가야가 있었던 김해 지방은 일찍부터 철광석이 풍부한 곳으로 알려졌습니다. 변한 시절부터 김해 지방에서 생산한 철을 멀리 떨어진 낙랑, 대방과 바다 건너 왜까지 수출했습니다. 당시 철은 무기나 농기구를 만드는 데 꼭 필요했을 뿐만 아니라, 무역을 하거나 물건을 사고 팔 때 화폐처럼 이용되기도 한 중요한 자원이었습니다.

게다가 김해 지방은 낙동강 하류에 있기 때문에 바다와 육지 안쪽 지방을 연결하는 교통의 중심지였습니다. 강을 타고 경상 남북도의 내륙 깊숙이까지 갈 수

김해 대성동 유적을 발굴하는 장면
가야의 옛 무덤 중 언제, 누구의 무덤이었는지 확실히 알 수 있는 것은 없다. 대성동의 옛 무덤들은 그 유물로 보아 대략 3세기 후반에서 5세기 초엽에 만들어진 왕족의 무덤으로 추정된다. 이 곳에서는 많은 덩이쇠, 쇠로 만든 여러 가지 무기, 마구, 투구, 갑옷, 그리고 굽다리접시, 화로 모양 토기, 목항아리 등 단단한 도질 토기(도기), 치레거리, 청동 거울, 청동 솥, 바람개비 모양 방패꾸미개 등이 발견되었다. 오른쪽은 김해 대성동 39호 무덤.

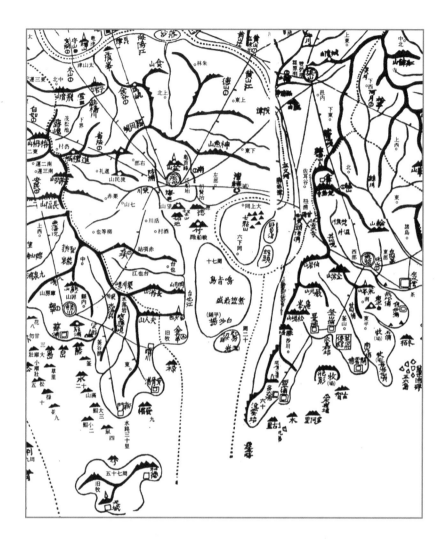

〈대동여지도〉의 김해
지금 김해는 바다와 먼 내륙 지방이지만, 20세기 들어 계속 간척하여 땅을 넓히기 전에는 남해와 만나는 바닷가 지방이었다. 조선 후기의 〈대동여지도〉에서도 그 사실을 확인할 수 있다.

있고, 역시 강을 타고 바다로 나아가 낙랑, 마한, 동예, 왜하고도 무역할 수 있었습니다. 그래서 김해 지방의 옛 무덤들에서는 중국 계통의 청동 거울, 화폐와 세발솥, 유목 민족 계통의 청동 솥, 굽은 칼, 왜 계통의 바람개비 모양 방패꾸미개, 돌화살촉 등 외래품이 출토되기도 했습니다.

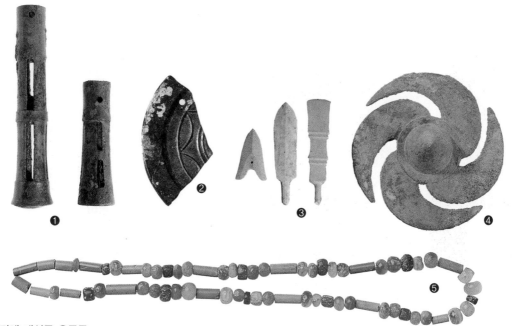

김해 대성동 유물들

❶ 창끝꾸미개 : 39호 무덤.
❷ 청동 거울 조각 : 14호 무덤, 길이 6.4센티미터.
❸ 돌화살촉 : 13호 무덤.
❹ 바람개비 모양 방패꾸미개 : 13호 무덤, 지름 12센티미터.
❺ 목걸이 : 2호 무덤.
❻ 청동 솥 : 29호 무덤, 3~4세기, 높이 18.8센티미터.

금관가야는 이처럼 자원과 교통상의 이점을 이용하여 일찍부터 경제적 부를 축적했고, 또 선진국의 문물을 가장 먼저 받아들임으로써 낙동강 유역에서 가장 강력한 국가로 떠올랐습니다. 2~3세기 무렵에 금관가야의 영향력은 주변 소국들을 압도했고, 가야의 소국들은 자연스럽게 김해의 금관가야를 맹주국으로 받들어 연맹을 형성합니다.

그 뒤 가야는 경주의 사로국을 중심으로 한 신라와 대결하면서 성장했는데, 특히 경상 남도 양산

앞   뒤

투구
김해 양동 78호 무덤.

판갑옷
김해 퇴래리에서 출토했다
고 전해진다. 4세기, 높이
64.8센티미터.

갑옷의 목 가리개
김해 대성동 39호 무덤, 4
세기, 높이 43센티미터, 지
름 76센티미터.

방면의 낙동
강 유역에서
여러 차례 전쟁
을 벌이기도 했
습니다. 한편 가야
연맹은 한때 둘로 분열
되어, 고자국(지금의 고성) 등 여
덟 나라가 반란을 일으켜서 금관가야를 공격하기도 했습니다. 그러
나 금관가야는 신라에 외교 활동을 펼침으로써 신라의 도움을 받아
이를 극복하고, 다시 가야 연맹 전체의 맹주국으로 복귀합니다. 이
처럼 3~4세기 무렵의 가야 연맹은 주변의 국제 정세에 따라 분열과
통합을 되풀이하면서 발전해 나갔는데, 이것은 연맹체 사회의 특징
이기도 합니다.

그러나 4세기 후반에 옛 대방 지역(지금의 황해도 방면)을 놓고 고구려와 백제가 충돌하면서 한반도에 긴장이 감돌기 시작했습니다. 특히 고구려 광개토왕이 391년 이후 백제 지역을 집중 공략하자, 위협을 느낀 백제는 고구려와 정면으로 대결하는 길을 택했습니다. 그리고 고구려나 백제보다 발전 속도가 더디었던 신라는 고구려와 가까이 하여 내부의 발전을 꾀했고, 가야는 신라와 대립한 채 백제와 교류하는 데 주력했지요.

그러던 중 400년에 고구려가 신라의 요청에 따라 보병과 기병 5만여 명을 보내 신라를 노략질하던 왜군을 정벌했습니다. 당시 가야와 왜는 밀접한 교류 관계를 유지했는데, 고구려가 도망치는 왜군을 추격하여 가야 지역의 중심부까지 공격하자 가야도 엄청난 타격을 입었습니다. 당시 금관가야를 중심으로 유지되던 가야 연맹은 급격히 약해졌고, 가야의 여러 소국들은 각기 흩어져 스스로 생존을 도모하기에 급급한 상태로 전락하고 말았지요.

고령 지산동 고분에서 출토된 금동 관
고령 지산동 32호 무덤, 5세기, 높이 19.6센티미터.

후기 가야 연맹은 대가야 중심

김해 지방을 중심으로 한 가야 연맹이 해체된 뒤, 낙동강 서쪽 내륙 지역에서는 고령 지방의 대가야를 중심으로 다시 가야의 소국들이 연맹을 형성하기 시작했습니다. 그 시기는 5세기 중엽 이후로 추정됩니다.

고령, 합천, 함양 등은 바다에서 꽤 멀리 떨

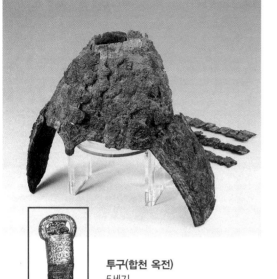

투구(합천 옥전)
5세기,
높이 20센티미터.

**용·봉황 무늬 고리자루
칼(합천 옥전)**
5세기, 길이 83센티미터.

어진 곳으로 농업을 위주로 생활했습니다. 때문에 김해의 금관가야가 지리적 여건과 철광 자원을 바탕으로 일찍부터 번영을 누릴 때, 내륙 지방은 그 발전 속도가 매우 더딘 수준이었지요.

그러나 고구려의 대규모 기마 군단이 가야를 휩쓸고 지나간 뒤, 상황은 급속도로 바뀌었습니다. 이전까지 화려한 선진 문화를 누리던 김해의 금관가야는 기세가 완전히 꺾인 반면, 고구려군의 발길이 거의 닿지 않았던 산간 내륙 지역은 별로 피해를 입지 않았어요. 오히려 선진 지역이었던 경남 남해안 지방에서 철기와 도질 토기를 제작하던 우수한 기술자들이 흘러들고, 동시에 세련된 사회 제도까지 전래되어 사회 발전을 이룰 수 있는 기반이 형성되었습니다.

전부터 농경으로 사회 기반을 착실하게 다져 온 고령 지방에서는, 철기를 중심으로 한 선진 문화가 들어오자 급속한 사회 발전을 이룩할 수 있었지요. 그 결과 고령 지방의 소국은 나라 이름을 반파국에서 대가야국으로 바꾸고, 주변의 다른 소국들을 끌어들여 새로운 가야 연맹을 형성합니다.

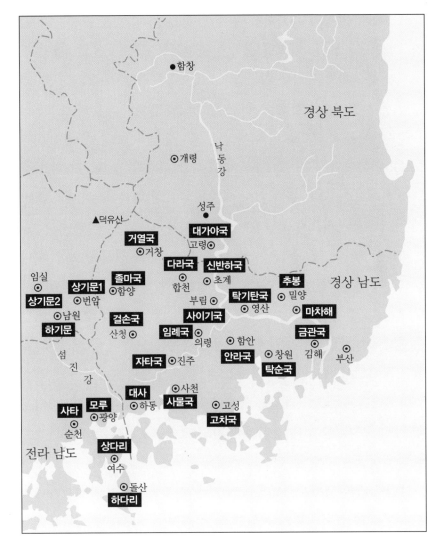

후기 가야 연맹의 최대 판도
(김태식, 《미완의 문명 7백 년 가야사》 1권, 189쪽, 푸른 역사, 2002)

대가야가 힘을 키운 데는 백제의 국력이 위축된 것도 한 요인이 되었습니다. 원래 백제는 가야 지역으로 진출하기 위해 끊임없이 노력했습니다. 그러나 4세기 말 이후 고구려가 남진 정책을 펼치자, 고구려를 막는 데 전력을 쏟느라 가야에 관심을 돌릴 여력이 없었습니다.

그리하여 고령의 대가야를 맹주로 한 가야 연맹은 오늘날의 거창·함양·산청 등 지리산 근방은 물론이고, 남원·임실·광양 등 섬진강 유역까지 세력을 확대함으로써, 서부 경남 지역의 대부분과 호남 동부 지역을 포함하는 세력권을 형성했습니다.

금관가야를 중심으로 한 이른 시기의 연맹을 '전기 가야 연맹'이라고 하고, 고령의 대가야가 중심이 된 나중 시기의 연맹을 '후기 가야 연맹'이라고 합니다. 후기 가야 연맹을 주도한 대가야는 5세기 후반에 들어와 국제적으로도 활발히 활동합니다.

479년 대가야 왕 하지는 중국 남조의 제나라에 사신을 보내, 제나라로부터 '보국장군본국왕(輔國將軍本國王)'이라는 칭호를 받았습니다. 당시 선진국이었던 중국에서 당당히 '국왕', 곧 한 나라의 왕이라는 칭호를 받았다는 것은 제나라에서 가야를 고구려, 백제, 신라와 같은 국가로서 대접했다는 의미입니다.

또 481년에는 고구려군이 동해안을 따라 신라를 공격하자, 백제와 함께 구원병을 보내 신라를 돕기도 했습니다. 그리고 496년에는 신라에 공물을 보내 양국 간의 우의를 돈독히 했습니다.

그러나 가야 연맹은 6세기 들어 백제와 신라가 비약적으로 발전한 것과 반비례하여 국력이 쇠퇴했고, 급기야는 신라에게 정복당하고 맙니다.

전기 가야 연맹과 후기 가야 연맹의 주도권 변화는 대가야의 건국을 전하는 이진아시왕 설화에서도 엿볼 수 있다. 설화의 내용은 다음과 같다.

> 가야산의 산신인 정견모주가 하늘 신인 이비가지에게 감응하여 대가야 왕 뇌질주일과 금관국 왕 뇌질청예 두 사람을 낳았다. 뇌질주일은 이진아시왕의 별칭이고, 뇌질청예는 수로왕의 별칭이다.
>
> 《신증동국여지승람》에 실린 최치원의 〈석이정전(釋利貞傳)〉에서

이 설화에서는 금관가야의 수로왕과 대가야의 이진아시왕이 형제라고 한다. 그런데 설화에서 서로 다른 두 나라의 시조를 형제 관계로 표현하는 것은, 대개 시간 차를 두고 두 나라 사이에 정치적 주도권이 바뀌었을 경우에 등장한다. 백제의 건국 설화인 비류와 온조의 이야기에서도 비류와 온조가 형제로 나오지만, 실제로는 백제 연맹의 정치적 주도권이 초기에는 미추홀의 비류 집단에 있다가 이후 한성의 온조 집단으로 넘어간 사실을 반영한다.

대가야의 건국 설화 역시 백제의 건국 설화와 마찬가지로, 연맹의 주도권이 금관가야에서 대가야로 넘어간 사실을 알려 준다 할 수 있다.

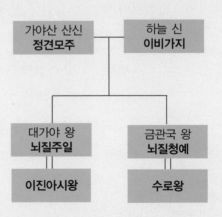

가야산 산신 **정견모주**		하늘 신 **이비가지**
대가야 왕 **뇌질주일**		금관국 왕 **뇌질청예**
이진아시왕		수로왕

역사 속으로 사라지다

6세기에 접어들어 고구려의 위세가 꺾이고 백제와 신라의 국력이 커지면서, 가야 지역을 둘러싸고 팽팽한 긴장감이 일기 시작했습니다. 백제는 6세기 초 무령왕 때에 이르러 다시 힘을 회복하고 이전과 같은 강국이 됩니다. 그리고 삼국 중에서 국가 발전 정도가 가장 더디었던 신라는 4세기 이후 꾸준히 체제를 정비하여, 지증왕 때에 국호를 신라로 정하여 면모를 새롭게 한 뒤 법흥왕 때에 이르러 비약적인 발전을 이룩합니다.

이렇게 국력을 축적한 백제와 신라는 눈을 돌려 가야 지역을 차지하기 위해 경쟁을 벌였습니다. 백제는 호남 동부 지역의 소국들을 한편으로는 위협하고, 한편으로는 지원하면서 대가야의 영향력을 배제해 나갑니다. 대가야는 무력 시위를 통해서 이를 막아 보려고 했으나 백제보다 힘이 딸려 어쩔 수 없었지요.

이에 대가야는 신라 왕실과 혼인 관계를 맺어 백제에 대항하려고 했습니다. 그러나 신라는 가야 지역 북부에 있던 대가야 왕실과 혼인 관계를 통해 유대를 다지는 한편, 군사를 보내 가야 지역 남부에 있던 소국들을 끊임없이 공략했습니다.

이처럼 신라가 가야 남부 지역으로 진출해 오자, 가야의 일부 소국들은 연맹의 통제에서 벗어나 급속히 신라의 영향권 안으로 들어갔습니다. 532년에는 전기 가야 연맹의 맹주국이었던 금관가야의 구해왕이 나라를 더 지탱할 수 없어서 신라에 항복하기에 이르렀지요.

신라와 대가야의 혼인 관계
522년 대가야 이뇌왕이 신라에 청혼하자, 법흥왕이 이찬 비조부의 누이동생을 보냈다. 신라에서 시집온 비조부의 누이동생은 대가야의 마지막 왕이 된 월광태자를 낳았다고 한다.

합천 월광사
월광 태자가 이 곳에서
여생을 보냈다고 전해진다.

신라의 진출에 위협을 느낀 가야 연맹은 다시 백제와 손을 잡아 위기를 극복하려고 했습니다. 553년 신라가 백제를 공격하고, 이듬 해에는 백제가 대군을 거느리고 신라를 응징하기 위하여 총 공격하는 상황이 발생했습니다. 이에 대가야는 백제, 왜와 함께 연합군을 결성하여 신라를 공격합니다.

그러나 관산성 전투에서 백제와 가야 연합군이 신라군에게 대패하고, 이어 승리한 신라군이 경남 창녕 지방까지 진출하여 대가야를 코앞에서 위협했지요.

대가야는 결국 562년에 신라군의 전격적인 공격을 받아 멸망했고, 이로써 가야는 역사의 무대에서 사라지게 되었습니다.

가야 사람들은 자기네 나라를 뭐라고 불렀을까요?

사실 정확한 것은 알 수가 없다. 바로 '가야'라고 부르지 않았겠느냐고요? 그런데 '가야'라는 말은 1500~2000년 전의 우리말을 한자로 옮겨 적은 것이다. 그래서 역사책마다, 비석에 새긴 글마다 글자가 다 각각이다.

가야(加耶, 伽耶, 伽倻)라 적기도 하고 가라(加羅, 伽羅, 迦羅, 呵囉, 柯羅), 가락(駕洛, 伽洛), 구야(狗邪, 拘邪)……. 심지어 같은 책 안에서 서로 다른 한자로 쓰기도 했다.

고려 시대에 들어서는 '伽耶(가야)'라고 적었는데, 그것은 불교에서 인도에 있는 불교 성지인 부다가야(Budda Gaya)를 불타가야(佛陀伽耶)로 적고, 그 북쪽에 있는 도시인 가야(Gaya)를 '가야성(伽耶城)'으로 표기한 것과 관련이 있지 않을까 하는 시각도 있다. 불교가 성행하던 고려 시대에 일부 승려들이 역사를 기록하면서, 가야를 불교와 밀접한 관련이 있는 이름으로 생각해 일부러 그렇게 쓰기 시작했다는 것이다.

그리고 불교를 억압한 조선 시대에 들어와서는 이 같은 불교식 어감을 피하기 위해 글자를 伽倻로 고쳐 썼다. 하여 《고려사》〈지리지〉나 《신증동국여지승람》, 그리고 한치윤의 《해동역사》를 비롯한 조선 후기의 역사책에는 대개 '가야(伽倻)'라고 썼다.

이렇게 한 나라 이름을 두고 여러 가지 글자로 쓰게 된 결정적인 요인은 가야 사람 스스로가 자기네 나라에 관해 남긴 기록이 전혀 없기 때문이다.

가야라는 말은 어디에서 나왔을까요?

가야 사람들이 '가나'라는, 끝이 뾰족한 고깔을 쓰고 다닌 데서 나왔다는 설도 있고, 큰 나라라는 뜻으로 '간나라'라 했던 데서 나왔다는 설도 있다. 또 가야의 여러 나라가 모두 강가에 있었기 때문에 강을 뜻하는 '가람'에서 그 이름이 나왔다고 하는 학자도 있다.

또 '겨레', '갈래'와 그 어원이 같다는 주장도 있다. 만주 말의 '교로(종족)', '할라(성씨·일족)', 몽골 말의 '갈가(마을)', 핀란드-위구르 말의 '굴라(마을)', 시베리아 북서부에 사는 사모예드 족의 '가라(마을)'하고도 어원이 다 같다는 것이다.

그 중 어느 것이 정확한 사실인지는 알 수 없다.

여기서 우리는 '가야'라는 나라 이름에 대해서는 아직 분명히 밝혀진 것이 없다는 결론을 내릴 수밖에 없다. 해답을 찾으려면 앞으로 역사학자와 언어학자가 힘을 합쳐 더 연구해야 할 것이다.

2

당당한 제4국의 문화

가야 사람의 삶과 문화

철의 나라, 가야

풍요로운 철의 문화를 일구었던 변한의 후예, 가야가 500년 넘게 지속되었다면, 가야의 산업과 문화는 매우 높은 수준에 이르렀을 것입니다. 고구려, 백제, 신라와는 다른, 가야 사람들의 독립적인 문화가 있었겠지요.

가야 시대의 기본 산업으로는 벼농사를 중심으로 한 농업과, 남해안 일대를 무대로 한 어업을 들 수 있습니다. 김해 회현동과 사천 늑도에서 발견된 고대의 쌀과, 바닷가 곳곳에서 발견할 수 있는 조개무지는 당시 농업과 어업의 양상을 추정할 수 있게 해 줍니다.

여러 가지 모양 미늘쇠
무엇에 쓰는 물건일까?
김해 양동 예안리 출토, 맨 왼쪽의 것 길이 20.8센티미터.

덩이쇠
위 : 김해 대성동 2호 무덤, 4세기, 길이 21∼25센티미터.
아래 : 함안 도항리 10호 무덤, 5세기,
　　　맨 오른쪽 것의 길이 48.6센티미터.

그러나 가야의 산업을 꼽는다면 그 무엇보다도 철 생산이 먼저입니다. 철은 고대 국가가 형성, 발전하는 데 절대적으로 기여했습니다. 철 산지를 확보한 종족은 다른 종족에 비해 군사적으로나 경제적으로 유리한 위치에서 세력을 확장할 수 있었지요. 전기 가야 연맹을 주도한 김해 지방과, 후기 가야 연맹을 주도한 고령 지방이 연맹의 맹주국으로 등장할 수 있었던 것은 바로 철 산지를 확보했기 때문이라고 볼 수 있습니다.

경상 남도 지역에는 철 산지가 17곳 있는데, 이 중 13곳이 김해 부근입니다. 조선 시대에 만든 책인 《세종실록》의 〈지리지〉에 따르면, 고령 인근에 있는 합천 야로현이라는 곳에 있던 철장(철광석에서 철을 뽑아 내는 곳)에서는 해마다 철 9500근을 바칠 정도로 철이 풍부했습니다.

당시 가야에서 생산한 철은 한반도 남부 지방의 다른 소국들뿐만 아

철광석 밀양 사촌 출토.

금실을 박아 넣은 고리자루 칼
함안 말갑옷 무덤(마갑총), 4~5세기, 길이 89.7센티미터, 너비 4센티미터.

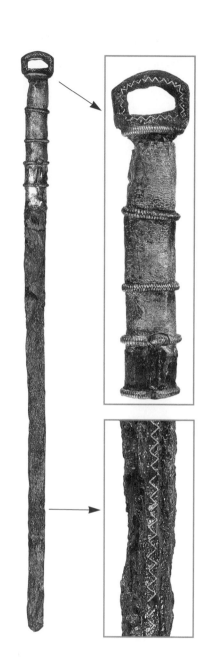

니라 바다 건너 왜와 멀리 낙랑까지 수출했습니다. 그리고 물건을 사고 팔 때는 돈 대신에 철을 이용하기도 했습니다.

덩이쇠와 철제 무기들

다른 지역과 달리 가야의 무덤에서는 많은 철 제품과 덩이쇠(철정:鐵鋌)가 발견되어 눈길을 끕니다. 덩이쇠는 용광로에서 철을 추출해서 일정한 크기와 모양으로 만든 쇳덩이입니다. 덩이쇠는 그 자체가 화폐처럼 이용되었을 뿐 아니라, 벼리고 다듬어서

**말갑옷이 출토된 함안 말
갑옷 무덤**
말갑옷의 길이 2.3미터.

여러 가지 물건을 만드는 재료로 쓰였습니다. 가야의 무덤에서는 널
이 놓이는 바닥에 덩이쇠가 깔렸거나, 널 주변에서 덩이쇠가 무더기
로 발견되기도 합니다.

　현재 남아 있는 가야의 철 제품 중에서 가장 풍부하고 화려한 것
은 무기입니다. 수많은 쇠화살촉과 철검, 투겁창은 당시 가야의 무
기 제작 수준을 보여 줍니다.

　또 가야의 무덤에서는 쇠로 만든 갑옷과 투구도 발견되었습니다.
넓적한 철판을 연결하여 만든 판갑옷(판갑：板甲)도 있고, 자잘한 철
판을 가죽으로 엮어 만든 미늘갑옷(찰갑：札甲)도 있었습니다.

　4세기에는 주로 보병이 입었을 것으로 보이는 판갑옷을 많이 만들

었지만, 5세기 이후에는 기마병에게 유용한 미늘갑옷을 많이 만들었습니다. 자잘한 쇠미늘로 만든 미늘갑옷은 딱딱한 철판을 이은 판갑옷에 비해 몸을 돌리거나 움직이기가 훨씬 편했기 때문에, 말을 타고 적진을 휘저으면서 전후좌우로 활발히 움직여야 하는 기병이 주로 입었지요. 보병은 대형을 갖춘 채 집단으로 진군하면 되었으므로 기마병에 비하여 활동 폭이 상대적으로 적기 때문에 판갑옷을 입었습니다.

또한 말을 보호하기 위한 말갑옷과 말투구도 많이 발견되어 당시 가야 철 산업의 면모를 짐작케 합니다.

말투구(합천 옥전)
길이 49.5센티미터.

가야의 무기

❶ 철검(김해 양동)
❷ 투겁창(김해 양동)
❸ 가지창(김해 대성동)
❹ 화살촉(함안 도항리)

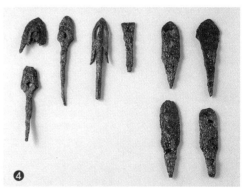

가야 무사, 갑옷 입고 말 타고 전쟁터로!

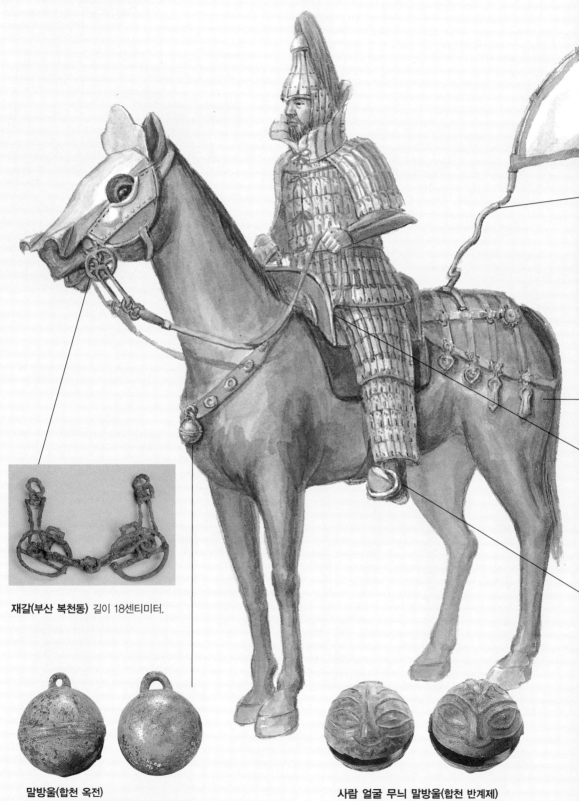

재갈(부산 복천동) 길이 18센티미터.

말방울(합천 옥전)
5세기, 오른쪽 방울의 지름 5.7센티미터.

사람 얼굴 무늬 말방울(합천 반계제)
5세기, 오른쪽 방울의 지름 6센티미터.

5세기에 들어서면서 가야 지역에서는 기마용 갑옷과 투구가 폭발적으로 늘어났다. 사람뿐 아니라 말을 보호하기 위한 갑옷과 투구도 사용했고, 기마 무사를 더욱 위풍당당하게 해 주는 기꽂이, 말띠드리개 같은 부속품도 많이 사용했다. 이처럼 기마 전용 갑옷과 부속품이 많이 발견되는 걸로 보아, 당시 가야의 전술이 보병전에서 기마 전투로 발전해 갔음을 알 수 있다.

기꽂이(합천 옥전)
5세기, 길이 60.5센티미터.

청동 테를 두른 말띠드리개(합천 옥전)
5~6세기, 오른쪽 것의 길이 13.5센티미터.

말띠꾸미개(창녕 교동)
6세기, 맨 오른쪽 것의 지름 19.7센티미터.

발걸이(등자, 고성 내산리)

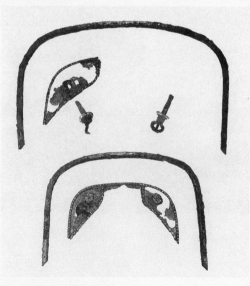

말안장가리개(고령 지산동)
6세기, 위쪽 앞 가리개의 높이 30.3센티미터, 너비 44.5센티미터.

가야의 신앙과 풍속

고구려, 백제, 신라는 고대 국가로 성장하는 과정에서 불교를 받아들여 새로운 정신 세계를 이룩했습니다. 가야에도 불교가 전해졌는지 분명히 알려 주는 기록은 없지만, 아마 삼국과 비슷한 시기에 불교가 전래되었을 가능성이 큽니다. 수로왕의 부인 허 왕후가 불교의 발상지인 인도에서 왔다는 설화, 금관가야의 질지왕이 452년에 왕후사라는 절을 창건했다는 기록은 가야도 불교와 인연이 있었음을 말해 줍니다.

그러나 가야 시대에 지은 절의 유적이 아직 발견되지 않았고, 또

고령 지산동 44호 무덤 대가야의 왕릉급 무덤. 가운데에 무덤 주인공과 껴묻거리를 안치한 돌방이 세 개 있고, 둘레에 규모가 작은 덧널이 32개나 있다. 이들 덧널에서 순장된 것으로 보이는 유골 22구가 나왔다.

수많은 무덤이나 유적지에서 불상과 같은 불교 관련 유물이 나오지 않아서, 당시 사람들이 불교를 얼마나 어떻게 믿었는지를 짐작하기가 쉽지 않습니다.

가야의 장송 의례

가야 사람들의 풍습 중 특이한 것으로 장송(시신을 장지로 보내는 것) 의례를 들 수 있습니다. 가야 사람들은 큰 새의 깃털로 죽은 자를 장송했다는데, 무덤(혹은 널)에 깃털을 함께 묻었을 것으로 추정합니다. 아니면 무덤 위에다 깃털을 놓았을지도 모릅니다. 죽은 사람이 하늘로 날아 올라가기를 기원했기 때문이지요. 가야의 무덤에서는

짚신 모양 토기
(부산 복천동)
오른쪽의 것 높이 16센티미터.

가야의 집 모양 토기
(대구 현풍)
굴뚝이 있는 것으로 보아
집 안에 아궁이가 있었다.
그리고 사다리를 타고 2층
의 다락방에 오르내렸을 것
이다.
5세기, 높이 12.5센티미터.

오리 모양 토기가 곧잘 나오는데, 바로 이러한 풍습과 관계 있는 것
으로 보입니다.

가야 사람들은 짚신이나 수레바퀴 모양으로 만든 토기도 무덤에
같이 묻었습니다. 이것들이 죽은 이의 영혼을 저승으로 데려다 주리
라 믿고, 죽은 이가 승천 길을 무사히 돌아가기를 기원하는 마음을
표현한 것이지요.

가야에서는 왕이나 귀족이 죽었을 때,
평소에 그를 모시던 시종이나 노비들을
함께 무덤에 묻는 순장 풍습도 있었습
니다.

대가야의 악사 우륵, 가야금으로 12곡을 만들다

5세기 말에서 6세기 무렵, 대가야의 가실왕은 중국 악기인 쟁 (箏)을 참고하여 새로운 악기를 만들었다고 한다. 이 악기가 바로 '가야의 금(琴)', 곧 가야금이다. 그 뒤 오늘날의 경남 의령군 출신인 대가야 궁정 악사 우륵은 그 가야금을 가지고 가야 연맹 여러 소국들의 고유 음악을 정리하여 12곡을 만들었다.

그러나 우륵이 살던 6세기 중엽의 국제 정세는 매우 긴박했다. 532년에는 금관가야가 기어이 신라에 항복하고 말았고, 550년 즈음에는 가야 연맹이 백제와 연합했다. 이에 정치꾼들에 의해 나라의 독립성에 금이 간 사실에 분노한 우륵은 제자들과 함께 가야금을 가지고 신라에 망명했고, 신라에서는 우륵 일행을 오늘날의 충주 지방에 살게 했다.

중국 악기 '쟁'
조선 시대에 만들어진 책 《악학궤범》에 나오는 대쟁.

551년에는 진흥왕이 충주 지방을 살피며 다니다가 우륵과 그 제자를 불러 가야금 연주를 청했다. 그들의 연주를 듣고 감탄한 진흥왕은 신라 사람 세 명을 우륵에게 보내 그의 음악을 전수받게 하기도 했다. 우륵의 가야금은 진흥왕의 적극적인 후원에 힘입어 신라에 뿌리를 내렸고, 이후 거문고, 비파와 함께 신라의 3대 현악기로 자리 잡는다. 오늘날 충주에 있는 '탄금대'는 바로 우륵이 가야금을 탔다는 유서 깊은 장소이다.

일본 도다이지의 쇼소인에 있는 신라 가야금

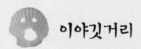

수로왕의 비 허 왕후는 정말 인도 사람일까?

《삼국유사》에는 이런 이야기가 있습니다.

수로가 왕위에 오른 지 6년이 지난 서기 48년에, 가야의 아홉 추장은 수로왕에게 배필이 없는 것을 염려해 왕비를 맞아들일 것을 청했다. 그러자 수로왕은 "내가 이 곳에 온 것은 하늘의 명이니, 왕후를 삼는 데에도 또한 하늘의 명이 있을 것이다"고 했다. 그리고 신하들로 하여금 김해 앞바다에 있던 망산도로 가서 기다리게 했는데, 바다 서남쪽에서 붉은 돛과 기를 휘날리며 배가 한 척 다가왔다. 허 왕후와 그 시종들이 탄 배였다.

신하들이 배에 탄 손님들을 궁궐로 모시려 했으나, 허 왕후는 경솔하게 따라갈 수 없다며 배에 머물렀다. 그러자 수로왕이 직접 궁궐에서 서남쪽으로 60보 되는 곳까지 왕후를 만나러 나갔다. 이에 허 왕후는 나루터에 배를 대고 육지에 오른 뒤, 입고 있던 비단 바지를 벗어 산신령에게 바치고 수로왕이 기다리는 행궁에 들었다.

허 왕후는 수로왕에게 자신이 아유타 국의 공주 허황옥이라고 밝히고서, 가야국까지 오게 된 연유를 설명했다. 곧 자신의 부모가 꿈을 꾸었는데, 꿈에 상제(하느님)가 나타나 "가락국 왕 수로는 하늘이 내려 보내 왕위에 오른 신성한 사람이다. 새로 나라를 다스리기 시작했으나 아직 배필을 정하지 못했으니, 그대들은 공주를 보내어 수로의 짝으로 삼게 하라"고 하셨다. 이에 그 부모가 꿈에서 깬 뒤 자신을 바다에 떠나 보냈다는 이야기였다. 수로왕은 허황옥을 왕비로 맞아들이고 8월 1일 궁궐로 돌아왔다.

수로왕릉 정문에 물고기 두 마리가 그려져 있다.
아래 그림은 인도 아요디아 시의 상징인 물고기 무늬.

　여러분은 수로왕의 왕비인 허황옥이 인도의 공주라는 이야기를 한 번쯤
들어 봤을 것입니다. 《삼국유사》에 나오는 아유타 국은 바로 인도 북부의
아요디아 지방에 있었던 소국을 가리키지요.
　그리고 김해에 있는 수로왕릉 묘역 앞에 세워진 문에 물고기 그림이 있
는데, 이것은 아요디아 지방에서 널리 쓰이는 장식 무늬라고 합니다. 또 고

대 인도 말인 드라비다 어에서는 '가락'이나 '가야'가 물고기를 뜻한다고 합니다.

《삼국유사》〈가락국기〉에서는 허 왕후가 인도에서 올 때 바다의 풍랑을 다스릴 목적으로 탑을 싣고 왔다고 하는데, 그것이 바로 오늘날 김해 구산동에 있는 파사 석탑(경상 남도 문화재 자료 227호)이라고 합니다.

하지만 '가락'이나 '가야'가 물고기를 뜻하는 고대 인도 말이라고 단정하기는 어렵습니다. 앞에서도 보았듯이, 마을이나 일족을 뜻하는 만주 말, 몽골 말, 핀란드–위구르 말, 사모예드 말과 그 어원이 같다는 주장도 있기 때문에, 언어학적 연관성만을 믿을 수는 없습니다.

그리고 수로왕릉의 정문은 가야 시대의 것이 아니라고 합니다. 가야가 멸망하기 전에는 어떠했을지 모르지만, 지금처럼 왕릉을 단장한 것은 신라 문무왕 시대에 이르러서입니다. 그 뒤 신라가 멸망하면서 황폐해졌다가 다시 조선 후기에 왕릉을 지키는 문과 사당이 세워졌지요.

또 허 왕후가 불교의 유물인 석탑을 가져왔다면, 수로왕 시대인 서기 1세기에 이미 가야에 불교가 전래되었다는 이야기인데, 이 사실을 뒷받침할 만한 다른 증거는 전혀 없습니다.

그럼 왜 이런 이야기가 전해졌을까요?

허 왕후 이야기가 실린 《삼국유사》는 고려 시대 후반에 만들어진 책입니다. 수로왕 시대보다 1000여 년이나 뒤의 책이지요. 그렇다면 허 왕후가 인도에서 왔다는 이야기는, 불교를 깊이 신봉한 후대 사람들이 가야가 불교와 인연이 있는 나라였기를 바라는 마음에서 지어 낸 이야기가 아닐까요?

파사 석탑(김해 구산동)
언뜻 봐도 우리 고대의 탑과는 모양이 많이 다르다. 이것이 과연 가야 시대의 탑인지도 분명치 않다.

수로왕릉(위) 김해시 서상동에 있다.
수로왕비릉(아래) 김해시 구산동에 있다.

3

신라 속으로
멸망 이후

신라 속의 가야 사람들은 어떻게 살았을까?

가야가 망한 뒤 포로로 잡힌 가야 사람들은 대부분 신라의 노비로
전락합니다. 가야를 정복하는 데 공을 세운 사람들의 노비가 되어
신라 곳곳으로 끌려가 비참한 생활을 하지요.

그러나 일부 사람들은 신라에서도 맘껏 자기 재능을 펼쳤습니다.
가야금을 만든 우륵은 신라 왕의 적극적인 지원을 받았고, 신라 통
일기의 외교 문장가로 명성을 떨친 강수도 가야 출신입니다.

하지만 가야 출신 인물들 중 신라에서 가장 출세한 사람은 김유신

집안 사람들입니다. 김유신은 금관가야 왕족의 후손이었지요. 김유신의 증조 할아버지가 바로 금관가야의 마지막 왕인 구해왕이었습니다. 532년 금관가야가 신라에 항복하자, 신라 왕실에서는 특별히 금관가야의 왕족을 신라의 귀족으로 받아들였습니다. 전쟁 없이 스스로 항복한 것을 배려한 조치였지요.

구해왕은 신라로부터 김해 지방을 식읍으로 하사받았고, 김유신의 할아버지와 아버지는 신라 조정에서 맹활약하여 높은 벼슬을 받았습니다. 그리고 김유신이 대외 전쟁에서 눈부신 활약을 하고, 그의 누이가 신라 왕족 김춘추와 결혼함으로써, 김유신 집안은 이후 신라 정계에서 가장 강력한 귀족 가문으로 성장했습니다.

가야를 어떻게 볼 것인가

562년 대가야가 멸망할 때까지, 우리 땅에는 고구려, 백제, 신라와 함께 가야가 600여 년 간 공존했습니다. 가야가 멸망한 뒤 고구려, 백제, 신라만이 있었던 기간은 겨우 98년뿐입니다. 그런데도 당시를 네 나라가 어깨를 겨루던 '사국 시대'라 하지 않고 '삼국 시대'라고 합니다. 때문에 당시를 삼국 시대가 아니라 '사국 시대'라고 해야 한다고 주장하는 학자도 있습니다.

삼국 시대와 사국 시대 중에서 어느 것이 우리 고대 역사를 정확

히 표현한 개념일까요?

이 물음에 대한 답을 찾기 위해서는 먼저 왜 지금까지 '삼국 시대'라는 용어를 사용했는지 살펴봐야 합니다.

가야 연맹에 12개 소국이 있었던 것처럼, 고구려, 백제, 신라도 초기에는 많은 소국이 연맹하여 국가를 형성했습니다. 소국들이 연맹하여 나라를 이룩했다는 점에서 가야와 다른 삼국은 크게 다르지 않았지요. 그러나 가야와 삼국은 연맹 국가를 형성한 뒤 발전 과정에서 근본적인 차이점을 보이기 시작했습니다.

고구려의 5부, 신라의 6부는 바로 가야의 소국처럼 연맹을 구성한 정치 집단이었습니다. 그래서 그들 5부, 6부에서 국가의 중대사를 결정했고, 그 중에서도 가장 힘 있는 부의 족장이 연맹을 대표하는 왕 노릇을 했습니다. 그러다가 대등한 관계에서 유지되었던 각 부의 세력 균형이 깨지고, 가장 유력한 부의 족장이 정치·군사적 주도권을 장악하게 되었습니다. 그 결과 세력이 미약한 부들은 유력한 부의 통제를 받게 되었고, 이전의 평등한 관계에서 불평등한 상하 관계로 변했습니다. 그리고 유력한 부의 족장은 나라 전체에 강력한 권한을 행사했습니다. 지방을 다스리는 관리를 파견하고 율령을 반포하는 것이 바로 국가 전체에 지배권을 뻗치는 방법이었습니다. 여기에 불교도 한몫 했지요.

이렇게 하여 삼국은 국왕 중심의 고대 국가 체제를 갖추었는데, 그 시기는 고구려와 백제가 대략 4세기 무렵, 신라는 6세기 무렵이었습니다.

그러나 가야는 마지막 시기인 6세기 중엽까지 소국 연맹 단계를 넘어서지 않았습니다. 금관가야 중심의 전기 가야 연맹이나 대가야 중심의 후기 가야 연맹은 모두 각 소국들의 독립성을 인정하고 대등한 관계를 바탕으로 유지되었습니다. 때문에 가야에서는 당시 고대 국가의 지표라 할 수 있는 지방관 파견, 율령 반포의 흔적이 보이지 않습니다.

당시 고구려, 백제, 신라는 한반도의 주도권을 놓고 치열하게 경합했고, 그 결과에 따라 삼국 간의 관계에 중대한 변화가 일어나기도 했습니다. 그러나 연맹 단계에 머무른 가야는 이들의 쟁탈전에 주도적으로 참여하지 못했습니다. 백제와 연합해 신라에 대항한 적이 있기는 하지만, 동맹 관계를 주도한 적은 없었습니다.

따라서 시간적으로는 삼국과 600년 가까이 공존했음에도, 후대에 가야는 삼국과 대등하게 평가받지 못한 채 주변국으로서만 인식되었습니다.

최근 가야를 연구하는 학자들을 중심으로 가야 역사를 정당하게 재평가하려는 움직임이 일고 있습니다. 그 동안 불모에 가까웠던 가야사가 차츰 복원되기 시작한 결과이지요. 외형적으로는 가야가 국왕 중심의 고대 국가처럼 기능한 적도 여러 번 있습니다. 그러나 '사국 시대'라는 개념을 사용하기에는 아직 해결해야 할 과제가 많습니다. 가야가 우리 역사의 주변을 맴돌다 사라진 나라가 아니라, 삼국과 같은 시대에 대등하게 어깨를 겨룬 나라로 인정받으려면 앞으로 가야의 문화와 체제를 더 많이 밝혀 내야 합니다.

여러분은 혹시 그 열쇠를 푸는 주인공이 되어 볼 생각은 없나요?

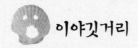

일본의 억측, 임나 일본부 설

일본 고대의 역사책인 《일본서기》에는 369년 일본(왜)의 신공 황후가 군사를 보내 신라를 치고, 이어 가야 지역의 일곱 나라를 평정했다는 기록이 있습니다. 과거에 일본 학자들은 이 기록을 의심할 여지 없는 역사적 사실로 보았지요.

그리고 일본 학자들은 《일본서기》의 다른 기록들을 토대로, 369년부터 대가야가 멸망하는 562년까지 일본이 관부(관청)를 두고 군사를 파견하여 직접 임나(가야 지역의 다른 이름)를 지배했다는, 이른바 '임나 일본부 설'을 주장했습니다. 그리고 일제 강점기에는 이 같은 임나 일본부 설을 내세워 일본이 우리 나라를 식민지로 지배하는 것이 이치에 맞는 일인 양 주장하기도 했습니다.

그러나 가야 지역의 유적들을 발굴하면 할수록 임나 일본부 설은 그 근거를 잃었습니다. 만약 일본이 4세기부터 6세기까지 약 200년 동안 한반도의 남부를 군사력으로 장악했다면, 그 시기에 만들어진 무덤이나 유적에서는 당연히 일본의 옛 물건들이 다량 출토되어야 합니다. 그러나 발굴 결과 이 지역에서는 임나 일본부 설의 실제 증거가 발견되지 않았습니다.

또한 4세기 즈음에는 일본 열도에 아직 통일 정권이 등장하지도 않은 때였는데, 그러한 상태에서 일본의 지배를 받는 식민지가 가야 지역에 있었다는 것은 납득하기 어려운 이야기입니다. 따라서 일본이 가야 지역을 직접 지배했다는 임나 일본부 설은 이제 일본 학자들도 인정하지 않는 낡은 주장이 되었습니다.

그러나 임나 일본부 설에 관한 문제가 모두 해결된 것은 아닙니다. 고대 한반도의 남녘에 있었던 가야와 백제가 일본 열도의 왜와 활발히 교류한 것은 사실입니다. 따라서 가야, 백제와 왜 사이에 많은 사람들과 물건, 그리고 문화가 바다를 넘나들었을 것임은 분명합니다. 그렇지만 현재 남아 있는 기록이나 유물만 가지고서도 당시 가야와 왜의 교류는 대체로 경제적인 물자 교류의 성격을 띠며 정치·군사적 성격은 포함되지 않았음을 알 수 있습니다.

다만 최근에는 전라 남도 서부 지역 일대에서 둥근 봉분에 사다리꼴 봉분이 잇따라 붙어 있는 일본식 옛 무덤과 일본 유물이 일부 발견되어, 당시 한일 관계에 관해 새로운 해석이 필요한 상황입니다.

지금도 임나 일본부 설을 주장하는 일본의 사적
후쿠야마 시카노시마〔志賀島〕에 있는 시카우미〔志賀海〕 신사에는 신공 황후가 삼한 정벌을 위해 출병할 때 신공 황후의 배를 보호했다는 거북 신이 있다. 사진의 돌덩이가 바로 그 거북 신이라 한다. 앞의 안내문 판에 이러한 내용이 적혀 있다.

신라 · 가야를 마치면서

신라와 가야의 역사는 우리에게 어떤 의미가 있을까요? 넓은 의미에서 신라와 가야의 역사는 지구촌 전 인류 역사 가운데 하나입니다. 지구상 어떤 사회의 역사라도 우리가 인류라는 점에서 중요하지 않은 역사는 없습니다. 그러나 신라와 가야의 역사는 우리에게 더욱 특별한 의미가 있습니다. 바로 그들 역사와 우리의 현재가 시간과 공간의 고리 속에 직접 연결되어 있기 때문이지요.

신라는 한반도 동남쪽, 지금의 경상도 일대에서 시작하여 백제와 고구려의 일부를 통합하여 한반도 중남부 일대를 주름잡았고, 그 뒤 고려와 조선을 거쳐 지금 한반도에 사는 우리의 현재와 연결되어 있습니다. 그러니까 현재 우리의 생활 풍습이나 언어, 사고 방식 등 여러 면이 신라에서 비롯된 것이 많겠지요. 그리고 신라 사람들의 역사 경험이 축적되어 지금 우리 역사의 바탕이 되었지요. 신라의 역사는 이렇듯 현재 우리와 직접적으로 연결될 수 있다는 점에서 무척 중요합니다.

신라의 역사는 또 어떤 의미가 있을까요? 역사의 보편적 성격, 곧 교훈을 찾을 수 있다는 점을 들 수 있습니다. 인류의 지나간 자취 속에서 우리는 현재를 반성하고 미래를 설계하는 힘을 얻습니다. 여러분의 일기장이 여러분의 지금 모습을 비춰 주고 미래에 대한 각오를 할 수 있게 해 주는 것과 같아요.

그럼 신라의 역사에서 우리는 어떤 교훈을 얻을 수 있을까요? 먼저 신라의 멸망에서 교훈을 얻을 수 있습니다. 신라 사회는 폐쇄적인 신분제에 의해 유지되는 신분제 사회였습니다. 극히 일부분인 높은 신분의 사람들을 위해 사회가 움직였지요. 더군다나 신라 사회는 서울인 중앙에 사는 사람과 지방 사람을 차별하여, 경주에 사는 사람들은 지방 사람들에 비해 더 많은 혜택을 누렸어요. 결국 신라 말기에 차별 대우를 받으며 지방에서 오랫동안 힘을 키운 사람들이 서울 경주의 지배층에 반기를 들면서 일어나고, 또 극소수의 지배층에 의해 생존권을 빼앗겼던 피지배층이 반발하면서 신라 사회는 멸망했습니다.

사회는 많은 사람들이 모여서 이루는 것입니다. 모든 사람이 다 똑같을 수는 없겠지만, 적어도 기본적으로 살아가는 데 필요한 것은 골고루 나누어 가져야 사회가 제대로 돌아갈 수 있습니다. 그런데 가진 자는 자꾸 더 많이 가지고, 못 가진 자는 계속 못 가지게 된다면, 사람들의 불만이 늘어나 평화로운 사회를 이룰 수 없겠지요.

신라 역사의 교훈은 오늘날 우리 사회에도 적용할 수 있습니다. 부자는 더욱 부자가 되고 가난한 사람은 더욱 가난해지고, 많은 혜택이 중앙인 서울에만 쏠리고 지방은 소외되고……. 이러한 불평등한 문제를 하루 빨리 고치지 않으면, 후기 신라 사회처럼 큰 혼란에 빠질 수도 있다는 것이 신라의 역사가 주는 커다란 교훈입니다.

또 하나의 교훈을 생각해 볼 수 있습니다. 삼국 시대부터 신라는 여러 나라, 여러 문화와 교류했습니다. 자기 자신만의 폐쇄된 세계에서는 보편적 발전을 기대하기란 힘듭니다. 신라는 외부 세계와 활발히 교류하면서 발전할 수 있었어요. 특히 통일 이후에는 중국·일본 등 가까운 나라들뿐만 아니라, 멀리 아랍 사람들과도 교류를 했습니다. 이런 교류를 통해 신라의 문화는 더 넓어지고 더 깊어졌습니다. 현재 우리 사회도 여러 나라, 여러 문화와 교류를 하고 있습니다. 그런데 배타적이고 폐쇄적인 민족 의식과 돈을 최고라고 생각하는 천한 마음 때문인지, 특히 한국에 들어와 노동자로 일하고 있는 사람들을 심하게 대하는 일이 많습니다.

어떤 민족도 처음부터 현재까지 단일한 혈통으로 이어져 내려오는 민족은 없습니다. 민족은 역사적으로 형성되는 것이어서 지금도 어떤 식으로든 변화를 계속하고 있는 공동체입니다. 우리 민족도 만주와 한반도 일대의 기나긴 역사 과정 속에서 많은 경험을 통해 형성되었고, 지금도 계속 형성되고 있습니다. 그 긴 역사 과정 속에서 주변의 많은 사람들이 우리 민족을 이룬 것입니다. 우리만 훌륭하다고 하고 다른 사람들을 무시하는 태도는 다른 사람들의 장점을 배우면서 더 발전할 수 있는 기회를 놓쳐 버리는 어리석은 짓입니다. 지구상의 인간은 모두 동등한 권리를 가졌다는 생각을 가지고 다른 민족, 다른 나라 사람들을 대해야겠습니다.

무엇이 올바르게 사는 것인가, 어떻게 살아야 하는가를 고민하면서 이상을 향해 늘 열심히 산다면, 우리의 현재는 우리의 자식, 손자, 아니 더 먼 후손들에게 분명히 큰 의미와 교훈을 줄 수 있을 것입니다.

《아! 그렇구나 우리 역사》의 다른 개정판과 달리 신라·가야 편은 내용을 따로 추가하거나 크게 뒤집지 않았습니다. 편집 디자인을 부분 재정리하고 전체적으로 글을 다듬는 수준에서 개정판을 내게 되었습니다. 두 번째 개정판을 낼 때는 새로 드러난 연구 실적과 함께 보다 더 흥미로운 글로 여러분을 만나도록 하겠습니다.

2005년 7월 진해 벚꽃마을에서
나희라

삼국 시대의 연표

고구려	백제	신라	가야	기타	동 양	서 양	중 국

					동 양	서 양	중 국
57년 박혁거세, 신라를 세우다(삼국사기).					97년 사마천, 《사기(史記)》 완성.		서기전 260
37년 고주몽, 고구려를 세우다(삼국사기).							
36년 고구려, 비류국을 병합하다.							
28년 고구려, 북옥저를 병합하다.					25년 후한(동한) 광무제 즉위.		서한 西漢 = 전한 前漢
18년 위례성에서 백제의 시조 온조왕 즉위하다.							
17년 유리왕이 〈황조가〉를 짓다.							
서기전 16년 온조, 백제를 세우다(삼국사기).					4년 예수 탄생.		

서기 3년 고구려, 국내성으로 천도하다							
6년 고구려에 부여의 5만 병력이 공격해 왔으나 대설로 실패하고 돌아감.							서기8
13년 고구려, 부여 공격하여 왕 대소를 죽이다.							9 신新
13년 부여 왕의 동생이 1만여 명의 백성과 투항.							
19년 탈해가 금관국 해변에 닿았으나 기이하게 여겨 받아들이지 않다.					25년 후한 성립(~220).		23
42년 김수로, 금관가야를 세우다.					30년 예수, 십자가에서 처형되다.		25
48년 아유타 국 공주 허황옥이 가락국에 와서 수로왕과 혼인하다.					45년 인도, 쿠샨 왕조 성립.		
53년 고구려, 태조왕 즉위.							
56년 고구려, 동옥저를 통합하여 영토가 동으로 동해, 남으로 살수에 이르다.					64년 네로의 박해로 베드로와 바울 순교.		
77년 가야, 신라의 공격을 받아 싸워 패하다.					67년 중국에 불교 전래.		
96년 가야, 신라의 남쪽 변경을 습격.					79년 화산 폭발로 폼페이 시 매몰.		
97년 신라가 군사를 일으켜 가야를 치려 하므로 임금이 사신을 보내 사죄하니 그만두다.							동한 東漢 = 후한 後漢
101년 신라 파사 이사금이 월성을 쌓고 거처를 금성에서 월성으로 옮기다.							
102년 신라가 음즙벌국(안강), 실직곡국(삼척), 압독국(경산)을 복속시키다.							
102년 가야, 신라의 음즙벌국과 실질곡국이 국경을 두고 서로 다투다. 신라 왕이 금관국 수로왕에게 그 평결을 물어 오니 수로왕은 다투던 땅을 음즙벌국에 붙이게 했다.					105년 채륜, 종이 발명.		
108년 가야의 비지국(창녕) · 다벌국(합천) · 초팔국(초계)이 신라의 공격을 받아 합병되다.					113년 로마, 최대의 영토 이룩.		

146년	고구려, 요동의 서안평을 공격하여, 대방 태수를 죽이고 낙랑 태수의 가족을 잡아 오다.
150년 무렵	쿠샨 왕조의 불교 발흥, 간다라 미술 융성.
165년	차대왕이 시해되고, 동생 신대왕 즉위하다.
166년	로마 사절, 중국 방문.
179년	고국천왕 즉위하다.
184년	후한, 황건적의 난.
189년	가야의 허 왕후, 157세로 사망.	동한 東漢 ‖ 후한 後漢
189년	신라, 구양성에서 백제군 대파.
197년	고국천왕 죽고 산상왕 즉위.
199년	가야의 수로왕, 158세로 사망.
200년 무렵	신약 성서 성립.
209년	신라, 포상팔국의 공격을 받은 가야를 구원해 주다.
212년	가야, 신라에 왕자를 보내 볼모로 삼게 하다.
220년	한나라 멸망, 3국(위·촉·오)이 일어서 서로 겨루다.	220
236년	감문국(경북 개령), 신라에 항복.
236년	골벌국(경북 영천), 신라에 항복.
226년	사산조 페르시아에 파르티아 멸망.	삼국 (위·촉·오)
242년	고구려, 요동의 서안평 공격.
250년	전후 백제가 목지국을 무너뜨리고, 마한의 최강자로 서다.
260년	백제의 고이왕, 16관등과 공복을 제정.
262년	김씨 최초의 왕 미추 이사금 즉위.
265년	위나라의 뒤를 이은 진(晉)나라가 뤄양(낙양)에서 건국.	265
280년	진이 오를 멸하고 중국 다시 통일.	서진 西晉
298년	중국 한나라의 침입으로 책계왕 전사.	280
304년	낙랑 태수가 보낸 자객에 의해 분서왕이 살해되다.	304
311년	고구려, 요동군의 서안평을 점령하다.
313년	고구려, 낙랑군을 무너뜨리다.
313년	밀라노 칙령, 크리스트 교 공인.	316
314년	고구려, 대방군을 무너뜨리다.
316년	북방 이민족의 침입으로 서진 멸망.	317
331년	미천왕 죽고 고국원왕 즉위하다.
317년	남쪽으로 내려간 사람들이 지금의 난징(남경)에서 동진을 일으키다.	5 호 16 국 시 대	동진 東晉
342년	고구려, 전연의 침공으로 도성이 함락되다.
346년	근초고왕 즉위.
356년	신라 나물 마립간 즉위. 김씨의 왕위 계승권을 확립하다.
320년	굽타 제국이 인도를 통일하여 광대한 지역을 통치하다.
364년	백제 사람이 가야 탁순국에 와서 왜로 통하는 길을 묻다.
366년	왜가 가야의 탁순국에 사마숙녜를 파견하다.
368년	왜의 사신이 찾아와 외교 관계를 수립하다.

369년	영산강 유역의 마한 세력을 정벌하다. 칠지도 제작.
371년	백제, 고구려의 평양성 공격, 고구려 고국원왕 전사.
372년	백제, 중국의 동진에 사신 파견, 공식 외교 관계 수립.
372년	고구려 소수림왕, 태학 설립, 불교 전래,
373년	율령 반포.
377년	백제, 고구려의 평양성 공격.
377년	신라의 이름으로 전진에 사신 파견(처음으로 중국과 수교).
382년	신라 나물 마립간, 전진(前秦)에 사신 파견.
391년	광개토왕 즉위.
392년	실성 마립간을 고구려에 볼모로 보냄.
396년	백제, 고구려 광개토왕의 공격을 받아 한강 이북의 땅을 빼앗기다.
396년	광개토왕, 수군을 거느리고 백제 공격하여 58개의 성 함락.
400년	광개토대왕, 5만의 군사를 신라에 보내 백제·가야·왜의 연합군 토벌.
402년	우호 관계 명목으로 내물왕 왕자를 왜에 볼모로 보냄.
405년	백제, 일본에 한학 전하다.
412년	광개토왕이 죽고 장수왕이 즉위하다
418년	신라의 박제상이 눌지 마립간의 두 아우를 고구려와 왜로부터 탈출시키다.
427년	고구려, 국내성에서 평양으로 수도 이전.
433년	비유왕과 신라의 눌지왕이 군사 동맹을 맺다(나제 동맹).
441년	가야의 사물현(고성)이 신라에 꼬리가 긴 흰 꿩을 바치니 신라 왕이 곡식을 내주다.
452년	허 왕후의 명복을 빌기 위해 수로와 왕후가 혼인한 곳에 왕후사를 세우다.
464년	고구려가 신라를 공격하니 백제와 가야가 신라를 지원하다.

4세기 후반	아시아 쪽에서 몰려온 훈 족의 공격을 받고 게르만 족, 유럽의 남동부로 집단 대이동.
375년	게르만 족, 대이동 시작.
395년	로마 제국이 동·서로 나뉘다.
5세기 무렵	왜(倭)라고 불리다. 왜의 왕들은 당시 동진과 동진을 이은 송나라에 사신을 보냈다.
5세기	서로마 제국의 옛 영토에 여러 게르만 족의 왕국이 세워지다.
420년	동진(東晋) 멸망, 송(宋) 건국.
426년	아우구스티누스의 《신국론》.
439년	북위, 북중국 통일.

5
호
16
국
시
대

386

동

진

420

439

북위
北魏

송
宋

472년	개로왕이 북위에 사신을 보내 고구려를 정벌해 줄 것을 청하다.
475년	고구려의 공격을 받아 한성 함락, 개로왕 피살. 남은 무리가 웅진으로 내려가 백제를 다시 잇다.
475년	장수왕이 한성 함락, 백제의 개로왕 죽다.
477년	귀족 출신 해구가 문주왕을 살해하다.
481년	고구려가 말갈과 함께 신라의 북쪽 변경을 침공하자, 가야가 백제와 신라에 구원병을 보내다.
487년	신라 소지 마립간, 우편 역마 제도를 두고 도로망을 정비하다.
490년	신라 왕경에 처음으로 시장을 설치하다.
493년	백제 동성왕이 혼인을 청하자, 소지 마립간이 이찬 비지의 딸을 보내다.
494년	부여가 물길에 쫓겨 고구려에 투항하다.
501년	동성왕 피살되고, 무령왕 즉위.
502년	신라 지증왕, 순장 금지령을 발포하고 우경을 장려하다.
503년	신라 국호 확정. 왕호도 마립간에서 왕으로 바꾸다.
505년	신라, 지방 통치 조직인 주군제 실시. 우경 실시.
512년	신라, 우산국 정벌.
514년	신라, 가야의 아시촌(함안)을 소경으로 삼다.
517년	신라, 병부를 설치하다.
520년	법흥왕, 율령을 반포하고 관리의 복식을 정하다.
522년	가야국이 신라에 혼인을 청하다. 신라는 이찬 비조부의 누이를 보내다.
523년	무령왕 사망, 성왕 즉위. 무령왕릉이 만들어지다.
527년	법흥왕, 불교 공인.
531년	상대등 관직 설치.

4~6세기	야마토(大和) 정권이 일본 열도에 난립하던 여러 집단을 한 국가 체제로 묶는 과정을 진행하다. 일본 곳곳에 앞부분은 네모나고 뒷부분은 둥그런 '전방후원분'이라는 거대한 무덤이 만들어지다.
476년	게르만의 장군 오도아케르가 서로마 황제를 폐위. 서로마 제국 멸망.
486년	프랑크 왕국 건국.
500년	힌두 교 창시.
529년	동로마(비잔틴) 제국, 《유스티아누스 법전》 편찬.

송 宋

479

제 齊

북 위 北 魏

502

양 梁

532년 금관가야, 신라에 병합되다.	534년, 535년 북위가 동위·서위로 분열.
538년 도읍을 사비로 옮기고, 국호를 '남부여'로 바꾸다.	
546년 고구려, 왕권 계승을 둘러싸고 대규모 내분이 일어나다.	
551년 백제, 신라와 고구려를 공격, 한강 유역 일대를 빼앗다.	
552년 왕산악, 거문고 만들다.	
552년 백제의 노리사치계, 일본에 불교 전래.	
553년 신라의 급습을 받아 한강 하류 지역을 빼앗기다.	
545년 진흥왕, 거칠부를 시켜 《국사(國史)》를 편찬하다.	550년 동위 멸망, 북제 건국.
551년 나제 연합군, 고구려 공격. 한강 유역 차지.	
551년 가야에서 투항한 우륵이 음악에 정통하다는 말을 들은 신라 진흥왕, 우륵을 만나다.	
552년 진흥왕, 신라 사람 세 명으로 하여금 우륵에게 음악을 배우게 하다.	552년 돌궐이 유연을 멸망시킴.
553년 신라, 한강 하류를 기습 점령.	
554년 관산성 전투에서 성왕이 피살당하다. 신라에 대패.	
554년 백제와 신라, 관산성 전투를 벌이다. 백제 성왕 전사.	557년 서위 멸망, 북주 건국.
561년 신라 창녕에 진흥왕 순수비 건립.	
562년 신라, 대가야 병합. 가야가 반란을 일으켜 화랑 이사부와 사다함이 이를 평정하다.	
562년 황룡사 준공.	581년 북주 멸망, 수 건국.
	589년 수나라, 중국 통일.
598년 고구려, 요하를 건너 수나라 공격.	
600년 백제, 미륵사 착공.	606년 동 로마, 페르시아와 전쟁.
603년 고구려, 신라의 북한산성 공격.	
610년 고구려 담징, 일본 호류지 금당에 벽화를 그림.	610년 무렵 무하마드(영어 표기로는 마호메트, 570~632년)가 이슬람 교를 일으키다.
611년 신라와 가잠성 전투에서 승리하다.	
612년 수의 고구려 2차 침입, 을지문덕이 살수에서 수나라 군 대파.	

동위 東魏

서위 西魏 534 535

양 梁

북제 北齊 550

557

북주 北周 577 569

581

진 陳

589

수 隋

613년 수나라 3차 침입.

614년 수나라 4차 침입.

618년 영류왕이 즉위하다.

621년 신라의 설계두, 당나라로 떠나다.

631년 천리장성 쌓기 사작, 16년 만에 완성.

632년 진평왕이 죽고 선덕여왕 즉위.

641년 해동증자라고 불리는 의자왕 즉위.

642년 백제의 의자왕이 신라 공격, 대야성을 포함한 40여 개 성을 함락.

642년 쿠데타 성공한 연개소문, 보장왕을 세우다.

642년 백제의 공격에 김춘추가 고구려에 가서 군사 원조를 요청했으나 실패하다.

645년 고구려, 당 태종이 침입했으나 안시성에서 격퇴.

645년 황룡사 9층탑 완성.

648년 김춘추, 당에 가서 군사 원조를 요청.

651년 신라, 품주를 집사부로 개편하다.

660년 나당 연합군의 공격을 받고, 의자왕이 항복하다. 부흥 운동이 곳곳에서 일어나다.

663년 부흥 운동을 도우러 온 왜군이 백촌강에서 전멸, 부흥 운동이 막을 내리다.

665년 연개소문 사망하다.

668년 고구려 멸망, 부흥 운동 전개.

676년 당나라 군사 한반도에서 철수. 신라, 삼국 통일 완수.

618년 당나라 건국.

622년 헤지라(이슬람 기원 원년)

629년 현장, 인도 여행.

634년 이슬람, 아라비아 전역을 통일하다.

640년 당, 고창국을 멸망시키다.

645년 일본 다이카 개신(大化改新)
나카노 오에(中大兄) 왕자 세력이 쿠데타를 일으켜 집권하고, 수·당의 율령 국가 체제를 본받아 천황 중심의 중앙 집권 국가를 목표로 정치 개혁을 추진.

646년 당나라 현장, 인도에서 돌아와《대당서역기》지음.

655년 당 측천무후, 황후에 오르다.

661년 이슬람, 옴미아드 왕조 성립.

668년 당의 북쪽에서 돌궐(투르크)이 힘을 발휘하고, 서쪽에서는 토번(티베트)이 당과 힘을 겨루던 시대. 당은 돌궐을 굴복시키고 티베트에는 공주를 시집 보내는 등 주변 민족과 관계를 정리하는 데 힘쓰다. 그러나 동쪽에서 가장 위협적인 고구려를 제압하지 못하여 고심하다가 신라와 손을 잡고 결국은 고구려도 멸해 세계 제국을 건설하다.

618

당
唐

682년	국학을 설립하고, 감은사를 짓다.	690년 여자 황제, 측천무후 탄생. 원래 당 태종
685년	9주 5소경을 설치하다.	의 후비였으나, 태종을 이은 고종의 후
686년	원효 죽다.	비가 되었다가 황후가 되었다. 690년 나
689년	신라, 녹읍을 없애고 대신 녹봉 지급.	라 이름을 '주'로 바꾸고 황제가 되다.
698년	대조영, 발해 건국.	
702년	의상 죽다.	
703년	204명의 일본국 사신이 신라에 오다.	705년 측천무후 세상을 떠나다. 중종이 뒤를
		이어 당의 국호를 되살리다.
		712년 중종과 예종의 뒤를 이어 현종 즉위. 처
		음에는 과감한 개혁 정치로 칭송을 받
		았으나 말년에 일어난 '안록산의 난'으
		로 현종 시대의 절정 무너지다.
		712년 일본 율령 국가 체제를 완성하여 나라
		시대의 전성기를 누리다.

당
唐

731년	동해안에 침입한 일본 병선 300척을 대파	732년 프랑크 왕국, 사라센 격파
	하다.	(푸아티에 전투).
733년	신라, 당의 요청으로 발해 공격.	
735년	신라, 대동강 이남의 옛 고구려 영토 영유	
	를 당으로부터 공식 인정받다.	
751년	김대성, 불국사와 석불사(석굴암)를 짓기 시	751년 프랑크 왕국의 피핀 3세(재위 751~768
	작하다.	년)가 카롤링거 왕조 창시.
		751년 탈라스 전투(당나라와 비슷한 시기에 일
		어난 이슬람 교가 동으로 세력을 넓히다가
		서쪽으로 진출하던 당과 충돌한 사건).
756년	발해, 상경 용천부로 천도.	755년 안록산의 난 이후 당은 당쟁의 폐와 환
757년	녹읍 부활.	관의 전횡이 갈수록 심해지다.
765년	경덕왕 사망, 혜공왕 즉위.	768년 피핀 3세의 아들 샤를마뉴 즉위.
768년	대공의 난 일어나다.	샤를마뉴, 프랑크 왕국을 유럽 최대 왕
771년	성덕대왕 신종(에밀레종)이 만들어지다.	국으로 성장케 하다.
780년	이찬 김지정이 반란을 일으켜 궁궐을 포위	771년 프랑크 왕국 통일.
	하자, 상대등 김양상과 이찬 김경신 등이	
	군사를 몰아 김지정을 죽이다. 혜공왕 사	
	망, 김양상(선덕왕) 즉위.	
785년	선덕왕 사망, 상대등 김경신(원성왕)이 즉위.	
788년	원성왕, 독서삼품과 설치.	

809년	김언승이 아우 제옹과 함께 군사를 일으켜 조카 애장왕을 죽이고 즉위, 헌덕왕이 되다.	
812년	김헌창의 난 일어나다.	
828년	장보고의 요청으로 청해진 설치.	
833년	전국에 큰 기근이 들고 돌림병이 퍼지다.	
834년	흥덕왕, 골품제의 규제를 재강조하는 명령을 내리다.	
839년	김양이 장보고의 군사를 빌려 민애왕을 죽이고 김우징(신무왕)을 추대하다. 신무왕 사망, 문성왕 즉위.	
845년	문성왕이 장보고의 딸을 후비로 삼으려다 신하들의 반대로 그만두다.	
846년	장보고, 청해진에서 문성왕이 보낸 자객에게 피살.	
885년	최치원, 당에서 귀국하다.	
889년	조정에서 지방에 세금을 독촉하자 전국에서 농민들이 들고일어나다. 원종과 애노가 사벌주(상주)에서 반란을 일으키다.	
892년	견훤, 후백제를 세우다.	
894년	최치원이 진성여왕에게 시무 10여 조를 올렸으나 시행되지 못하다.	
898년	궁예, 송악에서 나라를 일으키다.	
905년	궁예, 도읍을 철원으로 옮기다.	
918년	왕건, 궁예를 죽이고 고려를 세우다.	
919년	왕건, 송악으로 도읍을 옮기다.	
926년	발해 멸망	
927년	견훤, 신라 수도를 공격, 경애왕을 자살케 하고 경순왕을 세운 뒤 철수.	
935년 3월	견훤의 아들 신검이 견훤을 금산사에 유폐하고 즉위.	
935년 6월	견훤, 고려에 망명하다.	
935년 10월	신라 멸망.	

814년	프랑크 왕국의 샤를마뉴 사망. 이후 제국이 분할되고 그 때 나뉜 경계가 오늘날의 프랑스, 독일, 이탈리아를 이루다.	당 唐
875년~884년	황소의 난. 당 제국이 멸망하게 된 결정적인 계기.	
907년	당나라 멸망. 일본 율령 체제가 무너지면서 중앙 귀족이나 사원, 신사 등이 광대한 사유지를 소유, 장원이 발달하다.	907 5대10국
916년	중국, 거란(요) 건국.	
		916
		북송 北宋 · 요遼

사진 제공

★ 여유당출판사에서는 이번 개정판을 내면서 이 책에 실린 사
진에 대해 저작권자의 허락을 다시 받기 위해 최선을 다했습니
다. 혹시 내용이 빠졌거나 잘못 기록된 부분이 있으면 연락주시
기 바랍니다.

참고 문헌

사전 · 지도

두산동아백과사전연구소, 《두산세계백과사전》, 두산동
아, 1996

한국민속사전편찬위원회, 《한국민속대사전》, 한국사전연
구사, 1997

한국민족문화대백과 편찬부, 《한국민족문화대백과사전》,
한국정신문화연구원, 1991

한국고고학사전편찬위원회, 《한국고고학사전》, 국립문화
재연구소, 2002

도감

《가야의 그릇받침》, 국립김해박물관, 1999
《경주박물관이야기》, 국립경주박물관, 2000
《겨레와 함께 한 쌀》, 국립중앙박물관, 2000
《경주이야기》, 국립경주박물관, 1997
《경주 길라잡이》, 국립경주박물관, 2000
《경주와 실크로드》, 국립경주박물관, 1991
《고대 전사와 무기》, 복천박물관, 1999
《고고학이 찾은 선사와 가야》, 국립김해박물관, 2000
《국립경주박물관》, 국립경주박물관, 2001
《국립김해박물관》, 1998
《국립민속박물관》, 1997
《국립중앙박물관》, 2000
《국립해양유물전시관》, 1998
《김해대성동고분군》, 경성대학교박물관, 2000
《문자로 본 신라》, 국립경주박물관, 2002
《복천박물관》, 복천박물관, 2001
《삼국시대불교조각전》, 국립중앙박물관, 1992
《성덕대왕신종》, 국립경주박물관, 1999
《스키타이 황금》, 국립중앙박물관, 1991
《신라와전》, 국립경주박물관, 2000
《신라인의 무덤》, 국립경주박물관, 1996
《신라 토우, 신라인의 삶 그 영원한 존재》, 국립경주박물
   관, 1997
《신라 황금》, 국립경주박물관, 2001
《안압지》, 국립경주박물관, 1991
《안압지관》, 국립경주박물관, 2002
《알타이문명전》, 국립중앙박물관, 1995
《제주의 역사와 문화》, 국립제주박물관, 2001
《조선고적도보》 2, 도서출판 민족문화, 1993
《중앙박물관》, 2000
《철의 역사》, 국립청주박물관, 1997
《특별전 가야》, 국립중앙박물관·부산시립박물관, 1991
《특별전 신라황금》, 국립경주박물관, 2001
《한국고대의 갑옷과 투구》, 국립김해박물관, 2002
《한국의 고대의 토기》, 국립중앙박물관, 1997
《한국고대국가의 형성》, 국립중앙박물관, 1998
《한국의 고대의 문자와 기호유물》, 국립청주박물관,
   2000
《한국의 농기구》, (주)어문각, 2001
《한국의 도량형》, 국립민속박물관, 1997
《한국의 종이문화》, 국립민속박물관, 1995
《한국인의 얼굴》, 국립민속박물관, 1994
《한국 전통복식 2천년》, 국립대구박물관, 2002

통사·분야사

고교 《역사부도》
고교 《지리부도》
중·고교 《국사》 교과서
중학교 《사회과부도》
중·고교 《국사》 교과서
초등학교 《사회》 6-1 교과서

강종훈, 《신라상고사연구》, 서울대출판부, 2000
국사편찬위원회, 《한국사》 3(고대, 민족의 통일), 1976
국사편찬위원회, 《한국사》 2(고대, 민족의 성장), 1977
국사편찬위원회, 《한국사》 7 (삼국의 정치와 사회 3 - 신
   라·가야), 1997
국사편찬위원회, 《한국사》 8 (삼국의 문화), 1998
국사편찬위원회, 《한국사》 9 (통일신라), 1998
김경옥, 《옷감짜기》, 보림, 1996
김기흥, 《천년의 왕국 신라》, 창작과 비평사, 2000
김상현, 《신라의 사상과 문화》, 일지사, 1999
김원룡 외편, 《역사도시 경주》, 열화당, 1985
김원룡 감수, 《한국미술문화의 이해》, 예경, 1994
김태식, 《가야연맹》, 일조각, 1993
김태식, 《미완의 문명 7백년 가야사 1, 2, 3》, 푸른역사,
   2002
나희라, 《신라의 국가제사》, 지식산업사, 2003
노중국외 역주, 《삼국사기》, 한국정신문화연구원, 1998
노혁진 외, 《한국미술사의 현황》, 예경, 1992
동국불교미술인회, 《알기쉬운 불교미술》, 불교방송,
   1998
문명대, 《한국불교미술의 형식》, 한·언, 1997
문명대, 《마애불》, 대원사(빛깔있는책들 101), 1991
박경식, 《탑파》, 예경, 2001
박도화, 《보살상》, 대원사(빛깔있는책들 103-14), 1990
부산경남역사연구소 엮음, 《시민을 위한 가야사》, 집문
   당, 1996
선석열, 《신라국가성립과정연구》, 혜안, 2001
세계사신문편찬위원회, 《세계사신문》 1, 사계절, 1998
역사문제연구소, 《사진과 그림으로 보는 한국의 역사》 1,
   웅진출판, 1993
역사신문편찬위원회, 《역사신문》 1, 사계절, 1995
오근영 옮김, 《로마문화 왕국, 신라》, 씨앗을 뿌리는 사람
   들, 2002
윤경렬, 《경주 남산》, 대원사(빛깔있는 책들 45·46),
   1989
윤명철, 《바닷길은 문화의 고속도로로 였다》, 사계절, 2000

이난영, 《토우》, 대원사(빛깔있는 책들 116), 1991

이병도 역주, 《삼국사기》, 1977

이병도 역주, 《삼국유사》, 1986

이인숙, 《아름다운 유리의 세계》, 도서출판 여성신문사,
　　2000

이흥구, 《처용무》, 화산문화, 2000

전경욱, 《북청사자놀음》, 화산문화, 2001

전경욱, 《한국의 탈》, 태학사, 1996

전덕재, 《신라육부체제연구》, 일조각, 1996

전덕재, 《한국고대사회의 왕경인과 지방민》, 태학사,
　　2002

정영호, 《석탑》, 대원사(빛깔있는 책들 47), 1989

정영호 감수, 《그림과 명칭으로 보는 한국의 문화유산》,
　　시공테크, 1999

주보돈, 《신라지방통치체제의 정비과정과 촌락》, 신서원,
　　1998

주보돈, 《금석문과 신라사》, 지식산업사, 2002

진홍섭, 《석불》, 대원사(빛깔있는 책들 43), 1989

진홍섭, 《불상》, 대원사(빛깔있는책들 103-1), 1989

하일식, 《경주역사기행》, 아이북닷스토어, 2000

하일식, 《연표와 사진으로 보는 한국사》, 일빛, 1998

한국역사연구회 엮음, 《문답으로 엮은 한국고대사산책》,
　　역사비평사, 1994

한국역사연구회 편, 《역사문화수첩》, 역민사, 2000

한국역사연구회 지음, 《삼국시대 사람들은 어떻게 살았
　　을까》, 청년사, 1998

한국사 편집위원회, 《한국사》 2, 3 (고대사회에서 중세사
　　회로 1, 2), 한길사, 1994

한국생활사박물관 편찬위원회, 《한국생활사박물관》 05
　　신라생활관, 사계절, 2001

한국생활사박물관 편찬위원회, 《한국생활사박물관》 06
　　발해 · 가야생활관, 사계절, 2002

황수영, 《반가사유상》, 대원사(빛깔있는 책들 124), 1992

황수영, 《석굴암》, 열하당, 1989

현용준, 《무속신화와 문헌신화》, 집문당, 1992

東潮 · 田中俊明, 《韓國の古代遺跡》 1 新羅篇, 中央公論
　　社, 1988

中村元 著 · 김지견 譯, 《불타의 세계》, 김영사, 1984